稼亭 李穀의 漢詩 研究

稼亭 李穀의 漢詩 硏究

黃在國 著

牧隱硏究會

보고사

發刊辭

목은연구회는 그동안 稼亭 李穀과 牧隱 李穡의 사상과 문학, 그리고 정치와 종교의 역사적 고증과 문집 번역 등 학문적 연구의 기초 작업에 노력해 왔다. 또한 연구 논문집의 간행 및 국제간 연구 교류와 학술 발표 그리고 기념행사를 통해서 가정과 목은 연구에 적으나마 도움이 될 수 있는 길을 모색해 왔다.

稼亭 李穀은 당시 혼란한 정치 상황에서 높은 사상적 깊이를 정치에 실현하고, 이를 문학적으로 완성함으로써 고려후기 대표적인 문인으로 꼽히는 인물이다. 그의 사상적 깊이는 아들 목은 이색에게 계승됨으로써 家學의 전통을 수립하였다. 그러나 그동안 가정 이곡의 시에 대한 총괄적인 연구 자료가 없는 점과 가정의 산문 번역은 있으나 시 작품의 전체 번역이 출간되지 못한 점은 못내 아쉬운 점으로 남아 있었다.

이번에 오랫동안 가정 이곡을 연구해 온 黃在國 교수가 이 두 가지 아쉬움을 푸는 노작을 내놓으니 본 연구회로서는 무한한 기쁨과 감사의 마음을 갖게 되었다. 황 교수의 이번 저술은 稼亭의 생애에 대한 천착과 가정집의 역사적 고증 및 가정의 문학사적 위상을 정립함으로써 앞으로 학계에 크게 도움이 되리라 믿는다.

여러 해를 거듭하여 심혈을 기울여 수집한 방대한 자료와 넓은 식견을 이 『稼亭 李穀의 漢詩研究』에 담아 稼亭의 문학과 사상 연구에 새 길을 열어준 황 교수에 대해 다시금 감사의 마음을 전한다. 또한 황 교수를 도와 준 대학원생 申東寬 君과 어려운 여건에서도 출판을 맡아준 보고사 김흥국 사장에게도 감사를 드린다.

牧隱研究會

會長　李貞馥

目 次

제1장
序言

제1장 序言

　高麗後期의 大學者 文人이며 士大夫였던 稼亭 李穀은 高麗가 元나라에 속국이나 다름없이 심한 간섭을 받으며 문화적으로도 매우 밀접한 시대인 忠烈王 24년(1298)에 出生하여 忠定王 3년(1351)까지 54세를 살았다.

　稼亭 當時의 高麗는 朝廷에서 忠烈·忠宣王의 부자간 忠肅·忠惠王의 부자간을 에워싼 權臣들의 파벌암투로 나라가 大試鍊에 처해 있었다. 따라서 사회적으로는 경제질서가 파괴되고 人倫道義와 風俗紀綱이 紊亂하게 되었다. 이러함에 국가의 위기 현실에 적극적으로 대처할 새로운 역사적 의미를 지니고 新進士類들이 등장하게 되었다.

　稼亭 역시 韓山 鄕里 郡吏의 아들로 태어나 科擧를 통해 中央으로 진출하여 벼슬한 新進士大夫 중의 한 사람이었다. 36세 때에는 元나라 會試에도 합격하여 그 후로 양국을 오가며 宦路의 길을 걸었다.

　高麗 後期는 性理學이 한창 勃發하였으니 그는 益齋 李齊賢 등으로부터 性理學을 傳受받아 麗末 牧隱을 위시한 學者들에게 傳授하였다.

　文學面에는 性理學의 隆起로 인해 詞章과 訓詁 중심의 學風에서

道學위주의 文以載道的인 氣風으로 轉換되었다. 이런 가운데 性理學者인 稼亭은 재임기간 중 실로 多樣한 장르의 詩文을 남겨서 後의 文人・學者들에게 크게 영향을 주었다.

筆者는 本書에서 그의 文集 14~20卷에 收錄된 詩作들을 통해 그의 시 세계를 몇 가지 側面에서 고찰해 보고자 한다.

먼저 그의 文集을 살펴서 出版 經緯와 所載 작품상황을 고찰한다. 또한 稼亭의 문학에 대한 역대 論評들을 찾아 그의 文學史的 위치를 가늠해 보겠다. 그리고 近來 우리 學界의 稼亭에 대한 研究 資料를 밝힘으로 그 現況을 알리는 것도 앞으로의 學界에 도움이 되리라고 생각된다.

本論인 그의 詩에 대한 考察로서는 먼저 詩題・素材면에서부터 形式的인 面인 韻律과 修辭의 특징을 살피고 詩의 성격별로 槪觀하고자 한다.

그리고 稼亭은 그의 文學 作業 중 當時의 보통 文人들이 쉽게 지을 수 없었던 詞 작품을 그는 10首를 남기고 있다. 詞는 中國 唐代에서 발생하여 宋代에 와서 極盛期를 이룬 하나의 장르이지만 廣義로 말해 詩라고도 할 수 있다. 그래서 산문에 對하는 長短句라는 성격에서 詩의 範疇에 넣어서 槪觀에서 言及하기로 한다.

무엇보다 시의 핵심이라고 할 수 있는 뚜렷한 主題를 파악하여 該當詩를 들어 설명하는 데 중점을 두었다.

제2장
旣往研究의 槪況

제2장 旣往研究의 槪況

우선 稼亭의 生存時부터 近代前까지 그의 文學에 대한 諸家의 評들이 어떠했는가를 찾아 본 후 近來의 學術論文들을 살펴보겠다.

1. 生存時부터 解放前까지 諸家의 評

稼亭은 高邁한 人品을 지니고 敦厚한 文章을 남겼다. 故로 그의 德性에 대한 讚辭와 詩文에 관한 評을 던진 사람들은 적지 않다. 그러나 아들이 牧隱의 그늘로 인해, 그가 지닌 文學比重만큼은 評을 얻지 못한 것 같다.

여기 「東人詩話」를 비롯한 몇몇 詩話들과 여기 저기 典籍 가운데 散在되어 있는 그에 대한 句들을 찾아 아래에 적어 본다.

> (1) 吾東方 古稱詩書之國 以文章名世者 代不乏人 乙支文德鳴於
> 古句麗 薛聰崔致遠鳴於新羅 高麗氏開國文治大興 金文烈富軾
> 鄭諫議知常唱之於前 陳補闕澕 李大諫仁老 李學士奎報 金員
> 外克己 林上舍椿 齊名一時 詩道之中興也 益齋李文忠公 復起
> 而振之 稼亭李文孝公 繼之[1]…… (徐居正)

---

[1] 牧隱集 附錄, 牧隱詩選集序.

(2) 李某(穀) 學問高於東方 才名動於上國[2] (李齊賢)

(3) 我國文章始發揮於崔致遠 如金富軾能瞻而不華 鄭知常能華而
不揚 李奎報能押闉而不歛 李仁老能鍛鍊而不敷 林椿能縝密而
不潤 李穀能的實而不慧[3]…… (成俔)

(4) 忠烈以後 輯註始行 學者駸駸入性理之域 益齋而下 稼亭 牧隱
圃隱 三峯 陽村 諸先生 相繼而作 倡明道學 文章氣習 庶幾近
古[4]…… (徐居正)

(5) 近代大儒 有若鷄林益齋李公 始以古文之學倡焉 韓山李稼亭李
公 京山樵隱李公 從而和之[5]…… (鄭道傳)

(6) 勝國之末 稼亭牧隱兩先生 以文章節行 鳴於上國 上國之人 慕
其風焉 況我東士乎哉[6] (李炳燾)

(7) 牧隱之於稼亭 猶子美之於審言 子瞻子由之於老泉 自有家法[7]
(徐居正)

(8) 稼亭師事謹齋翁 文章道德皆時雄[8] (李種學)

(9) 牧隱之學 出於其考稼亭先生 仍父子 中元朝制科 俱爲翰林 其
戰芸於詞場也 中國能文之士 多退舍焉 此五百年所未見 豈特
五百年 自有東韓以來 未嘗聞也 論者譬之 武功乙支文德 安市
城主 敵隋唐百萬列也[9] (金尙憲)

(10) 去年射策金門裏 文章驚起中朝士[10] (岳至)

(11) 稼亭氣象猶桓桓 迄今相去五十載 雄詞險韻誰能于[11] (偰長壽)

---

2) 益齋亂藁 卷8, 乞免書筵講說擧贊成事安軸密直副使李穀自代牋.

3) 成俔, 慵齋叢話 卷1.

4) 東人詩話 卷下 一則.

5) 三峯集 卷3, 陶隱文集序.

6) 牧隱集 附錄, 稼亭牧隱兩先生遺虛碑閣記.

7) 東人詩話 卷下 三十二則.

8) 麟齋遺稿 南行錄, 有懷三畏堂.

9) 清陰集 卷38, 稼亭集重刊書.

10) 稼亭集 卷20, 稼亭雜錄.

11) 新增東國輿地勝覽 卷15.

(12) 時文孝公以文章位宰相[12] (權近)

　　 海東進士來上國 …… 才華正宜鰲禁直[13] (謝端)

(13) 李君起海東 射策天子庭 文如崑崙源 倒建高屋瓴 又如常山蛇
　　 首尾不敢停[14] (揚偰斯)

(14) 東國文章集大成 稼亭父子冠群英[15] (金自粹)

(15) 辭嚴義奧 典雅高古 不敢以外國人視[16] (高麗史)

(16) 稼亭之詩 精深平淡 優游不迫 格律精嚴[17] (徐居正)

(17) 李稼亭穀之 醇厚[18] (南龍翼)

(18) 彼(稼亭)の 文章功業には 其師益齋の 眞摯も無く 其子牧隱の
　　 富贍も 無く 鄭圃隱の 道義の 切切人だ 動かすも 無く 彼の 當
　　 代に 於けろ 文學者えしての 地位は 纔かに 安謹齋や 李樵隱等
　　 え 肩 比べ 得ろに 過ぎす[19] (多田正知)

(19) 先生之學以經術爲根柢 以忠義爲骨髓[20] (金宵漢)

(20) 稼亭文孝公 牧隱文靖公 兩先生父子相繼 蜚英麗元道德功業 昭
　　 載乘牒 餘事文章 冠絶今古東人之仰之 若泰山北斗[21] (柳思訥)
　　 餘惟淵沈之學出於蔡西山 轍軾之文原於蘇老泉誰知牧隱道德文
　　 章之美 實由於稼亭[22] (柳思訥)

(21) 天曠奎躔 聰穎絶類 文苑學海 溥溥法翰[23]…… (宋秉璿)

---

12) 陽村集 卷39, 貞愼宅主權氏墓誌銘幷序.

13) 稼亭集 卷20, 稼亭雜錄.

14) 稼亭集 卷20, 稼亭雜錄.

15) 桑村先生實記 卷1, 韓山題詠詩.

16) 高麗史 卷109, 列傳 第22 李穀 條.

17) 東人詩話 卷下 三十二則.

18) 壺谷詩話 一則.

19) 稼亭集 解說, 靑丘學叢 第一輯, 大阪屋號書店.

20) 稼亭集, 重刊序.

21) 上同.

22) 稼亭集 卷20, 稼亭集跋.

(22) 究性理 而明大本 惟知道者 謂之一世之豪俊[24]

(23) 謂五百僚之標準[25]

(24) 其製第也則有董仲舒經世之志(公登第 天子謂侍臣 曰李某所製 十餘策 筆法高古 有西漢董仲舒之氣節)[26]

(25) 中甫(李穀) 明易者也[27] (朴子虛貞齋記)

(26) 其思想은 다 歌와 無異하야 溫雅와 雄健의 二派가 有하니 溫雅派 는 七賢 卽 李奎報・李仁老・吳世才・林椿・皇甫抗・咸淳・李 湛등이 그 代表라. 雄健派는 李穀・李穡・鄭夢周・李齊賢이 그 代表라. 其詩文이 辭嚴意奧하고 典雅高古하니라.[28] (安自山)

(27) 우리 東方文士가 崔孤雲으로 天子를 삼았다면 李益齋와 李白雲 이 領相이 될 것이고, 李牧隱은 文衡이 되고 陳澕와 鄭知常은 東西壁이 되고, 崔猊山(瀣)・李稼亭(李穀)・李樵隱(仁復)・李 齊亭(達衷)・鄭雲谷(誧) 등을 文書典掌의 職任에 두는 것이 좋 겠다.[29]

　　위의 評들을 보면, 국위선양의 칭송 및 學問의 程度・文壇의 位置 를 論한 것과 詩文의 風格을 述한 세 가지로 大別할 수 있다. 그에 대한 酷評은 별로 찾아 볼 수 없으며, 多田正知만이 그를 깎아 二流 에 내려놓았으나, 이 外의 評들을 綜合할 때 稼亭의 位置를 가히 알 만하다. 高麗史에서 評한 典雅高古는 司空圖의 二十四品格에 根據 했음을 알 수 있으나 대부분 全體的인 評이고 例文을 들어 具體的인

23) 稼亭集 附錄 稼亭先生神道碑錄, 國譯 稼亭集・牧隱集, 農經出版社, 1980.

24) 國譯 稼亭集・牧隱集, 1980.

25) 上同.

26) 上同.

27) 牧隱文藁 卷4, 朴子虛貞齋記.

28) 朝鮮文學史, 韓一書店, 1922.

29) 金台俊, 朝鮮漢文學史, 朝鮮語文學會, 1931, p.77 再引用.

評을 한 것은 못되는 것 같다. 이들 評에 대해서는 뒤 장 그의 文學
史的 位置를 가늠할 때 다시 說明하기로 하겠다.

2. 近代以後의 研究

1) 解說類

朝鮮朝以後 近代에 와서 稼亭에 관해 처음 보이는 研究成果는 多
田正知의 解說類인 「稼亭集解說」[30]과 「李稼亭年譜」[31]를 꼽을 수
있다. 이 두 편은 모두 日帝 當時 京城帝國大學 教授였던 日本人 多
田正知에 의하여 발표되었다.

이 두 편은 題目 自體가 解說類이고, 正式論文의 形式을 갖추지
못했지만 흔히 文集들을 發刊·影印할 때의 書頭에 부친 解題와는
달리, 적지 않은 분량으로 專門的인 學會誌에 발표했다는데 意義가
있다.

먼저 發表한 「稼亭集解說」은 稼亭集의 편찬경위를 적고, 文集의
內容을 소개하고, 著者의 간략한 家系와 麗·元 관계까지 言及하면
서 저자의 中心思想과 文學活動도 알려 주고 있다. 그 후 十年 뒤에
발표된 「李稼亭年譜」에는 高麗朝 漢文學의 一考라는 副題를 달고
주로 高麗史列傳 李穀條에 있는 事實들을 引用하여 編年式으로 高
麗와 元에서 있었던 稼亭의 활동과 주요한 업적들이 피력되어 있다.

---

30) 稼亭集 解說, 靑丘學叢 第一號, 大阪屋號書店刊, 昭和五年 八月 1930, pp.135~
   142.

31) 李稼亭年譜, 『淸凉』 第十號, 京城帝大 豫科學友會, 1940. 12.

이 두 편의 연구는 多田正知教授가 稼亭文集을 거의 섭렵하고 난후, 자기의 觀點도 밝혀 놓아, 단순한 資料紹介를 넘어 서고 있다.

그런데, 筆者가 한 가지 異意를 삼을 것은 그가 稼亭의 中心思想 把握에서 前半期에는 儒家思想을 지녔고 後半期에는 佛敎思想이 主流가 되어 있다고 단정 지었는데, 筆者의 관점으로는 稼亭의 後半期도 佛敎를 儒敎立場에서 받아들인 卽 稼亭의 後期도 그 根幹의 主流思想은 儒敎로 一貫되었음이 틀림없다고 생각되는 바, 思想研究에 대한 具體的 陳述이 아쉽다. 어쨌든 外國人으로서 일찍이 稼亭에 觀心을 가지고 그에 대한 研究의 試圖로 삼고자 한데 注目이 된다. 그러나 그 후에 多田正知 敎授의 논문은 보이지 않는다.

2) 研究論文

本章에서는 論者가 조사한 稼亭에 관한 기존의 論著들을 적어보기로 한다.

多田正知 (京城帝大 豫科), 李稼亭年譜 – 高麗漢文學の一考察, 『淸凉』 10號, 서울, 1930년 12월.

多田正知, 稼亭集解說, 『靑丘學叢』 第1號.

高柄翊, 稼亭集 解題, 『高麗名賢集 3』, 成均館大 大東文化研究院.

高惠玲, 稼亭 李穀에 대하여, 『梨花史學研究』 17 · 18合輯, 1988.

_____, 稼亭 李穀과 元 士大夫와의 交游, 『民族史의 展開와 그 文化(上)』(碧史 李佑成 敎授 定年退職 紀念論叢), 창작과 비평사, 1990.

_____, 稼亭 李穀의 佛敎觀과 性理學, 『韓國史學論叢』(水邨朴永錫

華甲論叢 상), 1990.

_____, 14世紀 高麗 士大夫의 性理學 受容과 稼亭 李穀, 이화여대 대학원 박사학위논문, 1992.

金明順, 竹夫人傳과 萬福寺樗蒲記의 內面的 聯關性, 『加羅文化』제1집, 경남대 가라문화연구소, 1982.

金時鄴, 高麗後期 士大夫文學의 一性格 - 農民을 題材로 한 李穀과 尹汝衡의 시, 『大東文化硏究』제15집, 성균관대 대동문화연구원, 1982.

金宗鎭, 李穀의 詩世界, 『漢文學論集』제2집, 단국대학교 한문학회, 1984.

_____, 李穀의 詠史詩 硏究 - '17수 영사시'를 중심으로, 『漢文敎育硏究』제12집, 한국한문교육연구회, 1998.

_____, 李穀의 對元意識, 『泰東古典硏究』創刊號, 한림대 태동고전연구소, 1984.

_____, 가정 이곡의 시대인식과 사상적 지향, 『가정 이곡 선생 탄신 700주년 기념 학술대회발표논문집』, 목은연구회, 1998.

朴性奎, 고려전기의 귀족문화, 『한국학연구입문』, 지식산업사, 1981.

_____, 이곡의 영사시 연구-신흥사대부 의식의 몇 국면, 『한국한문학연구』제26집, 한국한문학회, 2000.

宋載邵, 稼亭 李穀의 東遊記에 對하여, 『한국한문학연구』제24집, 한국한문학회, 1999.

安秉杲, 이곡 죽부인전의 제재, 『중국학논총』, 국민대학교 중국문제연구소, 1990.

劉明鍾, 李穀의 心性論, 『韓國思想史』, 이문출판사, 1995.

_____, 稼亭 李穀의 生涯와 思想, 『東洋哲學』제8집, 韓國東洋哲學

會, 1997.

유이경, 이곡의 說作品 연구, 이대석사논문, 2003.

柳仁熙, 李穀 李穡의 倫理哲學과 高麗 儒學의 性格, 『동방학지』 제
    101집, 연세대학교 국학연구원, 1998.

_____, 稼亭과 牧隱의 倫理思想의 理論思想의 理論背景과 그 現代
    哲學的 意義, 『稼亭 李穀, 牧隱 李穡 先生 학술세미나』 韓中
    哲學會, 경원대 아시아문화연구소, 1998.

유호진, 이곡 시에 있어서의 반성적 시선과 자유에의 지향, 『한국한
    문학연구』 제26집, 한국한문학회, 2000.

李炳赫, 稼亭의 思想과 그 文學, 『부산공전 논문집』 제20집, 1979.

_____, 李穀의 竹夫人傳考, 『어문교육논총』 제8집, 부산대 국어교육
    과, 1984.

_____, 『高麗末 性理學 受容期의 研究』- 師受期의 詩文學(李穀
    篇), 태학사, 1989.

李成珪, 稼亭 李穀의 年譜考, 『가정 이곡 선생 탄신 700주년 기념 학
    술대회발표논문집』, 목은연구회, 1998.

李炯釙, 李穀의 文學思想, 고려대 교육대학원 석사학위 논문, 1981.

전병련, 稼亭 李穀의 倫理思想, 『稼亭 李穀, 牧隱 李穡 先生 학술세
    미나』, 韓中哲學會, 경원대 아시아문화연구소, 1998.

정원표, 이곡 시 연구, 『한국한시작가연구』 한국한시학회, 1995.

韓永愚, 稼亭 李穀의 生涯와 思想, 『한국사론』, 서울대 국사학과,
    1998.

黃在國, 李穀의 生涯와 儒敎思想 研究, 『경희대학교 대학원 논문집』
    제6집, 1978.

_____, 竹夫人傳의 擬人化 對象 試考,『어문교육』제21집, 어문교육
연구회, 1979.

_____, 가정 이곡의 문학연구 - 죽부인전에 중점을 두어, 경희대 석
사논문, 1979.

_____, 李穀의 詠史詩 小考,『語文敎育』36·37合輯, 어문교육연구
회, 1983.

_____, 李穀文學硏究, 경희대학교 박사학위논문, 1984.

_____, 李穀의 散文에 나타난 作家意識,『人文學硏究』제20집, 강원
대학교, 1984.

_____, 韓·中 竹夫人傳 硏究,『轉移와 受容』, 학문사, 1986.

_____, 李穀 漢詩의 韻律 硏究,『우리문학연구』제5집, 우리문학연
구회, 1985.

_____, 稼亭 李穀의 詞 考察,『語文論叢』제1집, 경희대 대학원 국
어국문학회, 1985.

_____, 李穀의 紀行漢詩 硏究,『語文論叢』제6집, 경희대학교 대학
원, 1990.

_____, 李穀 詩의 主題考,『韓國漢詩』제3권, 민음사, 1991.

_____, 稼亭 李穀의 望鄕思親과 歸去來의 意味,『溫知論叢』4號,
1998.

이들 외에 高麗時代의 假傳 작품을 연구하는 과정에서 稼亭에 대
하여 언급한 論著들도 있다. 또한 1980년 發行人 李仁求의 명의로
稼亭 牧隱文集編纂委員會에서 간행한『稼亭集』권1-13까지의 文을
完譯하면서 부록으로 稼亭先生神道碑文과 畵像贊, 文集 序跋文 등
을 國譯하고, 그리고 年譜와 稼亭集 解說을 함께 실어 펴낸 바 있다.

제3장

家系와 生涯

제3장 家系와 生涯

　藝術作品이 가진 바 가장 明白한 原因은 그 創造者 卽 作家이다. 作品의 속에 나타난 作家의 個性과 生活을 통하여 文學作品을 硏究하는 것은 最古・最良의 方法의 하나로 確立되어 있다.[1]

　이러한 말은 作品이 그 生産者인 作家와 因果的 有機關係를 가진다는 뜻으로, 作品은 곧 作家의 反映이란 意味이다.

　바꾸어 말하면, 作家의 모든 與件이 原因이 되어, 結果인 作品에 至大한 영향을 끼친다는 것이니, 作品을 올바로 檢討・考察하고, 作家의 意圖하는 바를 캐내기 위해서 그 作家의 모든 면을 파헤쳐 보는 것은 意義가 있다.

　여기서 作家의 모든 面이라는 것은, 卽 作家의 健康狀態, 出生地와 자라난 地域的 環境, 父母・兄弟의 生存狀況, 精神的 資質, 學歷 및 受學關係, 財産程度, 海外踏査, 交友關係, 讀書量 등으로, 이 모두가 作品生産과 有關한 것이다.

---

1) Rene Wellek & Austin Warren, Theory of Literature, U・S・A, 1966, p.75.
　"The most obious cause of a work of art is its creator, the author ; and hence an explanation in terms of the personality and the life of the write has been one of the oldest and best-estabilished methods of literary study".

稼亭 當時처럼 複雜한 時代의 士大夫들에게는 傳記的 考察이 특히 要求된다.

그럼 本章에서는 稼亭의 作品 穿鑿을 돕기 위해 그의 家系를 훑어보고, 그의 生涯에 이어, 그의 受學은 어떠했으며, 麗·元에서의 交友關係 및 官職·性品 등, 傳記面을 살피고자 한다.

1. 家系

稼亭 李穀은, 高麗가 元의 屬國이나 다름없던 時代에, 忠烈王 24年(1298) 7月 韓山 北古村(現 忠南 舒山郡 韓山面)에서 태어났다. 韓山李氏인 稼亭의 始祖는 允卿이니, 韓山의 權知戶長이었다. 權知란 당시에 臨時職이니, 允卿은 그리 顯達하지 못했음을 알겠다.

稼亭의 祖父는 奉翊大夫版圖判書에 追封된 昌世요, 父는 井邑監務이자 元나라에서 秘書監丞에 贈職되고 本國에서 匡靖大夫都僉議贊成事에 追封된 自成이다.2) 自成은 科擧에 及第한 적이 없고, 그의 職責은 監務란 地方官의 末職에 불과했다. 稼亭의 어머니는 元에서 遼陽縣郡에 封하고, 三韓國大夫人을 封한 興禮李氏 椿年의 딸로 15歲에 自成에게 시집왔다. 稼亭에게는 兄 둘이 있었으니 맏兄은 培요, 둘째兄은 蓄인데 夭死하여, 그들은 子代후에 후손은 전해지지 않는다고 한다. 누이 하나는 張氏에게 시집가서 먼저 죽었다. 稼亭은 13歲에는 아버지를 여의고 외로운 處地가 되었다.

이로 보아, 稼亭 家系는 始祖 允卿으로부터 後代 仁幹·孝進·昌

---

2) 韓山李氏大同系圖譜 卷1, 1979. 4, p.116.

世・自成에 이르기까지 代代로 韓山에 살면서 한낱 鄕吏로 族勢가 변변하지 못한 寒微했음을 알 수 있다.

또한, "自從父子登科後 天下皆知此邑名[3]"이라고 한 것은, 稼亭 以前에는 韓山李氏가 별로 알려지지 않았고, 稼亭이 비로소 韓山李氏의 家門을 일으키고, 牧隱이 뒤를 이어 더욱 빛냈음을 알 수 있다. 그리하여 『萬姓大同譜』에는 稼亭을 실질적인 始祖로 내세우기도 한다.

益齋가 쓴 稼亭의 어머니 李氏墓誌銘에 李氏의 曾大夫 淳匡과 祖父 祐와 父 椿年이 모두 벼슬하지 못했다고 한 것을 보니 그의 外家 역시 寒微한 듯하다. 稼亭은 咸昌郡夫人 金氏와 結婚했다. 장인 金澤이 慶北 寧海地方에서 2代째 不仕한 집안으로 名家門은 아니다. 이로 볼 때 稼亭의 出世는 그의 家門의 도움은 전혀 없었고, 자기의 學業으로 이루어 진 것임을 알겠다.

稼亭은 一男二女를 두었는데, 아들은 周知하는 바와 같이 어려서부터 아버지의 學問을 이어 받은 海東의 巨儒・碩學인 牧隱 穡이다. 맏딸은 羅州 潘南人 朴尙衷에게 出嫁하고, 둘째 딸은 寧海人 朴寶生에게 시집갔다.

牧隱이 種德, 種學, 種善 세 아들을 두었으니 그 中에 特히 種學이 先祖들의 學問의 뒤를 이었다.

거듭 말하면, 稼亭은 代代로 寒微한 家門에서 태어나 自力으로 出世하여 卓越한 文名과 나라에 큰 功을 세워 家門을 크게 일으키고 牧隱이 이를 繼承하여 더욱 빛냈으며, 種學 以下 孟畇, 塏, 季甸, 耔, 之菡, 堅, 山海, 顯英, 德洞, 秀彦 등 큰 忠節・碩儒들이 연이어 나와서 韓山李氏 家門의 基盤을 군건하게 하여 海東八大姓에 들었다.

---

3) 大東野乘 卷55, 松窩雜說.

<家系圖>

(韓山李氏大宗譜系 p.5)

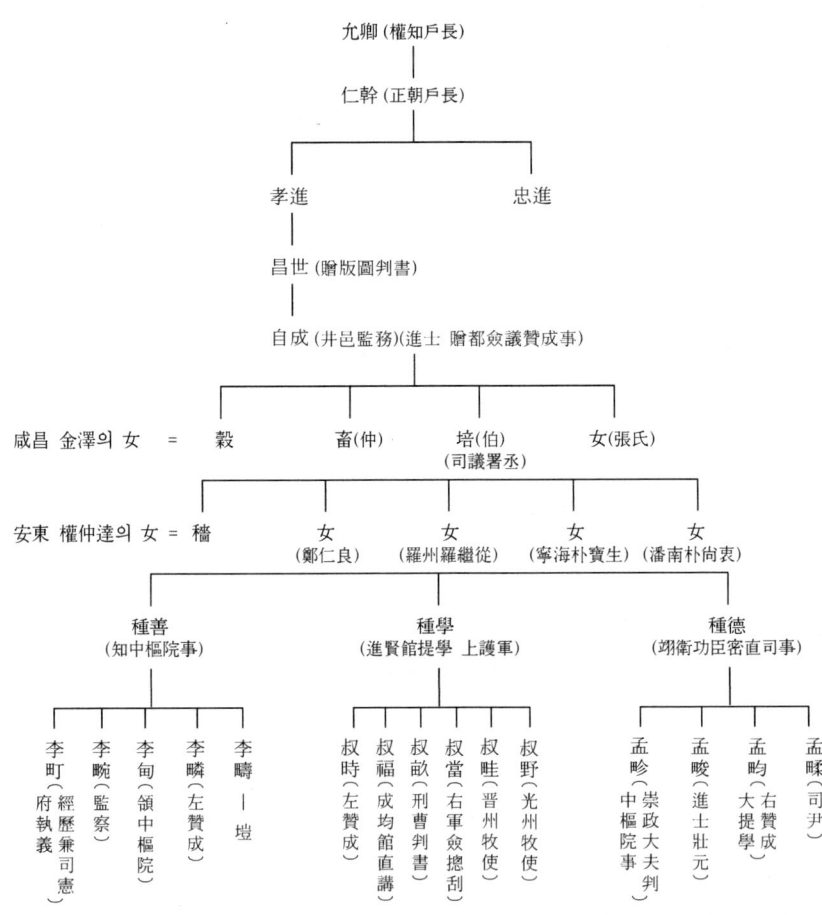

2. 生涯

李穀의 初名은 芸白이며, 字는 仲父요 稼亭은 그의 號이다.

稼亭의 生活·行跡은 『高麗史』를 비롯하여 『東史綱目』『稼亭雜錄』『稼亭神道碑序』『東國與地勝覽』『文獻備考』등에서 찾아 볼 수 있다. 또한 文集에서 附錄된 그의 年譜에는 年代順으로 麗·元에서의 生涯와 行跡을 거의 정확하게 실어놓아서 그 大綱을 살피기 좋게 하여 있다. 그리고 국역 稼亭·牧隱文集 편찬위원회에서 刊한 文번역집 후미에 연대별로 年譜를 표시하였다. 특히 李成珪 敎授는 "稼亭 李穀의 年譜考[4]"에서 編年式으로 자세히 一代記를 밝혀 놓았다.

이와 같은 記錄들을 살펴서, 稼亭의 生涯를 아래와 같이 四分期로 나눌 수 있다.

1) 修學期 (出生부터 20歲 擧子登科까지)
2) 出仕期 (20歲부터 36歲 元나라 會試에 合格할 때까지)
3) 活躍期 (37歲부터 49歲까지)
4) 晚年期 (50歲부터 死亡時까지)

1) 修學期

稼亭은 1298년 戊戌年 7월에 충청도 韓山 北古村에서 출생하였다.

그는 어릴 때부터 行動擧止가 非凡하고 자라면서 讀書을 부지런히 하고, 모든 일에 게으르지 않았다.[5]

13歲(1310, 忠宣王 2年, 庚戌) 아버지를 여의었다. 그리고 이 때 많

---

4) 稼亭 李穀 先生 誕辰 700周年 紀念 學術發表 論文集.
5) 高麗史 卷109, 列傳 第22 李穀條. "自齠齡 擧止異常 稍長知讀書 亹亹忘倦".

은 사람이 모인 詩會에서 「長夜不長詩酒夜」란 詩句에 누구 하나 對를 맞추지 못하자 稼亭이 홀로 「遠山非遠畵圖山」이라고 읊어 주위가 모두 驚歎하고 이로부터 李穀의 이름이 알려 졌다.[6] 이로 보아 그의 詩才을 알만 하다.

16歲(1313, 忠宣王 5年, 癸丑) 외가 부근의 寧海를 遊하던 중 그곳 鄕校의 大賢인 金澤이 그를 보고 반드시 귀하게 될 것임을 알고 그를 사위로 삼았다.[7]

20歲(1317, 忠肅王 4年, 丁巳) 그는 李齊賢과 朴孝修가 知貢擧로 管掌한 擧子科에 合格했다.『高麗史』列傳에 "穀……忠肅四年 中擧子科 研經窮史 一時學者 多就正焉[8]" 하였으니, 그 후 經史를 연구하였는데 當時 많은 학자들이 와서 그에게 叱正을 求하였음을 알 수 있다.

2) 出仕期

23歲(1320, 忠肅王 7年, 庚申) 秋9月에는 李齊賢이 知貢擧가 되고 朴孝修가 同知貢擧가 되어 進士를 取하였는데, 그 때 稼亭은 秀才科 第二名에 들어서, 그 해 福州司錄參軍이 되었다.

29歲(1326, 忠肅王 13年, 丙寅) 가을에 征東行省에서 施行하는 鄕試에 第三名으로 合格했다.

30歲(1327, 忠肅王 14年, 丁卯)에는 元나라의 燕京에서 施行하는 會試에 나갔으나 合格하지 못했다. 與同年趙中書・崔獻納書에서 함

---

6) 牧隱集; 享祀文獻書院記; 稼亭先生事蹟.
7) 이는 李成珪 교수의 교시로 알게 됨.
8) 高麗史 卷109, 列傳 第22 李穀條.

께 과거에 합격하여 中書 獻納 벼슬에 오른 두 사람에게 자기는 집이 가난하고 연로한 어머니가 있음을 말하고 두 知友에게 자기를 벼슬에 천거해 달라는 편지를 보내다.

31歲(1328, 忠肅王 15年, 戊辰)에는 5월 9일 아들 牧隱을 얻었으니, 稼亭 個人만의 得子가 아니라 海東의 奎星을 세상에 내놓은 것이다.

32歲(1329, 忠肅王 16년, 己巳) 6월 예성강에서 배를 타고 한산으로 귀향하였다.

34歲(1331, 忠惠王 元年, 辛未) 봄에 本國에서 藝文檢閱(정9품)에 올랐다.

35歲(1332, 忠肅王 後一年, 壬申) 8월에 本國에서 征東省鄕試에 第一名으로 合格했다.

36歲(1333, 忠肅王 後二年, 癸酉)에는 다시 元都에 들어가 天子가 친히 보이는 制科에 應試하여, 그의 對策이 讀卷官에 의해 크게 칭찬을 받아 드디어 第二甲으로 登科하였다. 이에 宰相이 上奏하여 承事郞翰林國史院 檢閱官을 除授하였다.

이 會試란 여간 어려운 것이 아니었다. 鄕試에 合格한 外國人 300名을 元의 首都에 모아서 100名을 뽑는 바, 여기에 또 種族別 定員이 蒙古·色目·漢人·南人이 각 25명인데, 高麗人은 漢人 25名에 끼어들어야 했다.

이제까지 高麗人은 비록 制科에 合格하여도 모두 下列에 머물렀으나, 稼亭이 비로소 堂堂 第二甲에 올라 國威를 宣揚했다. 그의 對策의 文章이 中朝의 선비들을 깜짝 놀라게 만들었고, 그리하여 감히 外國人으로 취급하지 않았으며, 이로부터 그는 元朝의 文士들과 交遊하여 더욱 學問의 깊이를 더 하였다.

3) 活躍期

科擧制度가 생긴 후로, 元나라에서나 高麗에서는 科擧가 중요한 登龍門이 되어 선비의 出世와 政治活動의 原動力이 되어왔다.

稼亭도 이 元의 會試에 合格한 것이 그의 生에 있어서 획기적 계기가 되었으니, 文學作業도 科擧를 위한 儒學爲主의 공부를 하지 않아도 되었기에 佛敎 等 幅 넓은 學問과 활달한 文學을 할 수 있었다. 元에서 벼슬을 하며, 文物이 엄청나게 앞선 先進國에서 見聞을 넓히면서, 麗・元의 文士들과도 接觸이 容易하게 되어, 文學・政治活動의 범위가 넓어지게 되었다.

37歲(1334, 忠肅王 後3年, 甲戌, 元通二年) 4月에 興學詔書를 받들고 高麗로 돌아와, 各地를 遊歷하면서 廟學을 시찰하고 學校振興에 힘을 기울였다. 이때부터 高麗의 鄕校가 점점 復興의 기색이 나타났다고 할 수 있다. 還國하기 前에 元에서, 陳旅의 宋序를 위시하여 宋本・歐陽玄・謝端 등 13名의 元의 쟁쟁한 文士들의 送詩를 받았다.

38歲(1335, 忠肅王 後4年, 乙亥, 至元元年)에는 本國에서 奉善大夫・試典儀副令直寶文閣에 拜하고, 3月에 元으로 돌아가니, 이 때 本國의 朝野文士들이 모여 送別宴을 베풀었으니, 崔瀣의 送序를 비롯한 李齊賢・權漢功・安震・安軸・閔子夷・鄭天濡・李達尊・白文寶・鄭誧・安輔 등의 11名의 送詩를 받았다. 當時 拙翁 崔瀣는 里巷에 물러나, 失意의 나날을 보낸 지 13年이나 되고, 益齋 역시 沈默中에 있던 때였다. 益齋의 詩에 "早知毛骨異凡流 刮目靑雲得意秋"라고 한 것을 보아도, 稼亭이 홀로 得意한 全盛期임을 짐작할 수 있겠다.

39歲(1336, 忠肅王 後五年 丙子, 至元2年)에는 元에 있었는데, 元

나라로부터 儒林郎敬政院管句兼承發架閣庫를 除授받았다. 이 해에
「京師大報恩光教寺記」9) 「京師金孫彌陀寺記」10)를 지었다.

윤 12월 元나라는 여러 차례 高麗에 童女를 구했으므로, 稼亭은
저 有名한 「代言官請罷取童女書」11)를 御史臺에 올려서, 이를 罷하
도록 請했다.

40歲(1337, 忠肅王 後六年 丁丑 至元3年) 1336년에 올린 처녀 징
발을 파하도록 청한 「代言官請罷取童女書」가 황제의 승인을 받아
시행되었다. 元나라가 高麗의 童女를 구하는 일은 원래 一種의 强制
掠奪結婚이었으므로, 딸을 가진 家庭은 痛哭을 하는 悲劇이 생기곤
했다. 稼亭의 民族主體意識과 人倫道德에 입각한 懇切한 疏로 말미
암아 中止케 되었다.

元의 征東行中書省左右司員外郎으로 轉任되어 高麗로 돌아왔다.

이 해 高麗로 돌아올 때, 元의 文士들이 「稼亭記・詞・詩」를 지어
주며 餞送했다. 高麗로 돌아온 이 해 여름에는 中顯大夫成均祭酒芸
文館提學知製教에 除授되었는데, 이는 그가 貢女의 弊端을 없애는
데 功勞를 거둔데에 대한 報答이었다. 또 9월에 元의 丞直郎國子博
士王沂의 「稼亭記」와 謝端 等 12名이 「稼亭詞」를 지어 주었다.

41歲(1338, 忠肅王 後七年 戊寅 至元四年)에 高麗에 있으면서,
「金剛山普賢菴法會記」(卷二), 「興教院落成會記」(卷二), 「佛恩寺重
興記」(卷二), 「送洪密直出鎭合浦序」(卷九), 「春軒記」(卷二) 外 詩,
「謝洪合浦寄橘茶七絶」(卷十五) 등을 지었다.

42歲(1339, 忠肅王 後八年, 己卯, 至元5年) 봄에 高麗朝로부터 正

---

9) 稼亭集 卷2.

10) 上同.

11) 稼亭集 卷8.

順大夫判典校寺事 芸文館提學 知制教를 除授받았다. 「叛置金剛都
山寺記」12)등을 지었다.

44歲(1341, 忠惠王 後二年, 辛巳, 至正元年) 正月 초하루날은 故
鄕 어머니 곁에 있었음을 그의 詩 「丁巳元日有感」13)으로 알 수 있
다. 이 詩로써 그는 어머니를 奉養할 돈을 위해서 벼슬에 계속 머물
러야 할 형편임을 알 수 있다. 2월에 4年間을 머물렀던 本國을 떠나
서 元의 改元(年號를 至元에서 至正으로 바꾼 것)을 祝賀하는 「賀改
元表」를 받들고, 元의 서울로 가서 거기에 滯留하여 약 6년간 元都
에 머물게 된다.

45歲(1342, 忠惠王 後三年, 壬午, 至正二年) 이 해 寒食날 지은 「壬
午歲 寒食」14) 詩를 보면

> 宦路從求足是非
> ― 中略 ―
> 忍貧要趁良辰醉
> 鬢髮多情心事違

라고 하였으니 그 때 가난한 生活 가운데 나이는 먹어가니, 感懷는
슬퍼지고, 모든 일이 뜻과 어긋난다고 읊고 있으니, 그는 마지못해 그
곳의 生活을 이어 갔음을 알 수 있다. 이 해 6月과 8月에 中國을 여
행하면서 「遊西湖」(卷16), 「觀新河放水」(卷16)등을 남겼다.

46歲(1343, 忠惠王 後四年, 癸未, 至正三年) 元으로부터 奉訓大夫

---

12) 都山寺記 卷3.
13) 稼亭集 卷16.
14) 稼亭集 卷16.

中瑞司典簿를 除授받았다. 그 해에 「崇天門下」(卷16)과 「病中述懷」
(卷17) 등을 지었다.
　「病中述懷」 詩에,

　　　　生計가 거북하니 가난함이 病같고
　　　　공부하여 이룬 것은 없고 늙어 더욱 어리석어 지네.
　　　　끊이지 않는 이 회포를 누구와 함께 얘기 할꼬
　　　　南窓에 서서 病 무릅쓰고 詩를 지어 보네.

　　　　理生心拙貧如病　　學道無成老漸癡生計
　　　　耿耿此懷誰與說　　南窓力疾强題詩

를 보아서 客地에서 병든 몸으로 孤獨을 느끼며 쓸쓸히 煩惱에 찬
生活을 하였음을 알 수 있다.
　47歲(1344, 忠惠王 後五年, 甲申, 至正四年) 元都에서 3年을 보내
고 4年째를 맞는 「甲申元日」의 詩를 비롯하여 「立春」 등 50餘首를
남겼는데, 여러 篇에 故鄕에 둔 어머니를 그리워하고 故國을 걱정함
이 날로 더해간다고 述懷하고 있다. 그리고 이 해는 忠穆王이 여덟
살에 襲位하여 還國함에, 稼亭은 5월에 「寓本國宰相書」[15]를 本國
宰相에게 보냈으니, 이는 本國의 風俗이 무너져 가는 것을 개탄하고,
用人과 刑政이 紊亂하여 百姓이 塗炭에 빠져감을 비판하고 걱정하
며, 小人을 물리치고 君子를 써서 社稷이 튼튼하고, 백성이 편안하게
살 수 있도록 해줄 것을 당부하는 內容이었다.
　48歲(1345, 忠穆王 元年, 乙酉, 至正五年) 元日·人日詩를 지어

15) 稼亭集 卷8.

타향에서 관직생활로 자신이 늙고 어머니가 그립고 고향이 그리운 정을 설파하였다. 4月에는 元의 順帝가 上都(開平)에 幸行하매, 稼亭이 扈從하였는데, 이 때, 本國에서 奉翊大夫判典校寺事 芸文館提學同知春秋館事上護軍에 除授되었고, 다시 奉翊大夫 密直副使에 除授되었다. 「灤京紀行詩」「穀積山羅漢石室記」「小圃記」 등을 지었다.

49歲(1346, 忠穆王 二年, 丙戌, 至正六年) 正朔頒布 하는 일로 6年 가까이 머물러 지내던 元都를 떠나서, 本國으로 돌아왔다. 이 때 元朝의 文士들이 詩를 지어 주었으니, 周璿의 「送李中父使征東序」를 비롯하여, 張基岩 등 7名이 餞送詩文이 『稼亭雜錄』에 실려 있다. 봄에 同知密直司事에 除授되었다. 그해 가을 11月에 閔漬가 엮은 『編年綱目』의 漏落部分을 益齋 등과 함께 增修하였고[16], 忠烈·忠宣·忠肅 3朝의 實錄을 編修하는데에 參與하였고, 가을에는 高麗에서 重大匡韓山君芸文館大提學知春秋館事에 除授되었다. 活躍이 絶頂에 달한 해였다. 이 해에 아들 牧隱이 權漢功의 손녀인 仲達의 딸과 결혼하였다.

4) 晚年期

50歲부터 54歲 正月까지 비록 4年間 밖에 안 되는 짧은 기간이었지만, 이 期間은 以前과는 달리 稼亭에게는 50세 彈劾을 당하는 受難과 知人들의 총총한 別世에서 느껴지는 虛無感, 벼슬에서 危險을 느껴서 遊覽길에 올라서 自然에 依託해 본 時期이며, 또한 그가 至誠으로 모시던 어머니가 世上을 떠나는 슬픔을 당한 착잡한 期間이었으므로 그의 生涯의 별다른 感懷가 作品에 나타나기에 별도로 劃

---

16) 高麗史 卷109, 列傳 第22 李穀條.

期해 보는 바이다.

50歲(1347, 忠穆王 三年 丁亥)에는 同知貢擧가 되어 許伯과 함께 試驗을 管掌하여, 金仁琯 등 33人을 取하였는데, 私情에 끌려 世家의 不學한 子弟를 많이 取하였다고 해서, 憲司가 이를 彈劾하여 新及第를 내지 못하였다.[17] 牒에 다시 元으로 돌아갔다.

그는 「五十」[18]이라는 詩題로 當時의 心懷를 읊고 있다. 지난 平生 열심히 살았지만 五十이 되어도 물러나지 못한 것을 부끄럽게 생각하며, 文章엔 실로 限界를 느끼고 利慾은 다투어 마음을 흔들고 있다고 述懷하면서, 이제 50에 죽어도 夭折이라고 하지 않을터이니, 萬事를 술잔에 依託하고 싶다는 超軼의 心事를 나타내고 있다.

이듬해 51歲(1348, 忠穆王 四年, 戊子, 至正八年)에는 元나라에서 中書差監倉이 되고, 여름에 高麗에서 都僉議贊成事가 되어 本國으로 돌아왔다. 이 해에 詩로는 「寄順菴」, 文으로는 그 해 6월에 사망한 安軸을 문병하고 또한 사망한 安軸을 위해 「安軸墓誌銘」을 썼다. 稼亭은 옛날의 다정하던 知人들이 세상에 드물어져 가는 寂寞을 느끼는데, 複雜한 세상길에 虛脫感을 느끼면서, 아직 벼슬길에 남아있는 몸으로 鄕里에 묻혀 살고자하는 귀거래의 心情을 吐露하고 있다. 10월에는 韓山의 집에서 征東行省郎中 許伯의 예방을 받고 韓山의 所居를 崇文洞으로 命名했다.

52歲(1349, 忠定王 元年, 己丑, 至正9年) 때에 忠定王이 登極하자 稼亭은 일찍이 恭愍王을 세우고자 請하였던 터이므로, 스스로 不安하게 여겨서 가을에 關東地方으로 遊覽을 떠났다.[19] 이 때 金剛山을

---

17) 高麗史 卷109, 列傳 第22 李穀條.

18) 稼亭集 卷18.

19) 高麗史 卷109, 列傳 第22 李穀條.

거쳐 江陵 等 嶺東을 지나서 平海까지 이르러 遊覽하고, 이 여행에서 저 有名한「東遊記」등 여러 篇의 紀行詩를 남겼다. 이 旅行에서, 가을로 물든 金剛山을 마주하여 그 壯觀에 감탄을 보내며 奇峯疊疊을 바라보고 金剛山 "一萬二千峯"이란 文學用語를 처음으로 만들어 놓고, 四仙亭으로 와서는 자기도 神仙의 境地에 들어 俗塵을 떨구어 버리고, 곳곳 亭子에 올라 題詠을 쓰고, 고을을 지날 때마다 그 고을 責任者에게 詩로 善政을 付托하기도 했다. 특히 蔚珍으로 내려와 聖留窟의 그 깊숙하고 怪異한 것과 窮極한 것을 본 정경을 소상히 남긴 것도 처음이니, 최근까지도 聖留窟 入口에는 "高麗 때의 學者 李穀이 쓴 關東遊記에 聖留窟에 대한 仔細한 記錄이 있다."라고 案內板에 적혀 있었다.

稼亭의 나이 53歲(1350, 忠定王 二年 庚寅)에는 元으로부터 奉議大夫征東行中書省左右司郎中을 除授받았다. 그 해 10月에 40餘年間 守節로 지낸 홀어머니가 83歲를 一期로 世上을 떠났다. 아들 訓戒에 法度가 있었으며, 至極한 孝誠을 받다가 世上을 뜬 李氏의 墓誌銘을 益齋가 썼다. 어머니 別世의 슬픔을 안고, 1351年 忠定王 三年 辛卯 正月 一日 稼亭 자신도 半世紀를 겨우 넘는 54世를 맞이하는 날, 해마다 元日이면 어머니를 그리고 나라를 걱정해, 功勞없이 나이만 먹어 감을 恨歎하며 그 해「元日詩」도 더 이상 남기지 못하고, 자기의 政治抱負도 뜻대로 이루어 보지 못한 채, 韓山 崇文洞에서 世上을 떠나고 말았다. 文孝로 諡號를 받음.

墓는 韓山郡 南下面에 現傳하고, 韓山 文獻書院과 寧海 丹山書院에 아들 穡과 함께 配享되어 있다. 그의 文集『稼亭集』20卷이 전해진다.

그리고 그의 사후에는 貢女制度廢止의 공로에 感謝하여, 우리나라 百姓들이 오랫동안 그를 祭祀지내고 빌어 그 恩惠를 잊지 않았다. 그의 神道碑序[20])에 보면 "우리나라 사람들은 세 길 되는 나무를 부엌 마당에 꽂고, 아침저녁으로 淸水그릇을 놓아두고 先生의 자손이 많기를 빌었으니, 그 風俗이 지금까지도 전해진다."고 했다.

그런가 하면 朝鮮에 까지 와서도 稼亭의 至大한 功勳을 길이 思慕하는 뜻에서 婚禮式때 新郞·新婦가 初禮廳에서 相見禮式을 擧行함에 반드시 별도로 酒果床[21])을 式場 옆에 陳設해 놓고 禮式의 일환으로 먼저 祭禮를 올리는 儀式이 前近代까지 몇 백 년 동안 施行되어 왔다.[22]) 또한 最近까지만 해도 시집보낼 딸을 가진 家庭에서는 정월 보름날 색동주머니에 五穀을 담아서 대추나무에 걸어두고 李穀을 追慕하고 感謝드리는 절을 올리는 風習이 있었다[23])고 한다.

3. 受學 關係

自古로 學問 및 글의 品格은 先生의 영향을 받기 마련이며 심지어 後天的 性品의 形成에도 크게 영향을 받으리라 생각된다, 더욱이 稼亭의 時代는 宋代의 性理學이 처음 들어와 정착되는 과정이었기 때문에 士大夫들의 學問的 方向 轉換과 眞理講究에 師傅와 先輩의 影響은 매우 컸다고 본다. 稼亭이 受學한 人物들과의 關係를 알아보자.

---

20) 李景在(稼亭의 17代孫) 稼·牧集 附錄.
21) 穀字床이라 하며, 후일 訛傳되어 독자상으로 불리워지기도 했음.
22) 李鳳求, 韓山李氏大宗報 82號, p.13.
23) 이 말은 서울시 회현동94-3 李氏(70세, 前 체신부장관)가 알려주는 내용이다.

1) 白頤正(1247 ~ 1323)

白頤正은 忠宣王때 學者로 1298年 稼亭이 태어나던 해, 忠宣王을 따라 燕京에 가서 10餘年間 머무르면서 朱子學을 연구하고 돌아왔다. 商議 會議都監事를 지냈고, 後에 上黨君에 被封되었다. 高麗史 列傳 白頤正 條[24]에서는 그의 人品을 天資가 純厚하며 公輔의 器量이 있다고 했다. 白頤正은 元나라에서 朱子學을 研究하여 安珦과 함께 우리나라에 처음으로 퍼뜨렸다.

稼亭은 일찍이 白頤正에게 性理學을 배웠다. 淡庵의 挽辭에서 尹紹宗은,

白公頤正入元 購程朱書東還 先生(白文寶)及李稼亭 李益齋 朴耻庵 忠佐 李樵隱仁復 首先師受講明性理之學 一變三韓舊染之陋[25]

라고 하였다.

이후로, 당시 一般 士大夫들이 그러하듯이 稼亭도 性理學을 받아들이면서, 종래의 詞章을 일삼던 舊習을 벗어나 道學(朱子學)에 침잠하게 되었다고 본다.

2) 權溥(1262 ~ 1346)

朴世采가 편한 『東儒師友錄』에는 權文正이 私淑한 세 사람으로 李穀·李仁復·白文寶를 들고 있다[26]. 稼亭보다 37歲 위인 菊齋 權溥는 益齋의 장인으로 벼슬이 冢帝였으며, 文章·道德이 한때 으뜸

---

24) 高麗史 卷106, 列傳 第19.
25) 淡庵先生逸集 附錄 卷2, 高麗名賢集5, p.237.
26) 東儒師友錄 卷1, 尹絲淳, 『韓國儒學論究』, 玄岩社, p.349.

이었다. 白頤正이 性理學의 書籍을 구해왔으며 菊齋 權溥가『四書集註』를 구하여 板을 새겨서 널리 傳播하여, 배우는 자들에게 道學이 있음을 알리기도 했다.[27] 牧隱은 菊齋를 두고 "文章道德冠一時"[28]라고 評했다.

道學의 系譜를 安珦 → 權溥 → 李齊賢 → 李穀으로 잡고 있는 것[29]으로 보아, 稼亭이 師事하였음을 알 수 있으나, 稼亭과 詩文을 交酬한 것은 별로 눈에 띄지 않는다.

3) 禹倬(1263 ～ 1342)

『易東禹倬先生實考』의 門人錄에 稼亭의 이름이 적혀 있다. 易東은 稼亭보다 36세가 더 많으며 稼亭 나이 44歲 때 易東이 別世했다. 禹易東 역시 當代를 代表한 큰 학자였으니, 高麗史 列傳에는 倬이 經史에 精通하고 더욱이 易學에 깊으며 卜筮에 맞히지 아니함이 없었고 程傳이 처음으로 東方에 오매 能히 아는 者가 없는데 倬이 이에 문을 닫고 月餘동안 參究하여 이에 解得하고 生徒를 教授하니 理學이 비로소 행하게 되었다[30]라고 했다. 稼亭 역시 "明易也"[31]라는 評을 듣고 있으니, 아마도 易東에게 周易을 講論 받았으리라 보여진다. 稼亭은 易東이 晩年에 禮安에 隱居해 있을 때 寧海를 다니러 가는 길에 들러서 詩로 和答하고, 바둑도 같이 즐긴 사실이 「贈禹先生倬」에 나타난다. 이 詩 外에도 易東에게 지어 올린 詩가 두 편 더

27) 李齊賢, 櫟翁稗說 前集2.
28) 牧隱文藁 卷16, 權公墓誌銘.
29) 裵宗鎬 編,『易東禹倬先生實考』, 三和, 1981, p.316.
30) 高麗史 卷109, 列傳 禹倬條.
31) 朴子虛貞, 高麗名賢集 牧隱文藁, 朴子虛貞齋記.

있다. 그 詩에서,

> 先生께서 다시 머물러 六籍을 論하시면
> 저는 어른을 위하여 팔다리를 주물러 드리리다.[32]
> 先生且留談六籍 吾爲長者能折枝

라고 했으니, 易東을 선생님으로 稱했고 또 그에게 以前에 六書經學을 講論 들었으며, 앞으로도 선생님으로 모시겠다는 뜻을 알 수 있다.

이전에 稼亭은 易東이 糾正벼슬에 제수됨을 축하하여 七言律詩[33]인 축하시를 지어 주었으니 거기 끝 연에 "我昔屢陪詩酒社(내 이전에 詩酒의 모임에 모셨기로)"라고 하였으니 여러번 易東을 모시고 대우해드린 것을 볼 수 있다. 그리고 또 易東이 晉州郡守로 갈 때 送詩를 지어 주기도 했다. 易東 역시 稼亭을 위해 글을 지었을 것으로 사료되나 그의 文集이 남아 있지 않아 안타까울 뿐이다.

4) 安軸(1287 ~ 1348)

安軸의 字는 當之요 號는 謹齋이고, 諡號는 文貞이다. 忠肅王 11年(1324)에 元나라 科擧에 合格하고, 忠惠王 때에는 江陵道安廉使가 되었는데 이 때 「關東別曲」을 썼다. 그의 文集으로『謹齋集』4卷 2冊이 전한다.

稼亭은 謹齋 安軸의 墓誌銘[34]에서 "稼亭先生 受業於謹齋..."라고 했고, 稼亭의 孫子 種學은 그의 詩에서,

---

32) 稼亭集 卷14, 贈禹先生倬.
33) 稼亭集 卷15, 寄賀禹先生拜糾正.
34) 稼亭集 卷19, 墓誌銘.

稼亭師事謹齋翁

文章道德皆時雄[35]

이라고 했고, 稼亭 역시 謹齋의 墓誌銘을 쓰면서 "내가 일찍이 公에
게 受業하였다"[36]고 했으며, 謹齋가 稼亭에게 준 詩에

奎璧照東方

仙李生鄕曲

晬面氣英奇

璞中藏美玉

結髮從我遊

五經已在腹[37]

이라고 했다. 이로 보아 稼亭은 11세 위인 謹齋에게 質正을 한 것 같
다. 謹齋는 稼亭이 元에 돌아 갈 때 送詩를 지어 준 적이 있으며, 稼
亭 또한 獻詩三首를 올린 적이 있다. 또 關東을 遊覽할 때 謹齋의 詩
에 次韻한 적도 있다. 謹齋는 마음가짐이 公正하고 집을 다스림에 勤
儉하였는데 세상을 떠나기 前 病中에서 稼亭에게 "내 平生에 가히
이렇다 할 것이 없으나 네 번 士師가 되어 무릇 百姓들의 억울하게
노예가 된 자는 반드시 다스려 良民을 삼았다[38]고 하면서, 이것을 써
달라고 稼亭에게 부탁하여 墓誌銘에 적어 넣기도 했다.

그리고 훗날 三陟西樓에 올라 謹齋가 지은 「三陟西樓八詠」[39] 詩

---

35) 麟齋遺稿, 南行錄, 有懷三畏堂.

36) 稼亭集 卷11, 文貞安公墓誌銘.

37) 謹齋集 卷2, 送李中父還朝.

38) 謹齋集.

39) 謹齋集 卷1.

에 같은 제목으로 次韻하여 지은 詩는 兩人의 시 모두 유명하게 전
해지고 있다.

5) 李齊賢(1287 ～ 1363)

稼亭의 學問·人格에 가장 영향을 많이 주고 師弟關係를 긴밀히
한 사람은 李齊賢이다.

李齊賢의 號는 益齋, 字는 仲思, 本貫은 慶州이고, 諡號는 文忠이
다. 天品이 重厚한 그는 當代 最古의 性理學者이며, 風格이 으뜸가
는 文人이었다. 그는 忠宣王의 扈從으로 元京에 가서 虞集·趙孟
頫·姚燧·閻復 등과 交遊하면서 文章으로 나라를 빛냈다.

滄江 金澤榮은 益齋의 詩를 海東三千載에 第一大家[40]로 推崇하
였다. 그의 生涯와 文學의 깊이 및 位置에 대하여서는 周知의 사실
이라 더 이상 論及을 않겠다. 牧隱은 「益齋先生亂藁序」[41]를 쓰면서
"仍父子爲門生"이라고 해서 稼亭과 牧隱이 모두 그에게 배웠음을
밝히고 있고, 栗亭 尹澤은 "稼亭李中父與予 俱出益齋門下"[42]라고
하였다. 益齋는 忠肅王 7年(1320)에 知貢擧로 있으면서 稼亭을 秀才
科에 選拔했고, 그 후부터 益齋를 그의 座主로서 일생동안 밀접한
관계를 맺어 왔다. 益齋가 稼亭에게 七言絶句의 送詩[43]를 지어 주었
으니, 그 시에 "早知毛骨異凡流 刮目靑雲得意秋"라고 하여 가정을
매우 칭송한 바 있다. 또 李稼亭의 詩에 次韻하여 長短句[44]를 짓기

---

40) 金澤榮, 韶濩堂集 卷10, 雜言. "李益齋之詩 以工妙淸俊 萬象具備 爲朝鮮三千年
之第一大家 是以正定而雄者也".

41) 牧隱集 卷7.

42) 尹澤, 稼亭集初刊序.

43) 稼亭集雜錄.

도 했다. 그리고 丙戌(1346)年에는 益齋가 60才가 되어 임금께 表를
올려 書筵講說의 職을 免해주기를 빌면서, 후임으로 稼亭을 安軸과
함께 추천했고, 忠烈·忠宣·忠肅 3朝의 實錄을 편찬하는 일에도 推
薦하여 두 사람이 함께 종사했다. 그리고 益齋가 稼亭의 어머니 墓誌
銘을 쓰기도 했다.

6) 崔瀣(1287 ~ 1340)

崔瀣는 元나라 會試에 合格한 稼亭의 先輩로서 稼亭보다 11歲나
위이다. 號가 拙翁인 崔瀣는 재주가 特異하고, 뜻이 높아 글을 읽든
지 짓든지 간에 師友를 依賴하지 않았고, 異端에 眩惑되지 않고 舊
習이 끼치는 弊端을 싫어했으며, 古人에 符合되도록 힘썼다[45]고 한
다. 역시 古文唱導의 文學觀을 가진 것을 알겠다. 또 『高麗史』에는,
그가 벗을 取함에 반드시 端正한 사람으로 하고, 詩酒로 스스로를 즐
겼다고 했다.[46]

그는 稼亭에게 준 送詩에서 "나는 中父(稼亭)로 더불어 交分이 두
터운 터이므로, 이미 그 행실을 讚美하고 또 내 拙劣함을 呼訴하여
다시금 助言하는 바이다."[47]라고 한 것을 보아도, 崔瀣는 稼亭과 서
로 交分이 두터웠음을 알 수 있다. 稼亭은 崔瀣가 세상을 떠나자 哀
悼의 詩[48]를 지어 최해의 뛰어난 문장을 기렸고, 또 가정은 최해의
墓誌銘[49]을 썼다.

---

44) 益齋亂藁 卷4.
45) 千惠鳳, 東人之文四六 解題, 大東文化硏究院, 高麗名賢集5, p.1.
46) 高麗史 卷109, 列傳 第22 崔瀣條.
47) 稼亭雜錄, 送奉使李中父還朝序.
48) 稼亭集 卷18, 三哀詩.

以上 列擧한 인물들이 稼亭이 師事한 사람으로서, 이들은 朱子學이 傳來되어 性理學을 받아들인 士大夫들로서 當代를 代表할 만한 巨儒・碩學들이다.

4. 交友關係

稼亭에 대해 더 폭넓고 正確하게 알기 위해, 그의 交遊關係를 알아보고자 한다.

稼亭은 여러 스승을 통한 同門修學生들이 많았고, 各種 科擧에 合格함으로써 수많은 同年 선비들이 많았다. 또 그는 元나라 會試에까지 合格하고 그곳에서 벼슬을 하며 10년 가까운 期間을 元에서 보낸 故로 그곳 知識人・學者・文豪들과 文學的 交驩을 할 수 있었다. 麗・元 別로 交友事例를 살펴본다.

1) 高麗人 交友

稼亭은 先後輩들과 文學을 講論하고, 詩文을 交贈하여 함께 性理學을 窮究하면서 學緣을 맺었다. 年齡의 高下를 莫論하고 수많은 士大夫들과 交際했고, 또 實力있고 人倫을 아는 僧侶이면 자주 交遊했다.

稼亭이 中國會試에 合格하고 興學의 詔를 받들고 歸國했다가 다음 해 元으로 돌아갈 때, 그에게 送詩를 지어 준 人物들을 적어보면, 李齊賢, 安軸, 崔瀣, 權漢功, 安震, 閔子夷, 鄭天濡, 李達尊, 白文寶, 鄭誧이다.

---

49) 稼亭集 卷11.

稼亭의 詩文을 통해 볼 때, 특별히 고려의 친구의 交分을 많이 가진 것은 아무래도 鄭誧・白文寶・安輔・尹鐸・崔文度 등의 人物인 것 같다.

(1) 鄭誧(1309~1345)

鄭誧는 字가 仲孚요, 號는 雪谷이며, 淸州人으로, 文科에 及第하고 벼슬이 左司議大夫에 이르렀으나, 誣告로 蔚州에 귀양갔다가 풀려나, 나중에 元나라 燕京에 건너갔다. 거기서 丞相 別哥不花가 보고 크게 사랑하여 元帝에게 추천코자 하였으나 거기서 病으로 卒하였다.[50]

稼亭보다 11歲나 적은 仲孚와는 忘年之友로, 稼亭의 文集에는 送詩・和答詩・哀悼詩 등이 9篇30首 가까이 실려 있다.

雪谷의 文集에도 稼亭이 朝廷에 돌아감에 送詩를 지어주면서 稼亭의 豪氣를 칭찬하며 자기도 稼亭을 따라 稼亭과 함께 있고 싶은 情을 나타내기도 했다. 또한 鄭雪谷의 黃山歌詩에 次韻한 것도 있다.

牧隱은 仲孚의 詩를 두고, "맑으면서도 孤苦하지 않고 고우면서 음란하지 않다. 말이 아담하고 深遠하여 時俗말은 한 字도 쓰지 않았다.……唐나라 姚公・薛公의 틈에 둔다 해도 부끄럽지 않을 만하다."[51] (淸而不苦 麗而不淫 辭氣雅遠 不肯道俗下一字……置之唐姚薛諸公間 不愧也)고 評하였다. 이는 稼亭의 詩風과도 恰似하여 서로 詩交가 빈번하였던 것으로 보인다. 또 牧隱은, 이어서, "雪谷과 나의 先親 稼亭公과 함께 좋은 사이였다. 나도 鄭權父(鄭誧의 아들)를 또 몹시 사

---

50) 高麗史 卷106, 列傳 卷19 鄭誧條.

51) 牧隱集 卷7, 雪谷詩藁序. "雪谷諱誧 字仲孚 與先稼亭公 相好 予愛公權父".

랑하는 處地다."라고 했으니, 兩代가 서로 交分이 두터운 집안임을 알
수 있다. 甲申年(1344), 乙酉年(1345)에는 두 사람이 함께 客地인 燕都
에서 지냈는데, 仲孚가 거기서 죽자, 稼亭이 哭하면서 "걱정 많고 마음
을 상하게 한다.[52] (却因多慮故傷心)라고 述懷하고 있으니, 生前의 親
分의 정도를 짐작하겠다.

그리고 雪谷이 蔚州에서 蔚州八景의 詞를 지었는데 雪谷이 죽고
난 후 稼亭이 晚年에 蔚州에 가서 雪谷의 蔚州八景詞에 次韻하여
지은 詞가 남아 있다.

(2) 白文寶(? ~ 1374)

白文寶의 字는 和父요, 號는 淡庵 또는 勤齋이다. 忠肅王朝에 登
第하여 春秋檢閱에 이르렀다가, 나중 恭愍王때에 太傅가 되었다. 벼
슬이 政堂文學에 이르렀고, 稷山君에 봉하여 졌다. 稼亭과는 白頤正
門下의 同門修學生이다.

稼亭은 記에서, "白君(白和父)은 같은 해에 登科한 친구요. 李君
(稼亭 自身)과 뜻이 같은 친구다."[53]라고 했고, 『高麗史』列傳에 "白
頤正은 性品이 廉潔하고 正直하며 異端에 疑惑되지 아니하고 글을
잘 지었다."[54]라고 한 것이 稼亭의 性品과 酷似한 것을 증명하고 있
다. 和父는 가정에게 송시 두수를 지어 주었으니, 그는 稼亭이 中原
에 들어갈 때 준 詩에서 稼亭의 飛躍的 發展을 축하하며, 자기도 뒤
따라 더불어 지내고 싶음을 읊었다. 그리고 『東國輿地勝覽』에는 "廣

---

52) 稼亭集 卷18, 哭仲孚.
53) 稼亭集 卷6, 淸風亭記.
54) 高麗史 卷112, 列傳 卷25, 白文寶條.

州牧使인 白和父가 李穀에게 글을 보내서 초청했다."는 記[55]를 적고 있다. 또 稼亭은 白和父를 위해「淸風亭記」를 지었고,「奇贈詩」2首 와「次韻詩」1首가 있다. 그 外에 稼亭은 그와 함께 술자리를 벌이고 豪蕩하게 지은「飮酒詩」[56]와「詠梅詩」가 文集에 보인다.

특히 稼亭은 白和父, 禹德麟과 술을 마시며 시를 지었으며, 또한 어느 날 白和父와 東坡의 韻을 취해 合作하여 지은 동일한 시가 두 사람 문집에 실려 있기도 하다.

(3) 安輔(1302 ~ 1357)

安輔는 字는 員之요, 19歲에 登第하여 慶州司錄에 選任되고, 忠定 王때 法典判事가 되었고, 恭愍王 때에는 政堂文學에 올랐다. 諡號는 文敬公이다. 安軸의 동생이고 稼亭과는 秀才科 同年이다.『高麗史』 列傳에는, "安輔는 性品이 剛直·廉潔하고 史記와 漢書 익히기를 좋아한다. 文章을 지으매 華를 버리고 實을 取하여 事理를 통달할 따름이었다. 事務에 다달아서는 大體를 遵守하여 조금도 依違하거나 願望하지 아니하였고, 또한 生産을 일삼지 아니하였다. 죽음에 미쳐 집에는 擔石의 儲蓄도 없었다."[57]라고 하였다.

稼亭은 安輔가 春秋館修撰 시절에 故鄕으로 돌아갈 때의 送詩[58] 에서 마음은 바르고 행실이 곧음을 稱讚하였으며, 또한 安輔가 元나 라 制科에 合格했을 때도, 稼亭은 中國에 있으면서 祝賀詩로 餞送하 였다. 이 外에도 員之를 위해 지은 詩가 7篇이나 보인다. 安輔 역시

55) 新增東國輿地勝覽 卷6.
56) 稼亭集 卷14, 飮酒一首同白和父禹德麟.
57) 高麗史 卷109, 列傳 卷22, 安輔條.
58) 稼亭集 卷9, 送安修撰序.

稼亭의 重農精神을 높이 칭찬하는 「稼亭記」를 지었다. 安輔는 稼亭의 「畵像贊」을 지었고, 安輔의 墓誌銘을 稼亭의 아들이 썼다.

(4) 尹澤(1289 ~ 1370)

尹澤의 字는 仲德, 號는 栗亭, 諡號는 文貞이다. 忠肅王 4年(1317)에 文科에 及第하여 忠穆王때 羅州牧使를 지내기도 했다. 王이 죽자 稼亭과 함께 恭愍王을 세우고자 하는데 뜻을 같이 하기도 했다.

"사람을 씀은 政事의 根本이니, 빌건대 어진 이를 進用하고 不肖한 이를 물리치소서."[59]라고 懇請한 것을 보면 稼亭과 一致된 用人觀을 지니고 서로 친하게 지낸 先輩 겸 벗이었음을 알겠다. 두 사람은 益齋가 知貢擧일 때 科擧에 함께 合格하였다. 그리고 稼亭이 세상을 떠났을 때 牧隱이 燕京에서 황급히 달려 와보니 栗亭이 어느 분보다 먼저 와서 哭하고 몹시 슬퍼했다[60]고 한다. 그 後 栗亭은『稼亭集』初刊本을 開板함에 그 序文을 지었다. 또 나중에 栗亭이 卒하자 牧隱이 栗亭의 墓誌銘을 썼다. 그 孫子 尹紹宗은 牧隱의 門下이니 몇 代로 서로 交分이 두터웠다.

(5) 崔文度(? ~ 1345)

『高麗史』列傳에 의하면, 崔文度는 元朝에 宿衛하여 濂洛의 性理書를 즐겨보아 어버이를 孝로 섬기고 性品이 溫良하였으므로 사람들이 일찍이 그가 喜怒를 卒急하게 함을 보지 못하였다[61]고 한다. 號는 春軒이다.

---

59) 高麗史 卷106, 列傳 卷19 尹澤條.
60) 牧隱集 卷17. 栗亭先生尹文貞公墓誌銘幷序.
61) 高麗史 卷108, 列傳 卷21 崔文度條.

崔瀣・文度・仲孚 세 사람이 稼亭보다 먼저 죽었으므로, 稼亭은
세 사람을 追慕한 三哀詩[62]로서

> 勢利從來道易窮
> 淡交誰後有初終

이라고 하여, 勢利는 변해도 친구와의 淡交는 변함이 없음을 說破한
후, 崔文度를 두고 "一時의 文章模範으로는 春叟를 생각게 한다.(一
時模楷懷春叟)"라고 읊었다. 그리고, 稼亭이, 春軒이 法典判書에 새
로이 拜授함에 祝賀詩를 써준 것이 보이고, 散文으로는 「春軒記」를
써주었다. 記에 "春軒은 博學强記하여 더욱이 性理學에 깊으니 동방
문사들이 의심나는 바를 물었다."라고 평한 것을 보아 그의 학문을
존중하였음을 알 수 있다.

(6) 鄭云敬(1305 ~ 1366)

鄭道傳의 父. 忠肅王때 文科에 及第하고, 벼슬이 劍校密直提學에
까지 이르렀다. 鄭云敬은 稼亭의 忘年之友이다. "東方의 山水가 좋
다는 말을 듣고서 稼亭이 先生과 가보기를 請하므로 先生이 기꺼이
千里 길을 멀다않고 도보로 따라갔다.[63]"라고 하니, 稼亭은 벗과 더
불어 山水를 同涉하면서 自然의 韻致를 나누기도 하였다.

(7) 秦中吉(? ~ ?)

稼亭에겐 또 하나의 德友가 있었으니 蘄州의 秦中吉이다.

---

62) 稼亭集 卷18, 平生之游歷.
63) 三峰集 鄭先生行狀에 "……稼亭李公 與爲忘年之交 關東方山水之勝……"

牧隱의 글64)에서,

> 蕲州의 秦中吉은 우리 아버님과 젊었을 때부터 좋게 지내던 터였다. 널리 배웠고 文章에 能하여 그를 따라 學問을 배우는 者로써 높은 벼슬과 드러난 벼슬에 오른 사람이 많았다. 秦公은 늙었는데도 오히려 科擧를 보러 나가려 한다. 나의 아버님이 丁亥年 貢擧를 맡았었다. 秦公은 말하기를 '나는 稼亭과 어렸을 때부터 같이 공부하던 처지이다. 이제 비록 내가 요행히 合格이 된다하더라도 稼亭이 나를 사사로이 보아주었다고 할 것이다. 그러니 나로 해서 이런 이름을 얻게 한다면 이는 내가 稼亭에게 累를 끼치는 것이 된다. 이것이 어찌 옳은 일이 겠으랴' 하고 科擧에 나가지 않았다.(蕲州秦中吉 吾先君少相善也 博學能文 從之受業者 多高科顯仕……先君 知丁亥貢擧 秦公曰 吾與稼亭 束髮同學 雖幸而獲中 人必爲稼亭私我也 由我而得是名 是我累吾稼亭也 可乎哉 乃不赴)

라고 적고 있다. 이는 利慾을 떠나 서로를 아끼는 友誼로 交際한 美談이라고 적고 있다.

以上의 儒林 外에, 白頤正 門下에서 同門受學한 朴忠佐와 「奉使還朝詩」를 지어 준 權漢功과 交遊한 詩文이 보인다.

이 外에 稼亭의 詩文에 나타나는 當代의 文人 · 性理學者들로는 禹德麟 · 蘇伯脩 · 李克禮 · 金簡齋 · 成誼叔 · 張訥齋 · 朴敬軒 · 黃檜山 · 糾正裵氏 · 內相尹氏 · 中書趙氏 · 獻納崔氏 · 辛草亭 · 奇菊亭 · 金天祚 · 李杏村 · 李達衷 · 閔漬 · 洪陽坡 · 南宜春 · 胡仲淵 등의 이름이 보인다.

---

64) 牧隱文藁 卷20, 崔氏傳.

그는 이 外에도 先輩나 아들인 牧隱의 친구들까지도 같이 詩文을 나누곤 했다. 稼亭은 地位나 나이의 高下를 가리지 않았으나, 반드시 學問의 깊이가 있고 行實이 模範이 되는 사람들만 골라 交際한 것 같다.

擧例한 性理學者·文士 外에, 稼亭은 學德이 높은 僧侶들을 친구로 交際했으니, 가장 比重 있는 僧侶가 順菴法師이다. 稼亭은 儒學者이면서도 平素 人倫을 어지럽히지 않고 才德이 높은 僧侶들을 稱頌하곤 했다.

(8) 順菴(? ~ ?)

三藏法師 順菴의 法名은 義璇이다. 그는 원래 平壤君 趙仁基의 아들로, 일찍이 出家하여 無畏國師에게서 法을 받고, 元으로 들어가 元帝로부터 定慧圓通知見無礙三藏法師의 號를 받고, 天源延聖寺의 住持로 있었으며, 高麗에 돌아 와서 金剛山에 進香하고, 妙蓮寺를 重建하였다. 稼亭은 順菴을 儒家의 자식으로 富貴를 가볍게 超越하여 俗世를 떠났으면서도 괴상한 行動을 하지 않고 時代에 違背되지 않았음을 稱頌하였다.[65]

順菴과의 交際를 묘사한 稼亭의 詩를 한 首 보자.

> 절 가까이 살아
> 틈을 타서 자주 놀러가네
> — 中略 —
> 선생께서는 세상먼지 싫어하시나
> 다만 이 詩人을 내치지 않으리.[66]

---

65) 稼亭集 卷14, 順菴新置大藏. "阿師本是衣冠冑 脫略富貴輕分離".

居近青蓮宇　　　偸閑步履頻
　　　…
知師厭塵埃　　　唯不避詩人

　　이 詩로써, 稼亭은 順菴의 집 근처에 살면서 脫俗한 順菴을 좋아
하여 서로 자주 來往하였음을 알 수 있으니, 이 点은 順菴이 本國으
로 돌아올 때 지어준 送詩에서 더욱 잘 나타난다.

　　　몇 해 동안 연경에서 이웃을 하고
　　　좋은 놀이 같이 아침저녁 가리지 않고
　　　金臺 남쪽 어귀에서 산을 보는 나그네 되며
　　　西湖의 遊覽船에 술 싣고 가던 우리.67)

　　　數載燕都幸作隣　　勝游不問暮兼晨
　　　金臺南郭看山客　　畫舫西湖載酒人

　　稼亭은 詩와 風流를 알던 順菴과 他鄕에서 樂山樂水의 情趣를 함
께 하며, 詩로써 懷抱를 나누기도 했다. 그리고 稼亭은 順菴의 六旬
의 壽를 祝壽하는 祝詩를 올렸으며, 「順菴眞贊」을 짓기도 했고, 順菴
의 詩句를 즐겨 次韻하기도 했다.

(9) 式無外(? ~ ?)

　　順菴 外에도 式無外 스님과도 交友關係를 맺었으니, 稼亭은 式無
外가 賦役을 도피하고 常倫을 어지럽히는 세상에 無益한 者와는 다

---

66) 稼亭集 卷16, 居近呈順菴.
67) 稼亭集 卷18 送順菴奉使東歸.

른 스님이라고 생각하여, 그를 親히 여겼으며, 그의 詩卷에 序를 쓰기도 했으며68), 節槪 있는 그의 性品을 칭찬하면서 銘贊을 지어주기도 했다.69)

이 外의 僧侶로는 龍頭釋老, 李僧統, 無極師 등이 稼亭과 交際했음이 詩文에 나타나 있다.

稼亭은 七言律詩「寄義交詩君」에서, "깨끗한 交際는 利慾交際를 싫어한다.(淡交應使利交嗔)"라고 했듯이, 그는 交際함에 자기의 私利를 追求하지 않았다. 이렇듯이 그의 交遊는 당시 士大夫들의 울분을 자기들끼리 詩文으로 나누는 과정에서 交友關係가 깊어졌다고 볼 수 있으며 佛・學德을 兼備한 스님과는 宗敎的 理念을 超越하여 交際했음을 볼 수 있다. 이렇게 詩文을 통하여 交際하던 中, 詩作과 學問은 더욱 深化發展하게 되었다.

2) 元의 文人과 交友

稼亭은 36歲에 元의 會試에 合格하여 文名을 떨치고, 바로 元의 首都에서 벼슬을 하며 10年 가까이 지내는 동안 元의 文士들과 폭넓게 交遊했다.

前章에서도 말했듯이, 稼亭의 對策이 뛰어나 中國學者들을 크게 놀라게 했다. 그리하여 그곳 文士들과 交遊가 容易하게 되었을 것이다.

當時 中國과 高麗에서는 선비들끼리 送別詩를 지어 주는 것이 最大의 예우로 되어 있었다. 그럼 歸國時 詩・序를 지어준 人士들을 中心으로, 交遊關係를 알아보자.

---

68) 稼亭集 卷7, 跋福山詩卷.
69) 稼亭集 卷7, 式無外松石軒銘.

稼亭이 會試에 合格한 다음 해인 37歲 때(1334) 元의 皇帝로부터
興學의 詔書를 받아 一次 歸國할 때, 여러 文士들이 詩와 序를 지어
주며 送別했다.

이때 國子監助教로 있던 莆田 陳旅가 序를 쓰고, 宋本·歐陽玄·
謝端·焦鼎·岳至·王士點·王沂·潘迪·揚侯斯·宋褧·程益·程
謙·郭嘉의 여러 선비들이 詩를 지어 주었다.

대개 이들의 詩는 稼亭이 어려운 科擧에 훌륭한 對策으로 上位로
合格된 것을 祝賀하며, 文章을 칭찬하면서 앞으로 文名을 날릴 것이
라 추어주며, 故鄕에 돌아가서 크게 名譽를 누리고 다시 돌아와 新詩
를 지어 달라는 付託과 앞으로 계속 交際를 원하는 內容이 담겨 있다.

두 번째로는, 그가 興學의 일을 마치고, 다시 入元하였다가 40歲
되던 해(1337) 元의 征東行中書省左右司員外郎으로 轉任받아 高麗
로 돌아올 때, 國子博士 王沂가 稼亭詞를 지었으며, 黃溍·王思誠·
宋褧·蘇天爵·劉閱·程益·貢師泰·余闕·王士點·成遵 등이 詩
를 지어 주었다. 그 內容은 主題가 稼亭인 故로, 農事를 重히 여기는
뜻을 가지고 있는 稼亭을 칭찬하며, 앞으로 重農으로 民事를 돕게 될
것을 격려하고, 뜻이 田園에 있어 生活이 유쾌할 것이라 믿고, 故鄕
에 돌아가서 어머니의 奉養과 稼穡에 힘쓰게 되기를 비는 內容이다.

세 번째는, 三次로 入元하였다가 49歲(1346) 正月에 正朔頒布하는
일로 本國으로 돌아올 때, 周瓚의 序와 張起岩·林希光·葉恒·傅
亨·方道叡·周暾·南陽人 등이 詩를 지어 주었다. 이는 客地에서
계속 36年 가까이를 머물다가 歸國하는 稼亭에게, 稼亭이 평소 故鄕
에 둔 어머니를 극진히 걱정하는 것을 안 그들이 돌아가서 어머니 얼
굴을 밝게 해드리고 마음에 기쁨을 드리고, 다시 돌아와 달라는 內容
이 대부분이다.

위에서 열거한 文士들 中 比重이 큰 몇 사람들만을 좀더 자세히
살펴 보고자한다.

(1) 揭傒斯(1274 ~ 1344 : 字는 曼碩, 龍興富州人)

稼亭보다 무려 24歲나 年上인 그는 讀書刻苦하여 일찍이 文名이
있었고, 虞集·范椁·楊載와 이름을 나란히 하여 그 文章이 敍事嚴
整하다.

天曆初(1328)에 奎章閣을 열 때, 授經郞이 되어 經世大典을 編修
하고, 다시 翰林侍講이 되어, 遼·金·宋의 三史編修에 총책이 되기
도 했다. 『文安公集』 14卷이 세상에 전해진다.[70]

(2) 蘇天爵(1294 ~ 1352 : 字는 伯修, 眞定人)

稼亭보다 네 살 위인 그는 博學知要하고, 文은 序事에 能하고, 平
易溫厚하여 一家를 이루었다.[71] 詩는 더욱이 古詩를 體得했고, 學者
들이 滋溪先生이라고 稱했다.

至順元年(1330)에 『武宗實錄』을 編修하고, 다음 해 元通2年(1334)
에 『文宗實錄』을 編修하기도 한 史學者였다. 『滋溪文藁』 30卷을 남
겼다.

(3) 歐陽玄(1273 ~ 1357 : 字는 原功, 號는 圭齋)

8歲에 이미 能文했고 經史百家에 能通했고, 近祐年間(1314~
1320)에 登第하여 官이 翰林學士承旨에 이르렀다. 性品이 節度가 있

---

70) 朱榮智, 『元代文學批評之硏究』, 聯經出版事業公司, 民國71年 p.219.

71) 楊蔭深 編, 『中國文學家列傳』, 臺灣中華書局, 民國67年, p.345.

고, 度量이 넓었으며, 40餘年을 벼슬에 있으면서 宗廟·朝廷의 文冊
이 거의 그의 손에서 나왔다. 名山大川의 釋老宮과 王公貴人의 墓隧
碑를 그의 文詞로 지어 지는 것을 영광으로 여겼다.[72] 『圭齋文集』
15卷을 남겼다.

稼亭보다 25年이나 年上인 그는 이 인연으로 나중에 牧隱의 스승
이 되었고, 歐陽玄의 '衣鉢海外傳'이란 말을 낳게 했다.

(4) 黃溍(1277 ~ 1357 : 字는 晉卿, 務州義烏人)

稼亭보다 21歲나 年上인 溍은 어릴 때부터 文名이 四方에 떨쳤고,
延祐2年(1315)에 進士에 올랐고, 翰林直學士가 되어 國史를 편찬하
였다. 弟子를 친구 대하듯 하고, 先生의 權威로 君臨하지 않았다. 性
品이 淸風高節하고 文辭가 謹嚴하고 包容力이 있고, 항상 성내지 않
았다고 한다.[73] 諡號가 文獻이며, 『黃文軒集』10卷이 오늘날 傳한다.

黃溍이 稼亭의 친구임과 歐陽玄이 牧隱의 先生이 되었음을 李德
懋의 詩로도 알 수 있다.

> 晉卿友稼亭
> 牧老師圭齋[74]

이는 李德懋가 燕京으로 떠나는 친구 두 사람에게 자네들도 가서
稼亭과 牧隱처럼 有名한 中國學者들과 친구로 사귀기를 권한 詩이다.

稼亭이 37세 때에 「興學詔」를 받들고 고려로 환국할 때

---

72) 臧勵和 編, 中國人名大辭典, 民國10年.
73) 楊蔭深, 前揭書.
74) 靑莊館全書 III, 雅亭遺稿 4.

以上의 稼亭이 交際한 中國文士들을 보면, 대부분이 文人·史學者들로, 歷史書 編撰에 종사한 사람들이다. 史學者이기도 한 稼亭이 元에서 잠시 史書編撰을 도울 때 사귄 듯하다. 그리고 이들은 대개가 古文學者 임을 알 수 있다. 稼亭이 이렇게 元의 쟁쟁한 文士들과 交遊를 통해 學問의 깊이를 더했으니, 이와 같은 交際는 麗·元 兩國의 文學交流에도 크게 공헌했다고 볼 수 있다.

그러나, 그는 當時 元의 最高의 學者·文人이며 더구나 「竹夫人傳」을 지은 楊維楨과의 交際 자취는 찾아볼 수가 없다. 이는 楊維楨이 燕京과 거리가 너무나 떨어진 南方地方의 作家이기 때문일지 모른다. 稼亭은 元에 6年 가까이 마지막으로 있는 동안, 故國의 비참한 형편을 슬퍼하며, 民族主體意識을 갖고 고의로 故國에서 온 人士들만 접촉하면서, 憂國의 情을 달랜 탓이기도 한 것 같다. 中國 滯留末期에는 中國文人들과 疎遠해진 것 같다.

5. 性品

타고난 天性과 學問으로 薰陶된 品格은 누구나 그 사람의 文學作品에 反映되는 法이다. 따라서 文學作品을 통해 그의 性品을 看破할 수도 있다.

稼亭의 性格과 人品에 대해서는 高麗史와 그의 親知의 文集 등에서 言及되고 있다.

高麗史 列傳에서는, "李穀은 性品이 端嚴하고 剛直하여 여러 사람들이 다 그를 존경하였다"라고 적혀있다.[75]

또 그의 先生 益齋 李齊賢은 稼亭을 王에게 추천하면서 "密直副

使 李某(穀)는 淸白하고 志操가 굳고 겉치레가 없으며, 端雅하고, 方
正하여 지키는 것이 있습니다.”[76)라고 한 것을 보면, 그는 端正하고
不義에 妥協할 줄 모르는 剛直한 性格의 所有者임을 알 수 있다.

그의 神道碑銘에 記錄된 그의 性品을 보면, 謙遜하고 慈惠롭다고
했다.

이 두 記錄을 綜合해 볼 때, 內柔外剛하다는 말이 바로 稼亭의 性
格과 符合된다고 할 수 있다.

또한 그의 忠義로운 品性은 모든 사람들에게 模範이 되었다.

　　　先生(稼亭)之學… 中略 …以忠義爲骨髓… 中略 …光明正直指南
　　乎[77)

라고 했으니, 그의 性品이 誠實하고 義로와 모든 사람들의 師表가
되었음을 알 수 있다.

稼亭은 元에 머물면서, 當時 本國의 朝廷과 社會의 不條理에 크
게 不滿을 품고 宰相에게 글을 부쳐 이르기를,

　　　卽今本國之俗 以有財爲有能 有勢爲有智 至以朝衣儒冠 爲倡優
　　雜劇之戱 直言正論 爲閭里狂妄之談 宜乎國之不國也[78)

라고 하자, 사람들이 이 글을 보내어 諸公에게 그 노여움만 살 필요
가 없다고 했으나, 그는 이에 대하여,

---

75) 高麗史 卷109, 列傳 卷22, 李穀條 “性端嚴剛直, 人皆敬之”.

76) 益齋亂藁 卷8,「密直副使李穀自代牋」, 李某淸介無華, 端方有守.

77) 金宵漢,「稼亭集後序」稼亭集 卷1, 1939年, 禮山本.

78) 稼亭集 卷8,「寓本國宰相書」.

　　社稷苟安 人民苟利 將具本來 言之朝廷 達之天子 豈以諸公之怒
而便緘默耶[79]

라고 한 文章에서도 그의 剛直한 性品을 찾아볼 수 있다.

　그리고, 그의 畵像讚에 依하면 稼亭은 試院의 請託을 물리쳤다고
했다. 當時 試院에는 請託하는 일이 많아서 勢道하는 집에서는 科擧
試驗 전날 試驗問題를 알려고, 의례 사람을 시켜서 밤에 紗籠에 촛
불을 켜고 錄紙를 가지고 들어와도 이를 敢히 막지 못했다. 그러나
稼亭은 門吏를 꾸짖어 이를 들이지 않았다. 權門勢家의 壓力에도 屈
하지 않는 그의 剛直한 性品을 여기서도 엿볼 수 있다.

　그런데 多田正知는「高麗史」의 "端嚴剛直"이란 表現에 異意를 表
하면서, 稼亭은 자못 衒氣便佞한 꾀가 있으니, 晩年 科試때 憲司의
彈劾을 받고 元으로 도망한 것도 그의 節槪를 더럽힌 것이라고 했
다.[80] 그러나 10年 後 나중에 發表한「稼亭年譜」에서는 言及이 없어
彈劾을 받은 것은 사실이나, 이는 앞에서 말했듯이 試院의 請을 물리
친 故로 權門勢家의 謀略을 받은 것이 分明하며, 이 일로 元나라로
간 것도 사실이나, 그 때 本國에서도 벼슬을 내린 것을 보면 도망간
것이 아니라 괴로운 心情을 참지 못한 外遊였을 것이다.

　稼亭은 그의 作品에서도 돌과 같이 단단하여 변하지 않는 바탕의
性品을 칭찬했고, 물과 같이 한결같은 性品을 讚揚했으며,[81] 그리고
稼亭은 그의 假傳인「竹夫人傳」[82]에서도, 端雅한 人品을 지닌 것을
稱讚하고 있다.

---

79) 稼亭集 卷8,「寓本國宰相書」.
80) 多田正知,「稼亭集 解說」青丘學叢 1輯, 大阪屋號書店, p.142.
81) 稼亭集 卷7,「式無外松石軒銘」.
82) 稼亭集 卷1.

제4장

文集 考察

제4장 文集 考察

텍스트 研究는 文學硏究의 定礎作業이다.[1] 作家에 대한 全般的
인 硏究는 작가가 남긴 작품을 대상으로 해야 함은 添言의 餘地가
없다. 그렇다면 그 작품을 담아 놓은 文集에 대한 考察이 于先되어야
함은 당연하다. 作品集이 歲月이 오래 지나고, 板刻이 거듭 되는 동
안 出入과 訛傳 및 誤記가 되어 있지 않았나를 면밀히 찾아보아, 缺
張이 생겼거나 서로 異本이 생겼을 때에는 完本을 가려내고 原本을
찾아내는 것이 바로 定礎作業인 原典批評(Textual Criticism)이 되
는 것이다. 바꾸어 말하면, 먼저 텍스트를 硏究하여 原本을 확립하고
그것을 臺本으로 삼아야만 正確하고 올바른 文學硏究가 된다고 말
할 수 있다.

原典批評의 權威者인 미국의 프레드슨 바우어스(Fredson Bowers)
가 原典批評의 목표를 "한 작가의 텍스트 본래의 純粹性(purity)을 회
복하는 한편 판을 거듭함에 따라 항용 생기는 訛傳(corruption)으로부
터 그 純粹性을 保存하는 것"이라고 한 말 역시 原典批評의 必要性
을 강조한 것이다.[2]

---

1) 丁奎福, 『九雲夢研究』, 高大出版部, 1976. p.3.

漢籍의 경우, 原本의 編輯過程中 誤謬를 犯한 例를 들어 본다.

唐나라의 大文豪 韓退之가 남긴 그의 遺稿를 가지고 아들인 昶이 文集을 編輯·發刊할 때, 金根車馬라고 쓴 句를 자기 아버지가 銀字를 根으로 잘못 쓴 줄 誤認하고 金銀車馬로 바꾸어 開板했다. 卽, 天子가 타는 수레인 金根車馬를 金과 銀으로 만든 수레로 바꿔 버려, 韓退之의 意思와 판이하게 訛傳시키고 말았다.

물론 稼亭의 文集을 編集한 그의 아들 牧隱은 아버지를 능가한 학문을 지닌 大學者이니 큰 誤謬는 없으리라고 믿어지나, 稼亭이 세상을 떠난 후로 紅巾亂, 壬辰·丙子亂 等 수많은 兵亂으로 文集의 災害가 不可避했을 것이므로, 文集의 保存과 改板 등을 알아보면서 여러 차례 開板中 缺漏된 것은 없는가 또한 文章이 장르별로 正確히 분류되어 있는가 등을 검토하여 볼 필요를 느끼게 된다.

이제 그의 文集의 편찬 내력과 경위를 알아보고, 여러 板本中 어느 本이 完本인가를 고찰해서 텍스트를 定하고, 그리고 그의 文集에 실려 있지 않은 作品이 다른 文獻에 나와 있는 것이 없는가도 찾아보기로 한다. 한 편으로, 稼亭作品들이 어떠한 詩文選集들에 무슨 작품들이 拔萃되어 있는가를 살펴보겠다.

1. 詩文集의 印行

1) 初刊本

稼亭集은 稼亭이 歿한 뒤 14年이 되는 恭愍王 13年 甲辰(1364)年

---

2) 李商燮, 『文學研究의 方法』, 探究堂, 1983. p.18 再引用.

처음으로 刊行되었다.3) 이 初刊本이 刊行된 경위를 票亭 尹澤의 짤
막한 跋에서 說明해 주고 있다.

> 今其子密直提學李穡 於辛丑播遷蒼黃之際 能不失遺藁 編爲二十
> 卷 令妹夫錦州宰朴尙衷 書以壽諸梓 予得而閱之(至正·甲辰·五月
> 初)4)

이로 보아 當時 密直提學으로 있던 稼亭의 아들 穡이 紅巾賊亂에
도 遺稿를 잃지 않고 간직하였다가, 그 때 마침 錦山郡守로 가 있는
妹夫 朴尙衷(1332~1375)에게 부탁하여 그 곳에서 처음 刊行하게 하
였음을 알 수 있다.

이것이 初刊本으로, 現在는 전해지지 않고 있으며, 錦山에 所藏되
었던 初刊本板도 그 얼마 後 高麗·朝鮮이 交替를 겪는 동안 불에
타 없어지고 말았다.

2) 第二刊本

初刊本이 開板되고 80年後인 1442年 江原道에서 重刊되었다.
이 重刊本의 印行 경위 역시 다음 柳思訥의 跋文에서 읽을 수 있다.

> …歲在壬寅 余受命爲江原道都觀察使 摠制李種善同知摠制李叔
> 畝酒 以稼亭文集授余曰 我祖文集 刊板在錦山 不幸權于兵燹 將子
> 重刊以示不朽 余於稼亭先生視猶祖父也 故樂爲之 命工錄梓 以壽
> 其傳 ……永樂壬寅十月柳思訥跋5)

---

3) 高柄翊, 稼亭集解題, 高麗名賢集3, 大東文化硏究院, p.3.
4) 尹澤, 稼亭集跋, 高麗名賢集3, 大東文化硏究院, p.144.
5) 柳思訥, 稼亭集跋, 高麗名賢集3, 大東文化硏究院, p.144.

위는 世宗四年 壬寅年에 柳思訥이 江原道觀察黜陟使로 부임하자 稼亭의 季孫 種善과 曾孫子 叔畝의 부탁을 받고, 그 해 1442年(世宗 4)에 柳思訥이 기꺼이 板刻에 붙여 重刊했음을 말해 주고 있다.

이것이 第二刊本이 되겠으나 오늘날 남아 있지 않다.

3) 第三刊本

그 후 壬辰亂으로 이 第二刊本이 불에 타 없어지고 傳本도 매우 드물어 졌다. 이를 안타까이 여겨 重刊本이 刊行된 193年後인 仁祖 13年 乙亥(1635)에 稼亭의 後孫 基祚가 嶺南觀察使로 있으면서 大邱 達城에서 板刻하게 되었다.

이것이 바로 第三刊本이다. 이 三刊本은 舊本에다 散佚된 諸篇을 補缺했으나, 유감스럽게도 完本이 되지 못한다. 이 사실은 基祚의 跋에,

> 編簡收集於散亡之餘 詩文若干 殘缺無存 目錄之下姑記其數 拾遺補亡 以俟他日焉……6)

라고 한 것은 바로 이 三刊本이 完本이 못됨을 証明해 주고 있다.

이 三刊本은 20卷4冊 或은 3冊으로 分冊되어 國立中央圖書館과 奎章閣圖書館 등에 收藏되어 있다. 國立中央圖書館에는 4冊1帙이, 奎章閣圖書館에는 4冊1帙과 3冊1帙이 各各 收藏되어 있다.

4) 第四刊本

이렇듯이 第三刊本이 完帙이 못되어 子孫들이 한스럽게 여겨오던

---

6) 柳思訥, 稼亭集跋, 上揭書, p.145.

중 後孫 泰淵이 1658年(顯宗4) 湖西觀察使로 나가게 될 때 旅行 中에 全本을 얻어 두었다가 4年後인 顯宗三年 壬寅年(1662)에 湖南觀察使로 옮기게 됨에 全州에서 板刻하니, 이것이 곧 第四刊本이다.

크게 補完된 四刊本 역시 20卷4冊 혹은 3冊으로 分冊되어 現在 奎章閣圖書館과 澗松美術館 등에 收藏되어 있다.

奎章閣圖書館에는 4冊1帙과 天·地·人으로 된 三冊中 地冊이 缺本된 2冊이 남아 있고, 澗松美術館에는 4冊2帙을 收藏하고 있다.

그리고 日本人 多田正知 敎授가 1931年에 紹介한 바[7]에 의하면, 東京 上野의 帝國大學圖書館[8]에 이 四刊本 20卷4冊 完本이 소장되어 있다고 한다.

5) 第五刊本

그 후 이 四刊本을 臺本으로 하여 다시 1939년 忠南 禮山에서 李英馥에 의해 刊行되었다.

李鳴馥의 跋을 달고, 金審漢의 序를 추가하여 活字體로 刊行한 該本은 20卷4冊 혹은 2冊으로 分冊되어 國立中央圖書館 등에 收藏되어 있다. 國立中央圖書館에 收藏되어 있는 것은 2冊으로 묶여 있는 것이 1帙이고, 筆者가 所藏하고 있는 것은 4冊으로 되어 있다.

이 外에 近來에 와서 1973年 2月 成均館大 大東文化硏究院에서 第四刊本을 牧隱集과 麟齋集을 함께 影印하여 合本해서 刊行하였다. 이 影印本은 原本 제일 앞에 나오는 年譜를 二十卷末「詞」뒤로

---

7) 稼亭集解說, 靑丘學叢一號, 大阪屋號書店, 昭和五年(1930), p.141.

8) 이 도서관은 당시 帝室 圖書館이었으나 현재는 日本議會圖書館으로 바꿔어 아까사끼로 옮김.

옮겨 놓은 것이 다르다.

그리고 1980年 6月 韓山李氏宗會에서 第四刊本을 가지고 詩를 除外한 稼亭의 文과 牧隱의 文을 번역하고 原文을 附하여 出版한 것이 있다.

以上에서, 稼亭集의 印行을 알아보았다. 五次에 걸쳐 板刻되었으나 그 中 初刊本과 二刊本은 오늘날 전하지 않으며, 三刊本은 缺張이 많고, 1939年 禮山本은 무려 200餘 곳의 誤字가 있어 臺本으로 삼을 수 없다.

李泰淵이 板刻한 第四刊本은 그의 跋文에서 보여 주듯이,

> 向日之幾乎永泯者 賴尙壽公…… 而得其半 今又因不肖 而能得 其全 或缺或完者 似有顯晦之理[9]

라고 했으니, 이 四刊本을 完本으로 定하고, 따라서 筆者는 이 四刊本을 影印한 成大 大東文化研究院本을 臺本으로 삼게 된 것이다.

그리고 民族文化推進會에서 韓國文集叢刊을 내면서 卷3에 標點으로 최해의 拙藁千百과 雪谷集, 霽亭集, 淡庵逸集, 牧隱集I과 함께 모두 9人의 文集과 함께 편찬하였다.

2. 詩文集의 出入과 狀態

앞에서 소개한 文集 中 完本으로 정한 第四刊本 奎章閣 所藏本을

---

9) 稼亭集跋, 上揭書, p.146.

中心으로 하여 그 實狀과 內容을 알아보기로 한다.

먼저 三刊本과 四刊本을 比較하여 殘缺된 부분을 찾아본다.

元亨利貞의 4冊中, 元冊의 卷之二 中에서,「禁內廳事重興記」일부분과 「金海府鄕校水軒記」「京師報恩光敎寺記」「興三寺重興敎院落成會記」「興三寺重修興敎院落成會記」가 누락되어 9장이 空白으로 되어 있고, 亨冊 卷之六에 記3篇과 碑文 3篇, 모두 6편이 三刊本에는 누락되어 있다.

國立中央圖書館에는 이 22장의 空白을 行書體 筆寫로 每頁 10行 20字 內外로 최근에 보충해 넣었음을 볼 수 있다.

奎章閣에 所藏되어 있는 第四刊本中 3冊으로 分冊되어 있는 것은 地冊이 缺本되었으므로 그 편집체재는 언급하지 않기로 하고, 完本인 四刊本을 살펴보기로 한다.

該本은 木板本으로 故 一蓑 方鍾鉉 先生이 기증한 것으로 表紙書名·版心書名이 稼亭集으로 되어 있으며, 이 四冊은 一·二·三·四로 분류되어 있다. 책의 크기는 가로 20cm, 세로 30.2cm이다. 表紙色은 미색이고, 책 안의 첫 項에 京城帝國大學圖書館之印, 京城大學圖書蒼虎軒, 京城帝國大學豫科圖書原簿의 印이 찍혀 있다.

四周가 單邊이고, 半葉匡郭이 가로 19.3cm 세로 14.5cm이고, 有界로 된 10行은 每行20字이다. 版心은 上下에 花紋魚尾가 나타나 있고 그 사이에 卷數가 표시되어 있다.

冊一은 72張, 冊二는 78張, 冊三은 76張, 冊四는 77張, 都合 303張으로 分冊되어 있다.

冊一엔 맨 먼저 年譜3張이 나오고 다음 文集目錄 16張이 앞에 붙어 있고 內容으로는 卷之一에서 卷之四까지를 싣고 있다.

앞에 실린 年譜는 每頁五行三段으로 나누어져 있는데, 上段에는 元나라 年號가, 中段에는 元朝에서의 官職 및 事項 그리고 下段에는 高麗에서의 行蹟事項이 적혀 있다.

冊二에는 卷之五부터 卷之十一까지, 冊三에는 卷之十二부터 卷之十六까지, 冊四에는 卷之十七부터 卷之二十까지, 그 뒤에는 稼亭雜錄 18張, 그리고 끝에 尹澤의 初刊跋(1364), 柳思訥의 重刊跋(1422), 李基祚의 三刊跋(1635), 李泰淵의 跋(1662)이 달려 있다.

3. 文集 안의 作品 所載狀況

아래에, 稼亭集20卷의 作品內容을 일목요연하게 圖表로 만들어본다.

卷	內容				
一	雜著(贊·傳·策問등)10篇	十三	詔2篇, 對策3篇	十七	七言絶句 10題 17首
二	記9篇	十四	五言古詩　7題　9首	十八	五言律詩 15題 16首
三	記7篇		七言古詩 19題 20首		七言律詩 15題 17首
四	記7篇		長短 2題 2首		五言絶句 5題 6首
五	記4篇	十五	五言絶句　5題　5首		七言絶句 27題 42首
六	記3篇, 碑文3篇		七言絶句 49題 57首	十九	五言古詩　1題　1首
七	說8篇, 題跋2篇, 銘贊5篇		五言律詩　4題　4首		五言律詩　3題　4首
八	書3篇, 啓1篇, 序3篇		七言律詩 17題 17首		七言律詩 22題 24首
九	序8篇		五言排律　1題　1首		七言絶句 42題 46首
十	序2篇, 表牋7篇	十六	五言律詩　8題　8首	二十	六言古詩　1題　1首
	疏語3篇, 靑詞3篇		七言律詩 25題 25首		五言律詩　2題　4首
十一	祭文4篇, 墓誌銘5篇		七言絶句 20題 39首		七言律詩 18題 19首
十二	墓誌銘3篇, 行狀2篇	十七	五言律詩 10題 20首		五言絶句　1題　1首
			七言律詩 19題 37首		七言絶句 20題 34首
			五言絶句　5題　5首		詞 3편 10수

위 표에서 볼 때, 대부분의 文集들에는 詩가 文 앞에 오지만 稼亭集에는 文을 詩藁앞에 編輯한 것이 특색이다. 그리고 그 內容을 자세히 볼 때, 各 장르마다 대체적으로 著作年代順으로 실어 놓았다.

그런데 詩에 있어서 卷十五에 排律一首(天曆己巳舟發禮成江江口阻風二首中 첫 首)가 律詩 內에 잘못 들어 있으며, 卷十七의 六言古詩 한 首(寄賀兩持平)가 近體詩에 들어 있고, 卷十八의 近體律詩 項目에 五言古詩 2首(梅花同白和父, 題神仙背面圖)가 잘못 들어 있다. 또 卷十九의 六言古詩一首(寄訥齋)가 近體詩에 잘못 編輯되어 있음을 찾을 수 있다.

이렇게 例든 詩들은 筆者가 그들 詩의 用律을 면밀히 조사해 본 결과 틀림없이 古詩들인데 近體詩 안에 편집되어 있는 것은 牧隱의 실수였는지 初刊本이 現存하지 않는 실정에서는 알 수 없는 일이다. 또한 위 圖表에서 우리는 稼亭이 실로 多樣한 문학 장르를 구사하였음을 알 수 있다.

이러한 다채로운 내용의 「稼亭集」 20卷은 朝鮮朝에 科擧를 應試하는 선비들에게나 政事를 맡은 자의 좋은 지침서가 되었음은 李基祚의 跋에

　　…其遺編(稼亭集) 剩馥擧一邦殆家有之 而爲登壇操觚者之 指南焉

이라고 잘 말해 주고 있다. 그러나 第四刊本 詩藁中에도 脫字와 誤字가 간혹 보인다. 또 우리나라 書院의 창시자 周世鵬의 紹修書院奉安文10)에서

　　宗人鼎呂閭李稼亭集得文敬公四韻之詩一首 以示余……

라고 한 것을 보아 周世鵬 당시(중종) 稼亭集이 所藏되어 있었음을 알 수 있다.

---

10) 文敬公遺稿.

4. 詩文選集에 所收狀況

稼亭의 詩文이 다른 詩文選들에 실려 있는 狀況을 알아보아 그의 作品의 比重을 가늠하고자 한다.

1) 東文選

徐居正(1420~1488)이 편찬한 東文選에 수록된 稼亭의 詩文을 장르별로 적어본다.

古詩가 「妾薄命用太白韻」 등 9篇, 7언 5언 律詩가 「元日崇天門下」 등 10篇, 絶句가 「寄鄭代言」 등 2篇, 詔 2篇, 表牋 6篇, 啓 1篇, 銘 4篇, 文 1篇, 書 3篇, 記 30篇, 序 13篇, 說 8篇, 論 1篇, 傳 2篇, 跋 1篇, 原 1篇, 雜著 3篇, 祭文 2篇, 靑詞 3篇, 行狀 2篇, 碑銘 3篇, 墓誌 7篇, 이상 108篇이며, 특히 記가 30篇으로 東文選 70卷에서 76卷까지는 전부 稼亭의 記로만 채워져 있다.

儒家인 徐居正등이 稼亭의 실용적인 記를 여러 篇 뽑은 것을 보면 그의 記의 가치를 짐작하게 해 준다.

그리고 이 東文選은 稼亭集이 第四刊本을 開板할 때 누락된 부분을 補充하는데 資料가 되었다.

2) 箕雅

詩選集 「箕雅」는 朝鮮 肅宗朝 壺谷 南龍翼(1628~1692)이 新羅時代에서 朝鮮 仁祖 時까지의 詩를 모아 撰한 것으로, 撰者의 취향이나 偏執에 사로잡히지 않고, 詩家의 所長을 사실 그대로 認定해서 編輯했다는 評을 받고 있는, 매우 넓게 읽히고 있는 詩選集이다.11)

여기에는 稼亭의 다음과 같은 詩들이 所載되어 있다.

「途中避雨有感」(七絶), 「李陵臺」「雪夜小酌」「鵞」(以上 五絶),
「七夕小酌」「正朝雪」「元正崇天門下」「冰渡漢江」(以上 七律), 「姜
薄命用太白韻」「禮成江阻風」(以上 五古), 「同諸生紫霞洞」(七古)

이상 11편의 詩들은 대부분 작자의 心象이 잘 담겨져 있고, 歷史意
識이 뚜렷이 나타나 있으며, 處世觀이 잘 反映된 詩들이다. 壺谷詩話
의 著者 南龍翼이 評論家的 評眼으로 뽑았다는데 意義가 있다. 以後
에 나온 詩選集들이 거의 「箕雅」의 것을 참고로 拔萃한 것 같다.

3) 海東詩選

正朝·純朝 때 趙琮燮이 엮은 우리나라 歷代 詩選集으로 이 海東
詩選에는 「鵞」「李陵臺」「途中避雨有感」「七夕小酌」 등 4편이 뽑혀
있다. 이는 모두 「箕雅」에 먼저 拔萃되어 있는 것들이다.

4) 大東詩選

大東詩選은 舊韓末 歷史學者이며 言論人이기도 한 張志淵이 古
代歌謠부터 李朝末 漢詩까지 편집한 방대한 詩選集으로 選集 안에
는 아래 9편의 시가 所載되어 있다.[12]

「途中」「李陵臺」「雪夜小酌」「鵞」「七夕小酌」「正朝雪」「元正
崇天門下」「冰渡漢江」「禮成江阻風」

---

11) 韓國圖書解說, 高麗大 民族文化研究所刊, 1971.
12) 韓國圖書解說, 高麗大 民族文化研究所刊, 1971.

이상 9편중「禮成江阻風」한 首만 제외하고는 모두「箕雅」에 있는
篇들이지만 이들 詩 모두가 稼亭의 意識이 나타나 있는 것들이기에
투철한 歷史觀과 民族意識을 지닌 選者의 主眼이 선발기준에 投影
되었으리라 본다.

以上 詩文集 外에『新增東國輿地勝覽』에는 주로 關東 및 關西地
方을 여행하면서 지은 詩文들 중에 詩 46篇, 文 7篇이 紹介되어 있다.
그리고 最近 1998년 이회문화사에서 출간한『韓國漢詩大觀』4권
에 李鍾燦 교수가 李承休・鄭誧의 시와 함께 가정의 詩 163首를 번
역하여 수록해 놓았다.

5. 文集所載 外의 餘篇

前項에서는 稼亭의 詩文이 다른 詩文選集에 載錄된 作品들을 열
람해 보았으나, 本項에서는 稼亭文集에는 실리지 않은 作品을 찾아
보기로 한다.

柳夢寅의 於于野談 18則에, 稼亭文集에 나와 있지 않은 그의 詩
한 수가 적혀 있다. 그 詩는 중국에서 지은 七言絶句로 다음과 같다.

　　　　네 명의 미인이 저녁 빛을 희롱하니
　　　　술집 붉은 발 함께 어른거리네
　　　　갑자기 한 조각의 양대의 비는
　　　　삼한 어사의 옷에 날아오네

　　　　兩兩佳人弄夕暉 靑樓朱箔共依依

無端一片陽坮雨 飛洒三韓御史衣13)

　근래 中高等學校 檢定 漢文敎科書에는 「途中避雨有感」 七絶이 발췌되어 실려 있다. 이는 이 시의 뜻이 奬學의 敎育的인 主題이기 때문일 것이다.

　1987년 金宗吉 敎授가 영국 런던에 있는 앤빌(Anvil) 출판사에서 英譯 韓國漢詩選集을 出版했을 때 「寄鄭代言」 七絶 1首가 거기에 포함되어 있다.14)

　　　To a Friend

　　　　　　　　　Yi Kok(1298-1351)

　　On a small boat, my life-long wish unattained,
　　I come home, hair already white, laughing at myself.
　　Still I dream of service at the Emperor's court
　　And forget that I am now among flowering reeds.

　　百年心事一扁舟
　　自笑歸來已白頭
　　猶有皇朝玉堂夢
　　不知身在荻花洲15)

---

13) 柳夢寅, 於于野談, 詩話叢林 秋卷, 亞細亞文化社, p.288.
14) Kim Jong-gil trans. *Slow Chrysanthemums* (London : Anvil Press Poetry, 1987), p.45.
15) 稼亭集 卷18.

또한 遺墨으로 親知에게 답장을 한 簡札 한 편이 보인다. 이 簡札
題目은 便中忽奉이라고 名題되어 있다. 이는 後孫인 李秉求氏 所藏
으로 國譯 稼亭集[16]에 行書體로 筆寫된 이 原文이 소개되어 있으나,
여기에 다시 활자로 옮겨 본다.

> 惠章 如對面目 解此渴想 稼昨日聖窟 來泊金幭 景物甚佳 有詩與
> 記 若干 後日錄送矣 千萬只此

그리고 성균관대학교 대동문화연구소간 高麗名賢集3, 稼亭先生集
맨 앞에 剛健篤實輝光日新이라고 쓴 글씨에 右稼亭先生手筆이라고
소개되어 있으나 便中忽奉과 대조해 書体로 보아 稼亭의 글씨인지
는 매우 의심스럽다.

그리고 奎章閣 韓國本圖書解題[17]에는 高麗 李穀의 書라고 밝힌
「觀稼亭筆帖」을 소개하고 있다. 그 解題內容을 아래에 적어 본다.

> 內容이 7種인데, 李穀의 文名에 비해 書品은 대단치 아니한 듯하
> 다……筆意도 近似하지 않거니와 李穀의 品位를 자못 손상한 느낌
> 이 있다고 했다.

그러나 筆者가 奎章閣圖書館에서 이 觀稼亭帖을 빌려서 자세히
閱讀해 본 결과 이는 李穀의 作品이 아님이 분명했다.

刊記 첫 머리에 "此觀稼亭李翁遺墨"라고 하였으니, 稼亭이 李氏
인 것은 틀림없으나, 刊記 끝에 "公歿後……聖上建極元年己酉之孟
冬下浣"이라고 歲記가 적혀 있으니, 李穀이 歿한 55年 뒤면 1405年

---

16) 國譯 稼亭集, 農經出版社, 1980.
17) 奎章閣韓國本圖書解題 經子部, 서울대도서관, 1928, p.186.

乙酉年인데 그해에 혹은 그 近年에 登極한 임금이 없는 것이 벌써 李穀과 맞지 않는다.

다음으로, 역시 刊記 끝 부분에 "三從姪元永相役 族孫緯儉校勘 三從孫丁儉編次 再從孫邦儉謹識"라 하였는데, 李穀은 四寸이 없으므로 三從, 再從孫이 있을 수 없다. 이것을 보아 稼亭 것이 아님이 분명하다. 또한 李朝初까지는 三從이니 再從이니 하는 말이 通用되지 않았다[18]고 볼 때 더욱 그러하다.

셋째, 李穀의 「便中忽奉」의 簡札筆體와 견주어 볼 때, 筆體가 너무 거리가 멀다.

넷째, 李朝初 1405年에 만든 冊이 이제까지 남아 있기가 매우 어려운데, 지금 保存되어 있는 상태가 너무나 깨끗하여 近代의 것으로 판단된다.

이상 네 가지로 미루어 보아 李穀의 것이 아님이 분명하며, 혹시 高麗朝 陶隱 李崇仁의 父 元具의 號가 稼亭인 故로 그가 아닌가도 생각할 수 있으나, 李元具 역시 刊紀時在가 맞지 않고, 둘째 星州 李氏의 世譜를 면밀히 찾아보아도 緯儉, 丁儉 등 編者들이 나타나 있지 않다.

筆者의 생각으로는 己酉元年建極은 1609년 己酉年에 光海君이 登極한 해로 보아 거기서 55年을 거슬러 올라가면 1554년이므로 中宗·仁宗·明宗을 걸쳐 살다 간 다른 稼亭의 作品일 것으로 추측된다.

---

18) 이러한 관례는 현재 민족문화추진회 교열위원이며 譜學의 권위자 鄭元泰 翁에게 문의하여 들은 바이다.

제5장

詩 槪觀

제5장 詩 槪觀

　稼亭은 13세 때(1310, 충선왕 2년 경술) 많은 사람이 모인 詩會에서 「長夜不長詩酒夜」란 詩句에 누구 하나 對句를 맞추지 못하자 稼亭이 홀로 「遠山非遠畵圖山」이라고 읊어 주위가 모두 경탄했다 한다. 稼亭은 어릴 때부터 詩才가 특출했음을 알 수 있다. 앞의 자료 고찰에서 살폈듯이 『稼亭集』에는 권14에서 권20까지 詩 364題 481首 詞 3調 10首가 있고, 卷10에 序文의 末에 지어준 詩 1首가 있어[1], 도합 367제 492수가 실려 있다. 五言古詩 10首, 七言古詩 20首, 五言絶句 17首, 七言絶句 236首, 五言律詩 56首, 七言律詩 139首, 六言古詩 1首, 五言排律 1首, 詞 10首이다. 그의 詩는 科擧에 及第하고 出仕 後 재임시가 대부분이고 그 중 만년에 관직에서 물러나서 지은 시는 100여수가 된다.

　이로 볼 때 가정은 칠언절구와 칠언율시를 즐겨 지었음을 알 수 있다. 이는 일반 시인들이 그러했듯이 오언보다 칠언에 더욱 풍요한 뜻을 담을 수 있었기 때문일 것이다. 또한 당시 고려의 시인들이 東坡의 영향을 받아 七言詩를 즐겨 지었다는 점도 看過할 수 없을 것이다.

---

1) 稼亭集 卷10, 鷄林府公館西樓詩序.

그리고 稼亭은 한 제목을 두고 2수, 3수, 5수, 6수 등의 連作詩를 지은 것이 많고, 심지어는 10수를 지은 것도 있으니, 그의 詩想이 얼마나 풍요했는가를 알 수 있는 좋은 예이다.

1. 題目 및 素材面

詩題면 특징을 보면 主題를 단적으로 보여줄 만한 例는 드물고 素材 中心의 것들이 많다. 특히 稼亭은 고향에 老母를 두고 元의 땅에서 여러 해를 지낸 까닭에 望鄕·思親의 情이 새로워지는 元日·人日·立春·寒食·七夕·仲秋·十五夜·初冬·初寒·守歲·除夜 등 節候의 名을 해가 바뀔 때마다 여러 번 取했으며, 다른 문집에서 흔히 볼 수 있는 卽興, 卽事 등은 거의 찾아볼 수 없다. 酬贈詩도 官職 앞에 贈이라고 붙이기보다는 거의가 寄로 시작된다. 또한 酬贈詩에서는 官職, 字를 대부분 취했고, 詠史詩에서는 人名을, 紀行詩에선 地名을 詩題로 내세운 것이 많은 편이다.

詩題는 비교적 간단한 편이나 詩序를 장황하게 그 내력을 적은 것도 있다. 元旦詩의 경우 辛巳元日을 위시하여 壬午元日, 癸未元日, 甲申元日, 丙戌元日, 丙戌中秋, 丙戌除夜, 己酉元日, 丁亥元旦의 순서로 편집되어 있고 그 사이에 寒食, 冬至 등의 節候가 있어 심지어는 날짜를 시제로 취한 것이 많고, 五十 등 나이를 취한 것도 있어 어느 해 무슨 날 지은 시인지, 즉 저작 연대를 쉽게 알 수 있도록 한 것도 많다. 따라서 酬贈詩의 경우 상대방의 연보를 이해하는 데에도 도움을 주고 있다. 그러나 酬贈詩의 경우 李正郎, 仲始司藝, 韓相國 등 職責과 職級, 字만을 詩題로 취한 것이 많아 상대가 누구인지를 파악하기 힘든 것이 많아 안타깝다. 이는 여러 전적을 통해 밝혀야 할 과제이다.

素材面으로 볼 때 詩題를 素材로 택한 것이 대부분이며 생활주변에서 일어나는 일들을 다양하게 취하고 있다.

詩語의 特徵은 秋扇, 가을비, 기러기, 까마귀 등 쓸쓸하고 침울한 情感을 주는 語彙들을 많이 使用하고 있다. 內容을 보면 酬贈詩, 紀行詩, 詠史詩가 많은 篇數를 차지하고 있다. 120篇에 가까운 酬贈詩 中에는, 答詩는 드물고 贈詩가 대부분이다.

내용상으로 볼 때 酬贈詩, 紀行詩, 詠史詩, 懷古詩 순으로 많은 편수를 차지하고 있다. 수증시는 120편에 가깝고 答詩보다는 贈詩가 더 많다. 수증시는 국내에서뿐 아니라 元나라에 있으면서 고려인 중 使臣으로 다녀가는 이에게 送別하는 것과 科擧에 낙방한 이를 위로하는 것 으로 지어준 시가 수십편에 이른다. 詩交한 인물로는 스승 선배인 安謹齋(軸), 禹倬, 安康 李先生, 崔瀣와 친구 安員之(誧), 鄭仲孚(誧), 白和父, 禹德隣 등과 원나라의 蘇天爵, 揚僕斯, 揭二忠 兄弟에게 준 시들도 있다. 그리고 백화부와는 東坡韻을 써서 合作詩도 지었는데 「梅花同白和父」作 1수가 백화보 시문집인 淡庵集 권2에도 같은 詩題로 실려 있다.

2. 紀行詩

忠南 韓山에서 태어나 中央으로 진출한 신진 士大夫로서의 李穀은 과거 시험을 치루기 위해 松都와 燕京을 내왕하며 山川과 風物을 對하는 機會가 많았고 특히 중국 科擧에 合格한 후에도 그곳에서 벼

슬을 하면서 본국에 4차례나 往返하였다. 또한 국내에서도 그는 妻家
가 경북 寧海인고로 本家 한산과 東西를 가로질러 여러 차례 오가며
농촌의 실정을 直視하며 시를 지을 기회가 많았다. 특히 만년에 의도
적으로 본격적인 여행을 떠나 서쪽으로 부여의 古蹟地와 그리고 동
으로는 金剛山을 위시한 동해의 八景과 關東地方 농촌들을 周覽하
며 90여편의 시를 남겼다. 그는 白和父에게 답하는 시에서 "내 생애
에 여행하기를 좋아하여 산수 좋은 곳 두루 돌아 때로는 서울에서 여
러 번 달로 지냈고 강남에서도 열 번의 가을을 보냈다……"(吾生好遠
遊. 山水極深幽. 都下數閱月. 江南十經秋……)고 했다.

  稼亭 李穀의 旅行 動機에 대해서 자신이 기행시문에 뚜렷이 밝히
지는 않았지만, 關東紀行을 떠나면서 金剛山을 구경하기 위해 출발
한다고 "東遊記"[2]에 적어 놓았다. 가정의 기행시는 대부분이 관동
유람 때에 지은 시들이다. 이 관동 기행시를 지은 때(1394)의 유람 동
기를 高麗史 "李穀列傳"에는 "때에 충정왕이 등극하자 가정은 일찍
이 공민왕을 세우기를 청하였기에 스스로 불안하여 관동을 유람하였
다."(忠定卽位 穀以嘗請立恭愍 不自安 遊關東)[3]라고 기록되어 있
다. 일본인 多田正至는 가정이 도성을 떠남은 비겁한 행동이요 도망
치듯 했다고 한 바가 있다. 그러나 稼亭이 여행 중 관동 여러 고을에
태수를 방문하였고 가는 곳마다 太守들의 영접을 받았으며 객사에서
유숙하였으며 오르는 누정마다 제영시를 남겨 두었다. 관동 여행시의
주된 여행수단으로 말(馬)을 이용했음이 시문에 나온다.[4] 이로 보아

---

2) 稼亭集 卷5.

3) 高麗史 列傳 卷22.

4) 稼亭集 卷19, 登天磨嶺. "路過通溝境漸奇 任敎羸馬故遲遲".; 東遊記. "行旣遠路
  且險 馬皆瘡背病蹄".

가정의 여행은 숨어서 다닌 것이 아님을 알 수 있다.

가정의 기행시편은 무려 107首에 달한다.

이렇게 고시 15首와 근체시 92首 도합 197首는 그의 총시편 481首에서 수적으로 상당한 비중을 차지한다고 하겠다.

가정이 중국에 4차례나 往返하며 10여년을 그곳에서 살았던 점으로 볼 때는 생각 外로 中國紀行詩가 그리 많지 않다. 겨우 10여편에 不過하고 거의가 國內詩이다. 국내 기행시로는 관동을 기행한 東行詩가 數的으로 가장 많고 百濟 古都 扶餘와 전주 등지를 기행한 서행시와 관동 기행을 끝내고 귀성길에 성주, 상주, 충주, 청주, 등지를 지나면서 지은 기행시도 여러 편 보인다. 그리고 가장 晩年에 故鄕으로 돌아오면서 천안, 영동 金山, 논산, 부안, 예성강 등을 기행하면서 지은 시가 문집 20권말에 여러 편 실려 있다.

그 여행의 노정과 일정은, 서행시의 경우 시의 서와 그 내용으로 보아서는 그 노정을 알 수 없고, 다만 관동유람시들은 그의 동유기와 제영한 시의 제목들을 보아서 그 노정과 일정을 파악할 수 있다. 그러면 동행시에 의해 관동유람의 노정과 일정을 따라가 보기로 한다. 기축(1349)년 8월 14일 송도 출발 → 장서·도원역 → (21일)금성현 → 천마령 → 장양현 → (22일)배첩 → 표훈사 → 장안사 → (23일)천마서령(단발령) → 통구 → (24일)회양부 → (26일)철령관 → 복영현 → (27일)등주(화주) → (30일)학포 → 국도·원수대 → (9월1일)흡곡현 동령 → 穿島 → 총석정 → 사선봉 → 통주? → (2일)금란굴 → 임도현 → (3일)고성군 → (4일)삼일포 → 사선정 → 안창현정 → 명파역 → (5일)고성 → (7일)선유담 → 청간역 → 만경대 → (8일)영랑호 → 낙산사 → 양주(양양) → (10일)동산현·관란정 → (11일)연속현 → (12일)강릉·경포대·문수당·한송정 → 안인역 → 등명사·일출대 → 우계현 → (12

일)삼척현 → (13일)죽서루 → 교가역 → 원수대 → (18일)옥원역 → (19
일)울진 → (21일)성류굴 → 평해 · 월송정.

이렇게 보면 금상산을 위시해 관동의 명승고적을 두루 遊覽하여
관동의 북쪽 관문인 철령에서부터 平海까지 1천2백여리의, 8월 14일
부터 9월 21일까지 37일간의 관동유람여정을 알 수 있다. 관동팔경을
강원도 임영지에 적힌대로[5] 통천의 총서정, 고성의 三日浦, 간성의
淸澗亭(만경대), 양양의 낙산사, 강릉의 경포대, 삼척의 죽서루, 蔚珍
의 望洋亭 · 平海의 越松亭이라고 하면 이 八景을 그의 다 들렀고(청
간정은 그 당시 세워지지 않았다고 함)[6] 이들을 포함한 여러 명승지
를 지나면서 시를 일기 쓰듯 지었다. 관동기행시를 차례로 엮으면 바
로 동유기가 될 정도이다. 그리고 누정을 오를 때마다 제영하여 누정
· 제영문학연구에 자료를 제공해 주기도 한다. 또한 그의 기행시문은
당시의 문물과 풍속을 알려주는 좋은 사료적 가치를 지니고 있다. 그
리고 그의 문집의 상황으로 볼 때 만년의 시는 거의가 기행시라고 할
수 있다.

가정 기행시의 소재는 어느 곳이나 경관이 바뀔 때마다 모두 소재
가 되었다.

그는 금주를 지나면서 읊은 구에, 흥이 다해 빼어난 시귀가 없는
것이지 시의 제재가 없는 것은 아니다(興闌無秀句, 不是乏詩材)[7]라
고 하였다. 그리고 내용은 여행 중 산천과 명승을 유람하면서 자연에

---

5) 朴敏一, 江原道 八景攷(Ⅰ), 『강원문화연구』 제5집, 강원대 강원문화연구소, 1985,
   p.27에서 재인용.
6) 崔承洵, 安謹齋의 關東地方 詩文考, 『강원문화연구』 제9집, 강원대 강원문화연구
   소, 1989, p.42.
7) 稼亭集 卷20, 題錦州客舍.

교감을 갖는 자연영탄이 많다.

그리고 서행과 관동을 돌며 부여와 강화, 철원, 고석정 등 고적지를 만나서 그곳의 역사와 전설에 관련하여 수편의 감회 어린 시를 남기기도 하였다. 이들 시 대부분은 실패하여 황폐화 된 사적지를 배경으로 하여 밝고 성공한 긍정적인 사적보다는 어둡고 실패한 부정적 사건들 즉 고적에 얽힌 슬프고 불행했던 역사를 소재로 하여 군주와 그 아래 관료들에게 역사 앞에 그런 전철을 밟지 말라는 자못 교훈적인 鑑戒의 내용을 담고 있다.

그리고 이들 회고시는 일반 소재의 시와는 달리 특정한 역사적 사실이나 인명, 지명 등 고유명사를 등장시켜야 한다. 따라서 회고시는 한시의 형식상 평측과 押韻 같은 데서 생기는 작시상의 난점이 많은 데도 가정은 회고시에서 대구 등 무리 없이 형식상의 기교를 보이고 있는 점이 뛰어나다고 할 수 있다.

그러나 稼亭 紀行詩 내용의 뚜렷한 특징은 여행 중 보여지는 농촌의 현실을 직시하고 그 참상을 서술한 점이다. 억눌린 농민에 대한 연민의 정으로 농촌이 官吏들로부터 고통 받지 않고 豊年도 들어 농민이 안심하고 살 수 있게 되기를 갈망하는 간절한 심사를 나타낸 것이다. 그리고 만년 여행 중 전원에의 동경으로 귀거래의 강한 의지를 표출한 시도 여러 편 기행시 안에 들어있다.

3. 詠史詩

『稼亭集』 권15 안에는 「詠史」라는 제목을 달고 27수의 詠史詩가 실려 있다. 이외에 권14에 「妾薄命二首」「哀王孫」「唐太宗六駿圖」

등 역사적 사실을 소재로 하여 읊은 詠史詩도 있다.『稼亭集』권15
에 실려 있는 詠史詩의 소재를 모두 후한 순제(126)에서부터 三國鼎
立의 시기까지의 후한의 중앙정치와 중요한 관련을 가졌던 인물들과
사실들로 채택했으며, 그 27首 모두 七言絶句의 형식으로 되어 있다.
稼亭이 소재 선택에 있어서 집중적으로 後漢에서 소재를 찾은 것은
상당한 이유가 있다로 본다.

그것은 후한의 역사가 중기에서 말기에 이르는 과정이 高麗와 너
무 닮은 것이 많다. 武斷政治, 宦官外戚의 得勢, 그 사이에서 일어나
는 文人士大夫들의 被辱, 民亂 등 여러 가지로 볼 때, 가정이 後漢의
역사를 가지고 고려의 문제와 연결하여 봤다고 할 수 있을 것이다.

27수의 영사시를 통해 시의 내용적 면에서 거의 고려의 현실을 읊은
것과 별로 다름없는 유사성을 시의 전반적인 흐름에서 확인할 수 있다.

그래서 稼亭의 영사시에 담긴 내용을 통해 무단정치 비판, 중농,
애민사상, 충효, 용인, 처세관을 읽을 수 있다. 유학자인 그는 그의 史
實批評觀點을 철저하게 道德基準 위에 세워 놓았음을 알 수 있다.

稼亭이 후한의 武斷政治를 비판하는 동기는, 일부 권력가의 권력
남용을 상대적으로 왕권을 약화시키고 사회질서를 뒤흔들어 여러 가
지 폐단과 악순환의 결정적 요인으로 파악하고 그 결과는 후한의 멸
망을 초해하였다고 보았기 때문이다. 그 역사의 인과의 거울을 옮겨
고려 현실에 대한 강한 개혁적 의식을 가지고 있었으며, 그의 중농과
애민의식은 당시 고려의 사회상에서 유리하는 민중과 황폐해지는 농
업, 따라서 야기되는 대외적인 국력의 약화 등의 우려와 연민에 기인
함은 물론 성리학자인 사대부로서 뿌리 깊은 王道政治에의 念願에서
출발하고 있다. 그리고 충효정신은 인간 존엄성의 자기실현 의지로써
현실 문제 이전에 그 문제를 일으킬 수 있는 인간 심리의 방향으로

제시하고, 그 실천에 있어서는 시의에 맞고 인의의 윤리에 입각하여
야 한다는 명분과 실질의 조화를 강조하고 있다. 그의 처세에 있어서
는 一擧一動에 倫理와 名分을 찾았으며, 용인의 성패는 바로 정치의
成敗로 인과된다고 보고, 권력과 재물에 추종하는 인사의 부조리를
배제하고, 能文官 登用의 重要性 등을 역설하고 있다.

4. 「詞」作品 10首

稼亭은 浣溪沙調에 의한 「眞珠新妓名詞」 一首, 巫山一段雲調의 「次
鄭仲孚蔚州八詠」 즉 蔚州의 명승 여덟곳이니 곧 大和樓 藏春塢 平遠
閣 望海臺 白蓮巖 碧波亭 開雲浦 隱月臺 등 八首와 南柯子調의 「次平
海客舍詩韻」 一首 等 모두 3調 十首의 詞作品을 남기고 있다. 이들
詞10首는 『稼亭集』 卷20詩 다음에 「詞十首」란 제목으로 실려있다.
稼亭의 詞는 비록 10首의 적은 篇數이고 또 八首는 次韻한 詞이
기는 하나, 李奎報와 李齊賢 以後 詞가 드문 當詩에 있어서는 가치
를 지니고 있다고 하겠다. 詞는 中國語의 音律에 맞추어 이룩되는 것
이니 稼亭이 詞를 지었다는 사실은 오랜 在元生活에서 中國音律을
체득하게 되어 얻어진 結果라 하겠다. 稼亭의 대부분의 詞는 그가 晩
年에 지은 作品이다. 그는 삼척에 들러 한수 또 平海의 客舍에서 한
首를 짓고 여덟 수는 蔚州에서 鄭誧의 詞에 次韻하여 지은 것이다.
稼亭 詞의 形式的인 面은 浣溪沙는 前·後段 各七言三句의 變調
42字이다. 平仄에 있어서는 後段 第三字를 仄聲을 사용하여 變例를
取하고 있다. 韻은 平水韻에 依하여 平聲支聲을 本韻으로 삼고 首句
에는 微韻으로 襯韻하고 있다. 이는 바로 七言律詩의 用韻法이다.

이는 浣溪沙調가 七言律詩와의 相似에서 이루어진 用韻法이라고 하겠다. 巫山一段雲 八首는 鄭仲孚의 「蔚州八詠」을 次韻한 것으로 44자 變調, 前後段 各 4句 3平韻의 形式을 取하고 있다. 八首가 모두 平仄이나 用韻, 對偶 등에 있어 詞譜에 일치한다. 韻에 있어 藏春塢는 曲韻을 따르고 있는 點이 特異하다. 南柯子 一首는 52字 平韻體를 따르고 있다. 이는 9字를 一氣讀한 8句 6韻의 形式을 取했으며 平仄이나 韻의 詞譜에 잘 맞는다. 稼亭의 詞는 五言이 52句, 七言이 24句, 9言이 2句로 構成되어 있다. 또 모두 小令에 속하는 詞牌들로 5·7言 近體詩와 비슷하다. 그러므로 多樣하다고는 할 수 없으나 形式에 있어서 精嚴했다고 하겠다.

그 內容的인 面에 있어 매우 完熟한 표현의 境地를 보여준다. 이는 그의 詞作品이 모두 그의 晩年에 지어진 作品들이기 때문이다. 특히, 「次平海客詞詩韻」에서는 哀傷的인 情調가 잘 나타나고 있다. 「次鄭仲孚蔚州八詠」의 8首에는 자신이 晩年에 느끼는 感情과 愛國·忠君的인 情調가 잘 나타나고 있다. 稼亭의 詞는 그가 完熟한 때에 지어진 것으로 宋初 歐陽修 등의 純正端雅한 儒家文人들의 前代 詞의 傳統을 이으면서도 儒家의 端雅한 姿態를 調和있게 表現한 婉約雅正한 部類에 가까운 詞風을 보이고 있다.

제6장

韻律과 修辭

제6장 韻律과 修辭

徐居正(1420~1488)은 稼亭의 詩를 두고 "精深平淡하고 優游不迫하며 格律이 精嚴하다"[1]고 했고, 南龍翼(1628~1692)은 "醇厚"[2]하다고 평했다.

本章에서는 稼亭詩를 硏究함에 있어서 그 韻律的 特徵과 修辭的 表現技巧를 살펴보자 한다.

1. 韻律

"詩는 情緖와 韻律的인 言語를 통해서 人生을 表現하는 創作文學의 한 장르다."[3]라고 定義할 때, 詩는 音聲的 要素와는 不可分의 關係에 있다는 것을 말해 주고 있다. 물론 東洋에서, "詩는 言志"[4]라고 해서 그 思想的 內容이 核心이지만 詩는 理解되기 전에 傳達된다는 엘리어트의 말은, 곧 詩에 있어서의 言語의 音聲的 效果가 意味傳達

---

1) 東人詩話 卷下 三十二則. "稼亭之詩 精深平淡 優游不迫 格律精嚴".

2) 壺谷詩話 一則. "李稼亭穀之醇厚".

3) 丘仁煥, 『文學의 原理』, 法文社, 1973. p.60.

4) 書經 舜典. "詩言志 歌永言 聲依永 律和聲".

에 큰 비중을 차지한다는 強調일 것이다. John Thompson도 韻文의 가장 基本的인 要素로 韻律(meter)을 들고 있다.[5]

詩에 있어서 韻律의 重要性은 이미 東洋에서 宋代에 嚴羽가 "詩 之法有五 曰體製 曰氣象 曰格力 曰興趣 曰音節"[6]이라고 한 점에서 찾아볼 수 있으며, 또한 淸代 翁方綱(1733~1818)도 詩의 韻律인 格 調에 대하여 强調[7]하고 있다. 朝鮮朝의 南龍翼은 歷代의 詩家를 論 함에 있어, 高麗時代의 경우에는 色韻·聲律·氣力을 詩品의 基準 으로 삼고 있다.

內容이 아무리 훌륭하다 할지라도 韻律이 맞지 않으면 좋은 詩로 評價받지 못할 뿐만 아니라 評價對象에서 除外되기도 했다. 즉, 漢詩 는 주어진 틀에다 內容을 담는 것이니, 形式·內容 兩面을 充足시켜 야 한 篇의 詩가 이루어지는 것이다. 이렇게 韻律은 作詩의 必須條件 이며, 따라서 한 作家의 詩研究에 있어서 韻律檢討는 필히 要求된다.

稼亭詩의 경우, 이제까지 그의 詩에 나타난 思想研究에 偏重되었 을 뿐 韻律面에 대한 研究論文은 단 한편도 보이지 않는다. 특히 稼 亭은 內容뿐만 아니라 作詩의 技巧와 手法에도 能하여 徐居正으로 부터 精嚴하다는 評을 받았고,[8] 또 偰長壽(1341~1399)는 稼亭의 詩 를 雄詞險韻하다고 했다.[9]

本 節에서는 그의 詩를 古體詩와 近體詩를 나누어 用韻上의 特徵

---

5) John Thompson, Liguistics Structure and The Poetic Line(Donald C.Freeman Ed, Liguistics and Literary Style, Hott Rinehart and Winston, inc.), 1970, p.337.
6) 嚴羽, 滄浪詩話, 臺北 ; 廣文書局有限公司, 1974, pp.76~77.
7) 翁方綱, 復初齋文集 卷8, 光緖刻本, 格調論上, p.127. "夫詩豈有不具格調者哉".
8) 徐居正, 東人詩話 卷下 32則. "稼亭之詩 精深平淡 優游不迫 格律精嚴 自有優劣 具眼者辨之".
9) 偰長壽, 新增東國輿地勝覽 卷15. "稼亭氣象猶桓桓 迄今相去五十載 雄詞險韻誰 能子".

을 살펴보고, 平仄의 특징을 考察하고자 한다.

1) 用韻

漢詩는 古體詩, 近體詩를 莫論하고 모두 韻을 使用하고 있다. 또 各 詩體에 따라서 韻을 使用하는 方法도 各各 다르다. 이와 같은 用韻은 中國 最古의 詩集인 詩經에서도 그 用例를 찾아볼 수 있다. 그만큼 用韻은 그 歷史가 오래 되었고 音韻에 對한 關心 역시 兩漢時代에 이미 意識되기 始作했다. 그 後 音韻研究는 三國時代(AD220~265)以後 實質的으로 일어나 하나의 獨立된 學問으로 成立하게 되었다.[10] 이는 詩歌 以外의 韻語에도 使用되었으며, 또 詩作에도 應用되어 詩에는 必須條件이 되어 왔다. 또 各 詩體에 따라 그 나름의 用韻法을 가지게 된 것이다.

(1) 古體詩

古體詩의 用韻方法은 近體詩에 比해서 훨씬 多樣하다. 近體詩에서는 許用되지 않는 많은 用韻法이 古體詩에는 許用되었기 때문이다. 古體詩의 用韻法은 크게 本韻, 通韻, 轉韻, 奇句韻과 柏梁體 등으로 크게 區分할 수 있다.[11] 稼亭의 古體詩 중에는 平韻을 本韻으로 使用하고 있는 詩가 13首, 仄韻을 本韻으로 使用한 詩가 10首로 23首의 詩가 本韻을 使用하고 있다. 이들 本韻을 使用한 詩는 모두 一韻到底式이 徹底하게 지켜지고 있다. 아래에 例를 든다.

---

10) 文璇奎, 『中國言語學槪論』, 世運文化社, 1977. p.66.

11) 이에 對한 仔細한 說明은 洪瑀欽 編譯, 『漢詩韻律論』(嶺南大出版部, pp.151~171)에 나와 있으며, 또 이 方法에 의한 實際的인 硏究로는 李章佑의 「韓愈의 古詩用韻」이 있다.

「天曆己巳六月舟發禮成江南往韓山江口阻風 五首」(五首中 其二)12)

驚風動地東南黑　四山低昂船尾側

蒼茫一葉浪花中　性命只憑菅蒯力

雨聲颼颼濕蓬底　三日一雨猶向北

但令元氣不傷和　逆順於人互失得

何時風雨占十五　爲驅萬國歸皇極 (◉는 用韻字 표시임. 以下도 같음.)

위 詩는 窄韻인 入聲의 職韻을 使用하고 있다. 首句에도 韻을 使用
해서 모두 여섯 자의 韻字를 쓰고 있다. 비록 窄韻을 使用하고 있지만
出韻은 하지 않았다. 이 같은 本韻의 詩는 모두 一韻到底로 이루어진
다. 本韻을 使用한 詩中에 가장 긴 것으로는 「送安員之曝史南歸」13)
로 전체 24句로 이루어져 있다. 呂・楮・鼠・與・炬・處・語・杼・
俎・佇・女・楚 등 모두 12字로 上聲 語韻을 使用하고 있다.

稼亭의 古詩中에는 7首의 通韻詩가 있는데 6首가 2韻을 相通하고
있으며, 「送漢陽鄭參軍」14) 1篇만이 入聲인 屑・黠・曷의 3韻을 通
用하고 있다. 偶然出韻의 詩는 보이지 않으며, 7首中 6首가 主從通
押의 方法을 쓰고 있다. 等立通押의 詩는 다음의 1首가 있을 뿐이다.

「次無極師韻送其徒景楚歸錢塘」

佛說本無言　儒行不在服

未遇拈花笑　恐見操戈逐

---

12) 稼亭集 卷14.

13) 稼亭集 卷14.

14) 稼亭集 卷14.

甚欲評此理 吾膝未曾促

海東佳山水 賢聖有遺躅

已知無極師 送老慈雲谷

子歸獨何先 飄然謝羈束15) (●★는 모두 韻字임.)

위 詩는 仄聲으로 韻을하여 入聲 屋韻인 服·逐·谷의 3字와 入聲 沃韻인 促·躅·束의 석자씩 두 종류의 韻을 使用하고 있다. 즉, 2韻이 各 3字로 等立通韻을 하고 있는 경우이다.

稼亭의 古體詩 중에 轉韻한 시에 남의 시를 次韻한 것은 모두 3首가 있다. 그러나 「妾薄命用太白韻二首」는 李白의 「妾薄命」의 韻을 次韻한 詩이다. 이 詩는 屋·魚·尤·皓 등 네 개의 韻을 使用하여 四句마다 換韻하고 있다. 新式古風詩는 四句마다 한 번씩 韻脚을 바꾸어야 하고 平仄韻을 섞바꾸어야 한다. 그러나 魚韻에 尤韻으로 바꾼 것은 平聲으로 平聲을 바꾼 例이다. 또 4句마다 轉韻하지 않고 6句마다 한번 韻을 바꾼 詩도 있다. 「同禁內諸生遊紫霞洞次韻」16)은 平聲 刪韻의 글자인 閑·山·間·顔의 四字로 前六句에 押韻하고 이어서 入聲 陌韻의 글자인 夕·石·昔·客 等의 4字로 後六句에 韻한 시에 次韻하고 있다. 轉韻할 경우 出句에도 押韻하는 것을 原則으로 삼고 있기 때문에 六句에 四字의 韻字를 使用하는 것이 原則이다. 이렇듯 稼亭이 使用한 轉韻은 3首가 모두 자신이 세운 韻이 아니라 次韻한 것이다.

奇句란 律詩에 있어 出句와 같은 말이다. 이 奇句韻에 대하여 말

---

15) 稼亭集 卷14.
16) 稼亭集 卷14.

할 때, 首句에 韻을 다는 問題가 있다. 古體詩에 있어서도 近體詩와
같이 七言의 경우에는 首句에 押韻한 例가 많다. 稼亭의 경우에 있
어서도 七言詩 18首中 13首는 首句에 韻을 달고 있다. 이와 반대로
五言詩 11首中에는 首句에 押韻을 쓴 詩는 「次韻答白和父」[17]에 "吾
生好遠游 山水極深幽"란 一句 뿐이다. 이는 次韻한 詩로 原詩가 首
句에 韻을 쓴 詩가 아니었나한다.

七言詩의 首句에 押韻한 詩 中에는 宋代 七言律詩에 流行했던 隣
韻을 使用한 것이 보이는데 이것은 古體詩의 用韻法에서는 볼 수 없
는 特異한 것이다. 그 例를 아래에 들겠다.

「途中吟」

我行灤京路九百 風土雖殊差可樂

鵑窠以南山漸佳 龍門之北水皆惡

李老谷深天地窄 槍竿嶺峻雲霄薄

皇朝風雅不敢継 遇興拙筆無由閣[18]

위 古詩는 句數가 律詩와 같은 八句로 이루어지고 있다. 用韻을
보면 入聲 藥韻으로 本韻을 삼고 首句에는 隣韻인 陌韻의 글자인
「百」자로 押韻했다. 이와 같이 首句에 隣韻으로 押韻하는 方法은 宋
代 七言律詩에서 流行한 用韻法인데 이를 稼亭이 古體詩에서 이용
한 것이다. 이와 同一한 方法으로 押韻한 것으로는 「過西州龍堂長岩
二祠」가 있다. 이 詩는 入聲 屋韻을 本韻으로 하고 首句에는 沃韻으

17) 稼亭集 卷14.
18) 稼亭集 卷14.

로 襯韻하고 있다. 이는 通韻에 있어 偶然出韻과는 다르다. 作家의 意識的인 用韻法인 것이다. 이 2首는 모두 八句로 律詩와 句數가 동일하다는 점을 考慮한다면 作家의 近體詩的 感覺에서 나온 用韻法이라는 것을 쉽게 알 수 있을 것이다.

또 奇句에 韻을 다는 경우로는 轉韻을 할 경우 韻을 바꿀 때마다 그 出句에 韻을 다는 것을 原則으로 하고 있다.

全奇句에 韻을 달아야 하는 詩體로는 柏梁臺聯句가 있다. 이는 매 句마다 韻을 使用해야 하며, 一韻으로 一貫해야 한다.[19] 또 純七言의 平韻詩라야만 한다. 이는 매 句마다 韻을 달고 있기 때문에 句首가 꼭 偶數일 필요는 없다. 稼亭의 古體詩 中에는 다음과 같은 柏梁體의 詩가 있다.

「留別眞州中臺寺古長老」

上人不出頭陀山　水雲心迹淸且閑

我時杖屨扣松關　石逕罘碏難隮攀

雄觀十四非人寰　前賢傑句留壁間

溪橋夕照離思艱　俗綠未盡吾何顔

登樓不覺月再彎　竹西風景欺我頑

邇來歸夢不可扳　忽忽上馬呼不還

只恐春風別淚潸[20]

위 詩는 모두 13句로 構成되어 平聲 刪韻을 使用하였으며, 一韻到

---

19) 洪瑀欽, 漢詩韻律論, 嶺南大出版局, 1983, p.168.

20) 稼亭集 卷14.

底式으로 되어 있다. 또 七言詩이기 때문에 柏梁體의 詩形 그대로 따르고 있다.

　古體詩의 用韻方法은 위와 같이 네 가지 方法이 있다. 稼亭의 시에는 모든 用韻法을 混用한 것이 있다. 本韻, 通韻, 轉韻, 柏梁體 등의 用韻法을 混用하고 있는 것이다. 例를 들면 다음 詩가 그 것이다.

「唐太宗六駿圖」

汴河錦纜人方厭　秦王順天提寶劍

風行電邁掃羶腥　所向金湯隨手陷

周衰千載一貞觀　功業赫然超兩漢

當時所乘有六駿　揮戈恢恢有餘刃

寫眞刻石手自贊　片石屹與凌烟峻

昭陵秋草夕陽邊　行人指點多愴然

君不見轍迹紛紛王道缺　八駿曾到崑崙嶺

又不見拔山力盡騅不逝　烏江烟月漢家天

功成自古在知己　豈在蹄高幷銳耳[21]

　위 詩의 用韻을 보면 1·2句에는 去聲 豔韻의 글자인 厭·劍 2字로 韻을 쓴 다음 第4句에는 隣韻인 去聲 陷韻의 글자인 陷字를 使用하여 通韻의 方法을 이루고 있다. 5·6句에는 去聲 翰韻인 觀·漢의 두 字로 押韻하고, 7·8句에는 隣韻인 去聲 震韻의 駿·刃 두 字로 押韻하고 있다. 이어서 9句에는 다시 翰韻의 贊字를 10句에는 震韻

---

21) 稼亭集 卷14.

의 峻字를 韻으로 使用했다. 第5句에서 10句까지에는 去聲 翰韻과
震韻으로 通韻하고 있다. 그런데 轉韻할 경우 轉韻되는 出句(奇句)
外에는 元來 通韻을 使用하지 않는 것이 原則이다. 그러나 이 詩의
5句에서 10句까지에는 전부 韻이 使用되고 있다. 이와 같은 形式은
바로 柏梁體의 用韻法이다. 이어서 平聲 先韻으로 轉韻하고 있다. 1
1·12·14·16句에 使用된 邊·然·巓·天은 모두 先韻에 屬하는
글자들이다. 이 부분의 用韻方法은 本韻의 用韻法과 一致하고 있다.
이어서 17·18句에는 上聲 紙韻의 글자인 己·耳로 轉韻하면서 詩를
끝냈다. 이 詩는 모두 18句로 이루어졌고 豔·陷·翰·震·先·紙
등 여섯 개의 韻目에 걸쳐 모두 15字의 韻字를 使用하고 있다. 즉 3
개의 奇句에만 韻을 使用하지 않았을 뿐 나머지 奇句에는 모두 韻을
달고 있는 것이 특징이다. 이와 같은 用韻法은 극히 드문 일이다. 이
詩는 고체시의 여러 가지 用韻法을 가정이 섞어 쓴 戲作이라 하겠다.

(2) 近體詩

近體詩의 押韻은 古體詩에 比해서 매우 嚴格하며 또 그 一定한
方法이 정해져 있다. 이는 古體詩에서 차츰 定刑化되기 始作한 詩의
韻律이 점점 一定한 形式 즉 가장 吟唱에 잘 맞는 形態로 歸納된 것
이다. 그러므로 詩人들은 近體詩의 形式이 韻律的으로 보아 가장 理
想的이라고 생각했던 것이다. 따라서 用韻에 있어서도 各 詩體마다
用韻法이 一定하게 規定되어 있었고 또한 徹底하게 지켜져야만 한
다. 近體詩에 있어 用韻의 嚴格함에 對하여 張正體는 다음과 같이
말하고 있다.

近體詩의 押韻은 絶對로 通韻이나 轉韻할 수 없다. 이것은 바로
近體詩의 精神이 되는 格律의 謹嚴함을 말하는 것이다. 만약 押韻을

너그럽게 해서 그 詩의 謹嚴한 精神이 나타나지 않는다면 이는 近體詩라고 말할 수가 없을 것이다.22)

이는 近體詩의 用韻法이 얼마나 嚴格했는가를 端的으로 보여주고 있다. 따라서 近體詩에 屬하는 絶句, 律詩, 排律 할 것 없이 모두가 韻을 다는 一定한 格式이 있다. 모든 近體詩는 一韻到底式으로 되어야 한다. 또 近體詩는 平聲韻을 使用하는 것을 正例로 삼고 있다. 稼亭의 近體詩 중에도 仄聲韻을 使用한 것은 없다.

近體詩는 平聲韻을 使用함을 原則으로 하나, 같은 平聲韻이라고 하더라도 各韻이 包括하고 있는 韻字의 數는 서로 같지가 않다. 어떤 韻目에는 매우 많은 글자가 屬해 있고, 어떤 韻目에는 매우 적은 글자만이 屬해 있다. 그러므로 넓은(寬) 韻은 韻字를 使用하기가 쉽지만 좁은(窄) 韻은 韻字使用에 군색함을 면할 수 없는 형편이 되고 만다. 絶對的은 아니지만 이와 같이 그 韻目에 屬한 글자의 많고 적음에 따라서 大體로 다음과 같은 4개의 韻類로 分類하기로 한다.

① 넓은 韻(寬韻) : 支·先·陽·庚·尤·東·眞·虞
② 넓지도 좁지도 않은 韻(中韻) : 元·寒·魚·蕭·侵·冬·灰 ·齊·歌·麻·豪
③ 좁은 韻(窄韻) : 微·文·刪·靑·蒸·覃·鹽
④ 달기 매우 어려운 韻(險韻) : 江·佳·肴·咸23)

위의 分類가 詩에 있어서 그대로 적용된다고 볼 수 없다. 이는 絶

---

22) 張正體·張停停,『詩學』上卷, 臺灣 : 商務印書舘, 民國六四年(1975), p.142. "近體詩的押韻 絶對不能通轉 因爲近體詩的精神 就是在於格律之嚴謹 如若押韻可以寬弛 就顯不出他的嚴謹精神 則不能稱爲近體詩也".

23) 洪瑀欽, 前揭書, p.41.

對的인 것은 아니며 各 詩人마다 그의 選好度에 따라서 매우 달라질
수도 있는 것이다. 稼亭도 勿論 寬韻이라고 해서 이 韻을 매양 使用
하고 있는 것은 아니다. 또 같은 寬韻이라고 해도 그 使用回數에 있
어서는 많은 差異를 보이고 있다.

　稼亭이 즐겨 사용한 韻目과 韻字를 알기 위해 近體詩 449首에 사
용된 韻目과 韻字를 보면 다음 表와 같다.

近體詩韻 使用頻度表

구분	韻目	詩數	絶句		律詩		韻　字
			七言	五言	七言	五言	
寬韻	支	42	19	7	9	7	詩(32)時(29)遲(17)期(7)知(5)危(5)師(4)癡(3)欺(3)悲(3)辭(2)奇(2)離(2)隨(2)私(2)司(1)思(1)基(1)龜(1)爲(1)炊(1)碑(1)窺(1)姿(1)緇(1)巵(1)兒(1)眉(1)追(1)儀(1)疑(1)池(1)絲(1)熙(1)飢(1)涯(1)差(1)
	先	36	14	·	18	4	年(18)煙(14)天(13)然(12)前(10)傳(7)迅(6)泉(4)錢(4)顚(4)筵(4)川(4)憐(4)賢(3)連(3)般(3)緣(3)仙(2)絃(2)先(2)遷(2)眠(2)懸(2)千(1)全(1)煎(1)肩(1)禪(1)廛(1)瓶(1)鋌(1)聯(1)氈(1)牋(1)牽(1)編(1)韉(1)田(1)
	陽	23	14	2	4	3	長(7)香(5)光(5)堂(4)陽(3)黃(3)蒼(3)忘(3)凉(2)傷(2)莊(2)妨(2)狂(2)腸(2)藏(2)岡(2)綱(2)忙(2)鄕(2)狼(2)場(2)强(2)章(1)張(1)塘(1)方(1)床(1)芳(1)荒(1)
	庚	40	12	3	23	2	行(25)情(21)明(14)聲(14)生(14)晴(11)迎(9)平(7)名(7)成(4)城(3)卿(3)驚(3)淸(2)橫(2)楹(2)京(2)輕(2)耕(2)羹(1)精(1)程(1)
	尤	35	23	1	8	3	頭(16)舟(8)留(8)樓(7)休(7)求(6)秋(6)流(6)遊(6)幽(5)州(5)愁(4)鷗(3)浮(3)游(3)羞(2)侯(2)周(2)謀(2)修(2)憂(2)洲(2)旒(2)籌(1)由(1)油(1)收(1)去(1)滿(1)俘(1)
	東	23	12	2	8	1	風(15)中(15)宮(7)窮(6)空(5)同(5)功(5)雄(5)東(4)翁(3)紅(3)工(2)虹(2)終(1)戎(1)融(1)通(1)籠(1)公(1)烘(1)叢(1)恩(1)鴻(1)
	眞	54	32	2	11	9	人(38)新(25)春(17)塵(13)親(11)身(10)眞(10)頻(7)隣(6)神(6)臣(4)民(4)珍(3)薪(2)濱(2)貧(2)秦(2)陳(1)嚬(1)巡(1)晨(1)荀(1)鱗(1)蘋(1)巾(1)辰(1)循(1)辛(1)賓(1)磷(1)伸(1)鈞(1)

	虞	6	5	·	1	·	都(8)儒(3)無(2)孚(2)途(2)殊(1)燕(1)虞(1)沽(1)隅(1)輸(1)夫(1)奴(1)樞(1)
中韻	元	15	3	·	7	5	門(9)昏(7)言(6)尊(6)村(4)溫(3)存(3)恩(3)孫(2)呑(2)原(2)根(2)元(2)園(1)魂(1)坤(1)喧(1)沅(1)奔(1)論(1)繁(1)煩(1)軒(1)暄(1)
	寒	16	8	·	5	3	難(14)看(7)冠(6)韓(5)寒(3)瀾(3)官(3)干(2)安(2)端(2)闌(2)寬(1)彈(1)殘(1)鞍(1)灘(1)歎(1)觀(1)餐(1)桓(1)嘆(1)
	魚	18	8	·	7	3	書(11)餘(10)初(9)廬(8)疎(6)知(6)居(5)慮(4)魚(4)除(2)漁(1)蔬(1)與(1)閭(1)躇(1)
	蕭	7	5	·	2	·	橋(4)朝(3)消(3)遙(2)驕(2)招(2)僚(2)蕭(1)宵(1)條(1)邀(1)聊(1)饒(1)樵(1)杓(1)苗(1)飄(1)謠(1)
	侵	15	9	1	3	2	心(13)深(7)尋(6)陰(6)林(3)琴(3)沈(2)金(2)音(2)侵(2)任(1)今(1)岑(1)吟(1)
	冬	4	2	·	2	·	峰(3)龍(2)鍾(2)容(2)封(2)松(1)春(1)塘(1)重(1)
	灰	21	14	2	1	4	來(19)開(12)臺(5)才(6)杯(5)催(3)堆(2)雷(2)迴(2)哀(2)苔(2)材(1)哉(2)恢(1)槐(1)孩(1)萊(1)
	齊	3	2	·	1	·	鷄(2)泥(2)齊(1)西(1)樓(1)迷(1)題(1)蹄(1)
	歌	10	6	·	3	1	多(10)何(4)過(4)波(3)歌(3)和(3)簑(2)羅(1)磨(1)坡(1)阿(1)荷(1)他(1)梭(1)
	麻	11	7	·	4	·	家(9)花(6)華(5)斜(4)霞(3)加(2)誇(1)鴉(1)沙(1)牙(1)賒(1)
	豪	10	9	1	·	·	高(9)勞(7)豪(2)袍(2)毛(1)褒(1)
窄韻	微	18	8	·	7	3	歸(16)違(7)非(7)衣(7)暉(4)闈(4)稀(4)依(4)飛(4)微(3)圍(3)扉(1)晞(1)磯(1)
	文	5	2	·	1	2	雲(5)君(4)聞(2)分(2)蚊(1)焚(1)文(1)欣(1)群(1)熏(1)
	刪	11	6	1	3	1	間(8)山(6)關(6)還(5)閑(4)顏(2)攀(1)慳(1)鬟(1)殷(1)艱(1)
	靑	12	8	1	2	1	亭(8)形(6)靑(6)庭(3)經(3)屛(3)醒(1)汀(2)靈(1)星(1)腥(1)
	蒸	4	1	·	3	·	燈(3)僧(3)冰(3)能(3)明(3)乘(2)勝(1)憎(1)
	覃	2	1	·	1	·	南(3)簪(2)蠶(1)堪(1)庵(1)藍(1)
	鹽	5	5	·	·	·	簷(4)廉(2)鹽(2)霑(1)添(1)兼(1)纖(1)嫌(1)鑯(1)潛(1)
險韻	江	·	·	·	·	·	
	佳	2	·	·	1	1	佳(2)涯(2)街(1)階(1)牌(1)懷(1)
	肴	1	1	·	·	·	交(1)嘲(1)
	咸	·	·	·	·	·	衫(1)
計		449	235	23	136	55	

* 五言排律 1首는 五言律詩에 포함함.

위의 表에서 볼 수 있듯이 稼亭은 險韻인 江·咸의 두 韻目을 除外한 모든 韻目을 活用하여 作詩하였다. 또한 大體로 寬韻의 韻目을 즐겨 使用하고 있다. 寬韻 中에서도 眞韻으로 押韻한 詩가 54首로 가장 많고 虞韻은 같은 寬韻이지만 6首의 詩만 남기고 있다. 또 中韻에는 灰韻을 使用한 것이 21首로 가장 많고, 齊韻의 詩는 3首밖에 없다. 窄韻이라고 하더라도 微·刪·靑韻은 中韻에 못지않은 많은 詩를 남기고 있다.

近體詩에 있어서 七言詩와 五言詩는 그 用韻의 方法에 있어 多少의 差異가 있다. 七言詩의 경우에는 首句에 押韻한 것을 正例로 삼고, 押韻하지 않은 것을 變例라고 한다. 그러나 五言詩의 경우에는 首句에 押韻하는 것이 變例이고, 押韻하지 않은 것이 正例로 되어 있다. 그러므로 七言律詩의 경우 第一·二·四·六·八句에 韻을 달며, 第三·五·七句에는 韻을 달지 않는 것이 正例인 것이다. 따라서 七言絶句는 세 개의 韻字를 使用한 것이 正例이고, 두개의 韻을 단 것이 變例가 된다. 그러나 五言絶句의 경우에는 두개의 韻字를, 五言律詩의 경우에는 네 개의 韻字를 使用하는 것이 正例이고 세 개의 韻, 다섯 개의 韻을 使用한 것이 變例가 된다.

稼亭의 詩에도 이와 같은 正·變例의 詩들이 모두 使用되고 있다. 그러나 變例의 詩는 正例에 비해 極少數에 해당된다. 五言詩에는 變例에 해당하는 詩가 한 首도 없다. 七言 律詩의 경우 136首의 詩中 變例로 된 詩는 「中秋宿五溪驛」[24] 한 首가 있을 뿐이다. 그러나 七言絶句에는 비교적 變例가 많다. 七言絶句 235首 中에는 變例의 詩가 23首 들어 있다. 그러므로 總 449首의 近體詩 中 用韻에 있어 變

---

24) 稼亭集 卷19.

例에 해당하는 詩는 24首로 5.4%에 해당한다. 이는 바로 稼亭이 詩
作함에 있어 用韻에 正確함을 期하려는 意識이 確固했으며 매우 신
중했다는 것을 보여준 것이다.

七言詩의 경우 首句에 隣韻으로 押韻한 詩가 있다. 이것은 首句에
通韻한 것으로 七言律詩에 14首, 七言絶句에 22首가 있다. 그러나
이것은 엄격한 意味에서는 通韻이 아니다. 首句에는 韻을 使用해도
되고 使用하지 않아도 된다. 그러므로 首句에 隣韻의 글자로 押韻한
方法은 詩人들 사이에 用韻의 技巧로 즐겨 使用되는 方法이 된 것
이다. 이 같은 用韻法에 對하여 王力은 다음과 같이 말하고 있다.

盛唐以前에는 이러한 例가 매우 적었으나 中唐·晚唐에 이르러
점점 많아졌다. 이렇게 된 것이 일종의 氣風을 형성할 줄이야 누가
알았겠는가. 宋人들의 首句에 隣韻을 使用했음은 意識的이었던 것
같은데, 거의 하나의 時流이었는 듯 갈수록 점점 더 많아졌다.[25]

이로 미루어 볼 때 宋代에 流行한 首句 襯韻의 用韻法을 稼亭도
잘 알고 있었을 것이며, 用韻法의 한 技巧로 받아들였을 것이다. 稼亭
이 남긴 이 用韻法에 의한 36首의 詩는 正例에 해당된다. 이는 一種
의 通韻法이라고도 볼 수 있으며, 隣韻의 範圍는 特殊한 것을 除外
하고는 詩韻의 차례에 依하여 서로 가깝게 排列했거나 소리가 비슷
한 것을 隣韻으로 생각했다. 이는 ① 東·冬 ② 支·微·齊 ③ 魚·
虞 ④ 佳·灰 ⑤ 眞·文·元·寒·刪·先 ⑥ 蕭·肴·豪 ⑦ 庚·
靑·蒸 ⑧ 覃·鹽·咸 等 여덟 가지로 區分할 수 있다.[26] 稼亭의 경

---

25) 王力, 前揭書, p.53. "盛唐以前 此例甚少(下面只擧得李頎杜甫劉長卿王維各一首),
中晚唐漸多 誰知這樣一來 竟成了一種風氣 宋人的首句用隣韻似乎是有意的 幾乎
可說是一種時髦 越來越多了", 洪瑀欽, 前揭書, p.43. 재인용.

26) 洪瑀欽, 前揭書, p.51.

우에도 거의가 이 分類에 따르고 있다. 그러나 詠史詩 五處士에는,

「五處士」[27]
不駕安車向畏途
林泉高臥百無憂
陳公莫逆吾儕意
漢鼎寧爲錮黨留

途·憂·留의 3字를 韻字로 쓰고 있다. 憂·留는 下平聲 第十一 尤韻에 속해 있다. 그러나 首句에 使用된 途字는 上平聲 第七 虞韻에 속해 있는 글자이다. 上平聲과 下平聲은 原則的으로 通韻할 수 없다. 또,

「孔褒」[28]
張儉亡來罪及孥
破家相納尙如毛
一門爭死尤堪惜
恩少君王竟坐褒

「次韻答家兄」[29]
辭親又復客燕都
苦憶庭闈侍奉勞
謾把詩篇吟陟岵
雲山東望際天高

---

27) 稼亭集 卷15.
28) 稼亭集 卷15.
29) 稼亭集 卷18.

少年辛苦寓松都
常愧慈親織屨勞
此日淸貧猶似舊
官高不必與名高

「用家兄詩韻寄示兒子訥懷」[30]
男兒須宦帝王都
若欲致身均是勞
汝識宣尼小天下
只緣身在泰山高

三十年前懶讀書
虛名却嘆白頭餘
汝今當惜分陰學
富貴可求緣木魚

등 모두 6首의 詩가 下平聲 第四 豪韻의 글자로 押韻하고, 上平聲
第七 虞韻의 글자인 都·拏로 首句에 襯韻하고 있다. 이는 隣韻의
範圍를 唐宋詩人의 舊規에 따르지 않고 當時 時俗韻에 의한 것이라
보여 진다. 이와 같은 例로,

「壽揭以忠二絶」[31]
弧矢高門志四方
宦遊萬里近扶桑
願君到處逢今日
酒滿金樽客滿堂

---

30) 稼亭集 卷18.
31) 稼亭集 卷15.

決獄陰功已外彰
夜來南極見星光
病夫閉戶渾無事
謾寄新詩當壽觴

에 前 首의 桑·堂의 二字로 本韻을 삼고, 首句에는 方字로 押韻하
고 있다. 前二字는 陽韻이고, 後一字는 蒸韻의 글자이다. 事實上 隣
韻의 範圍가 明文化된 規則이 아니라는 點에서 보면, 이 같은 用韻
을 잘못이라 할 수는 없다.

이와 같은 七言詩 中 首句에 隣韻을 使用한 詩中에서 그 例로
微·支韻이 서로 相通된 二首를 들면 다음과 같다.

「與東國觀光諸生遊西山」

湖山勝景世間稀　千里同遊本不期

瘦馬蹇驢誰復數　清風明月自無私

萬夫力盡東西寺　二聖心存左右碑

須信此行天所賦　晩來雲雨更催詩[32]

「中秋夜坐」

年年此夜幾篇詩　風露凄迷透薄衣

已分勞生長作客　每逢佳節倍思歸

浮雲礙月底心性　美酒盈樽無是非

想得故山秋正熟　兒孫笑語侍庭闈[33]

---

32) 稼亭集 卷16.

위 詩에 ★表는 微韻의 글자이고, ●表는 支韻의 글자이다. 卽, 前者는 微韻으로 支韻을 돕고 있으며, 後者는 支韻으로 微韻을 돕고 있는 詩이다. 이 用韻法은 우리나라에도 널리 알려진 用韻法인듯 하다. 朝鮮中期 退溪의 詩에도 이와 같은 用韻法이 使用되고 있다. 이에 대하여 王甦敎授는 "마치 외로운 기러기가 홀로 나는 것과 같은데 次句에서 本韻으로 押韻하여서 마치 외로운 기러기가 무리 가운데로 날아 돌아오는 것과 같기 때문에 '飛雁入群'이라 부른다."[34]고 하였다. 稼亭의 詩 中에서 首句에 隣韻을 使用한 36首 詩의 隣韻範圍와 그 頻度를 뽑아보면 아래 표와 같다.

首句隣韻 使用表

分類 區分	東·冬		支·微 ·齊		佳·灰·眞·文·元· 寒·刪·先						庚·靑·蒸·歌· 麻					기타			계
本韻	東	冬	支	微	佳	寒	刪	寒	眞	元	靑	庚	庚	歌	麻	尤	豪	陽	
隣韻	冬	東	微	支	灰	元	寒	刪	先	眞	庚	蒸	靑	麻	歌	虞	虞	蒸	
詩數	2	3	3	2	1	2	2	1	1	1	2	1	1	3	3	1	6	1	36

위 表와 같이 首句에 隣韻을 使用한 詩와는 反對로 末句에 隣韻을 使用하여 通韻한 詩도 一首 있다.

「寄兪正言」[35]

千年文物舊松都 此日弓招起碩儒

白髮郎官今更少 先生且莫染髭須

---

33) 稼亭集 卷18.

34) 王甦, 『退溪詩學』, 李章佑 譯, 退溪硏究院刊, 1981. 4.30, p.53.

35) 稼亭集 卷18.

위 詩 起·承句에 使用된 韻字인 都·儒는 虞韻에 屬하는 글자이고, 末句에 頭字는 尤韻에 속하는 글자이다. 稼亭이 虞·尤韻을 隣韻으로 使用한 것은 이미 앞에서 살핀 바와 같다. 이와 같이 末句에 隣韻으로 通韻한 것은 首句와는 다르게 出句에 해당된다. 그러나 末句에 隣韻으로 通韻한 出韻은 詩人들 사이에는 가끔 用韻技巧로 使用된 出韻인 것 같다. 退溪詩와 東坡詩에도 이와 같은 경우가 보이는 바, 이러한 用韻法을 詩家들이 "飛雁出群"이라고 불렀다.36) 稼亭도 東坡와 같은 前輩들의 用韻法에 影響을 받아 지어 본 詩라 하겠다.

詩人들이 가장 꺼리는 것은 出韻이다. 近體詩에 있어서 出韻도 하나의 用韻인 것이다. 그러나 때에 따라서는 다음과 같은 作家의 意圖的인 出韻도 있다.

「自詠效樂天體」37)

年過五十可知非　尙爾馳名何大癡

了了聰明隨日減　凉凉行止與時違

人譏鼻赤因耽酒　自識鬢霜豈爲詩

更是家貧親亦老　百盤心計不如歸

위 詩에 使用된 韻字를 보면 第一·四·八句에는 微韻에 속한 글자로 押韻하고 있으며, 第二·六句에는 支韻의 글자를 使用해서 通韻하고 있다. 이와 같은 通韻의 遞換使用方式은 稼亭보다 조금 前에 活躍한 中國詩人 元好問(1190~1257)의 詩에도 무려 19首나 들어

---

36) 王甦, 前揭書, p.59.

37) 稼亭集 卷19.

있다. 이에 대하여 吳美玉은 元代 北曲의 用韻方法에서 影響을 받은
것이라고 推定한 바 있다.[38] 元遺山의 詩中에 위의 稼亭의 詩와 같
이 支·微의 二韻을 서로 遞換通押한 詩를 參考로 例를 들까 한다.

歷歷興亡敗局棊 登臨疑夢復疑非

斷霞落日天無盡 老樹遺臺秋更悲

滄海忽驚龍穴露 廣寒猶想風笙歸

從敎盡錢瓊華了 留在西山儘淚垂[39]

위 元遺山의 詩는 第一·四·八句에는 支韻을, 第二·六句에는
微韻을 使用 押韻하고 있다. 그러므로 이와 같은 遞換通韻의 方法은
詩人들 사이에 一般化되지는 않았지만 元代 一部詩人들 사이에는,
用韻에 있어 一種의 技巧로 받아들여진 것이라고 보여 진다.
  以上과 같이 作家의 어떤 意圖的인 出韻이 아닌 어쩔 수 없이 出
韻한 경우는 作家가 韻을 쓰기 힘든 窄韻의 경우 內容을 위해 할 수
없이 出韻한 것이다. 例를 들면 다음과 같은 詩가 그것이다.

「寄同年柳翰林」[40]

世事微才百不堪 徇身聊復事耕蠶

詩場苦戰思良將 交道重逢憶破衫

魂夢尋君到亭北 雲山挽我滯江南

38) 吳美玉, 元遺山詩研究, 臺灣大 中國文學研究所 碩士論文, 1977, p.121.
39) 上揭書, p.120.
40) 稼亭集 卷15.

何時和取緇衣什 櫪馬聲中更盍簪

　위 詩는 窄韻인 覃韻을 使用한 例다. 그러나 第四句에 押韻된 衫字는 隣韻인 咸韻에 속한 글자이다. 古體詩의 用韻法중 通韻의 偶然出韻의 用韻法과 同一하다. 이는 作家의 意識的인 韻의 排列도 아니며, 또 次韻詩와 같이 限韻되고 있는 詩도 아니다. 이는 作家가 內容을 위해 詩韻을 어길 수밖에 없었던 것이다. 이와 같은 作家의 고충은 그 앞 句인 「詩場苦戰思良將」이란 詩語에 잘 나타나고 있다. 이 詩는 그의 많은 近體詩中 出韻할 수밖에 없었던 事情을 보여주는 詩이다.

　韻字를 選擇하는 것이 모두 自意에 依하여 이루어지는 것은 아니다. 때로는 自意에 따르지 아니하고 韻字가 미리 定해져 있는 경우도 있다. 이와 같은 用韻法으로는 限韻이 있다. 이 限韻은 試驗場 또는 詩人들의 詩會 等에서 使用하던 것이다. 以外에도 韻字가 限定되는 경우로는 和詩·次韻 등이 있다. 和詩란 一唱一和의 方法으로 宋代以後에는 大部分 原韻에 依하여 作詩를 했기 때문에 이를 次韻·步韻·和韻이라고 하였다. 이는 古人의 어떤 詩에 和答한 詩다. 그러므로 韻字가 限定되는 것은 次韻과 다를 것이 없다. 韻字의 順序에 있어서도 그 차례를 바꿀 수도 없음은 勿論이다. 前人의 詩에 押韻된 順序대로 韻을 써야 하며 韻字를 바꿀 수도 없으므로 作詩함에 매우 많은 制限點이 주어진다. 그러므로 이와 같은 限韻詩는 高度의 詩的 修鍊을 要하는 것이다.

　稼亭의 詩 中에는 次韻 詩가 매우 많다. 七言律詩 114篇中에는 이와 같은 次韻·用韻의 詩가 41篇이나 들어 있다. 이는 「次越松亭詩韻」「用家兄詩韻」「和長生七夕」等의 例와 같이 그 題目에 밝혀 놓

고 있다. 稼亭의 次韻한 詩는 主로 作家가 旅行하면서 亭子나 客舍
에 걸린 詩들의 詩韻을 次韻한 것이다.

이와 같은 것 외에도 自身이 스스로 자기 詩에 韻을 制限하는 方
法이 있다. 이는 自身이 이미 使用한 詩韻을 또 使用하는 것으로 疊
韻이라고 한다. 稼亭詩에 使用된 疊韻의 形態는 同一한 題目 아래
여러 首의 詩를 連作하는 경우이고, 또 다른 하나는 서로 다른 篇에
같은 韻字를 使用하여 다시 시를 짓는 경우이다. 이 두 경우의 詩가
稼亭의 詩에도 매우 많이 보이고 있다. 이와 같은 疊韻의 詩에 대하
여, 張正體는 이 方法을 너무 지나치게 使用하면 부르기 싫은 노래
를 억지로 연주하는 것과 같아서 「疵病百出」한다고 했다.41)

稼亭의 詩中 「阻雨書懷寄鄭仲孚」42) 「仲孚見和復作六首」43) 「仲
孚再和喜晴仍約遊西湖復作四首」44) 等 三題 11首는 모두 庚韻인
晴, 行, 明, 情, 聲 等의 다섯 字로 押韻하고 있다. 이는 바로 稼亭이
疊韻詩에 매우 能했음을 보여주는 좋은 例라고 하겠다.

2) 平仄

詩語는 音樂的인 要素를 그 重要한 特性으로 한다. 中國語는 字
數律과 함께 音聲律도 基本的인 律格으로 삼고 있다. 그러나 이 格
律은 時代에 따라서 變化하여 점점 音樂的인 要素를 보다 잘 表出
할 수 있는 方向으로 發展되어 온 것이다. 따라서 漢詩는 古詩에서
점차 發展하여 律詩로 變化해 왔다. 즉 近體詩는 古體詩와 다르게

---

41) 張正體外, 前揭書, p.156.
42) 稼亭集 卷17.
43) 稼亭集 卷17.
44) 稼亭集 卷17.

一定한 平仄의 格式이 있게 된 것이다.

稼亭의 近體詩 五言律詩는 仄起式이 38首 平起式이 17首로 仄起式이 훨씬 많다. 그리고 七言律詩 역시 仄起式을 사용한 것이 74首로 平起式을 사용한 62首보다 더 많다. 七言絶句 역시 仄起式이 120首로 平起式 115首에 비해 5首가 더 많다. 그리고 稼亭의 定形詩 中 平仄法을 벗어난 「拗」體가 상당히 보인다.

中國에서 여러 해를 벼슬하며 생활한 稼亭은 中國音律에 자연 能하였을 것이다. 高麗人으로서 누구나 자연스럽게 지을 수 없는 詞를 稼亭은 3調 10首를 지어 그의 音韻的 실력을 보이고 있다. 그러한 稼亭의 詩에는 의도적으로 平仄法에 맞지 않는 여러 편의 拗體를 남기고 있다.

徐居正은 詩話集 「東人詩話」 卷上 五則에서 鄭知常이 拗體를 잘함을 칭찬하고 있어 拗體를 구사함은 詩에 能한 자가 하는 音律의 技法임을 말해 주고 있다.

本節에서는 이러한 拗體 형식의 稼亭詩를 찾아 몇 수의 例를 들고자 한다.

(1) 五言

自君在東省　有口說淸貧
始慕曳裾客　終慙入幕賓
平生唯節義　出處豈緇磷
別酒休辭醉　黃花笑殺人[45]

好雨時能至　幽人夜不眠

---

45) 稼亭集 卷15, 送許理問.

畝鍾膏土脈　薪桂濕廚煙
燕壘低初補　花房重倒懸
爲農豈難事　吾又負今年46)

相國知名早　夫人配德光
死生皆有命　富貴更堪傷
丹旐春風拂　香奩曉月歲
思封自天子　赤縣遠流芳47)

客路逢寒食　離亭對夕暉
宦游人易老　心計事多違
四海知音少　三韓信使稀
青山有成約　羨子得先歸48)

意專尋勝景　早出故城門
仙去松亭廢　山藏石竈存
人情有今古　物像自朝昏
不是曾來此　聞言謂不根49)

　　위에서 例를 든 五言律詩 中의 第4字에 仄聲이 들어갈 자리에 平
聲字를 넣고 第3字의 平聲이 들어 갈 자리에 仄聲字를 앉혔다. 이는
第4字를 고치기 위함이라기보다 第3字의 平聲자리를 仄聲으로 바꿔
語感을 높이고 뜻을 강조하기 위함일 것이다.

---

46) 稼亭集 卷17, 春雨二首 其一.
47) 稼亭集 卷19, 哭金理問夫人大興縣君.
48) 稼亭集 卷18, 重送.
49) 稼亭集 卷19, 次寒松亭醴泉君所題韻.

(2) 七言

男兒須宦帝王都　若欲致身均是勞
汝識宣尼小天下　只緣身在泰山高50)

有恩未報可無嫌　道似先生尙典籤。
看取英雄古今事　不如松菊醉陶潛51)

玆山怪怪復奇奇　愁殺詩人與畫師
更欲登臨最高處　噫臍脚力未衰時52)

關東到處是方瀛　海上秋山列錦屛
此是神仙舊遊地　扁舟緩緩傍長汀53)

위의 七言絶句 4首는 모두 平起式 平聲韻 格式의 詩로서 第3句의 平仄法은 仄仄平平平仄仄이 定例이나 稼亭은 이들 句에서 모두 第6字 仄聲이 놓일 글자를 平聲字로 정하고 第5字의 平聲자리에 仄聲으로 바꿔서 앉혔다. 拗體는 平聲을 仄聲으로 바꾸는데 의의가 있는 만큼 第5字를 仄聲으로 바꾸기 위해 第6字를 平聲으로 바꿔 놓았다고 해야 옳은 것이다. 稼亭은 이렇게 의도적으로 拗를 취하여 詩의 뜻과 音을 동시에 提高시키고 있다.

이는 稼亭이 平仄法에 벗어난 것이 아니라 오랜 세월 中國에서 수학하고 벼슬하며 생활하고 시작한 그의 中國語音의 高低長短에 능

---

50) 稼亭集 卷18, 用家兄詩韻寄示兒子訥懷.
51) 稼亭集 卷19, 寄安康李先生.
52) 稼亭集 卷19, 登金剛山正陽菴.
53) 稼亭集 卷19, 次高城壁上三日浦詩韻.

숙한 실력에서 나온 의도적인 詩的技巧로 보아야 할 것이며 아울러
稼亭의 詩에서 얼마나 뜻을 중요시 했는가도 볼 수 있다.

　이상의 韻律에서 살펴 본 稼亭의 韻律사용은 古體詩는 비록 그 數
的인 面에 있어서는 30餘首에 不過하나 그 用韻에 있어서는 古體詩
의 各種 用韻法이 使用되고 있다. 그 中 가장 많이 使用된 것이 本韻
이다. 平韻의 本韻詩가 13首, 仄韻의 本韻詩가 10首로 모두 23首가
本韻을 使用하고 있다. 通韻의 方法을 使用한 것은 7首이다. 韻의
範圍로 보아 6首가 兩韻相通의 方法을 使用했으며 1首만이 三韻相
通의 方法으로 지어진 것이다. 또 通韻의 方式으로 보아 偶然出韻은
보이지 않으며 等立通押이 1首이고 나머지 6首가 主從通押으로 그
主를 이루고 있다. 轉韻을 使用한 詩가 3首 있지만 모두 次韻한 것
이다. 奇句韻에 있어서는 7言 18首 中 13首가 首句에 韻을 使用하고
있으며, 五言 11首中에는 次韻詩 1首만이 首句에 押韻하고 있다. 또
首句 押韻에 있어 律詩와 같은 8句詩에는 襯韻을 使用하고 있는 것
은 다분히 近體詩的 感覺에서 이루어진 것이라고 하겠다. 前奇句에
押韻하는 柏梁臺聯句도 1首 있다. 또 古體詩에 使用되는 모든 用韻
法을 使用한 詩도 1首가 傳한다. 이는 그 例가 드문 것이다. 古體詩
의 用韻에 있어 稼亭은 比較的 多樣한 用韻法을 驅使하고 있으며
近體詩의 影響도 看過할 수 없을 것이다.

　稼亭의 近體詩 449首에는 險韻인 江·咸의 두 韻目을 除外한 28
개 韻目에 걸쳐 用韻하고 있다. 韻의 使用 範圍가 比較的 넓다고 하
겠다. 그 中 寬韻인 平聲 眞韻으로 押韻한 詩가 54首로 가장 많다.
또 首句의 押韻에 있어서는 五言은 모두가 首句에 押韻하지 않은 正
例를 取하고 있으며 七言律詩는 1首만이 變例를 取하고 있다. 그러

나 七言絶句의 境遇에는 變例가 多少 많아 23首의 詩가 變例를 다르고 있다. 이는 絶句를 律詩보다 덜 嚴格한 詩體로 認識했기 때문일 것이다. 宋代에 널리 流行한 襯韻의 詩는 七言律詩가 14首 七言絶句가 22首로 모두 36首에 이른다. 詩人이 가장 꺼리는 出韻은 意圖的인 詩의 技巧로 使用된 것과 意를 위해 出韻한 것이 있다. 末句가 出韻한 飛雁出群의 詩가 律詩 中 1首가 있으며, 또 元代 北曲의 影響으로 形成되어 一部詩人들이 使用했던 遞換使用方式을 使用한 律詩도 있다. 이로 보아 稼亭은 韻의 使用方式도 多樣했으며 當時 中國에서 使用되던 用韻法을 우리나라에 導入하여 우리나라 漢詩의 多樣性을 擴大했다고 하겠다. 意를 爲해 出韻을 한 詩는 1首에 不過하다. 이와 같은 點으로 미루어 볼 때 稼亭의 用韻은 比較的 嚴精하다고 할 수 있다.

近體詩 五言律詩의 경우 仄起式이 平起式보다 많으며, 七言律詩 역시 仄起式이 平起式보다 조금 많은 편이다. 그러므로 稼亭은 平起式보다는 仄起式의 平仄 格式을 더 즐겨 使用했다고 하겠다. 稼亭의 近體詩 中에는 많은 拗句들이 나타나고 있음을 알 수 있었다.

2. 修辭

稼亭의 詩에 修辭的인 기교가 많이 發見된다. 그러므로 本項에서는 漢字의 特性에 基因하여, 詩의 音樂的 言語美를 살리는 修辭法인 類疊과, 또한 漢詩特有의 言語形式인 對偶, 그리고 內容的인 面에 있어 心象, 比喩, 象徵 等에 대하여 살펴봄으로써 稼亭詩의 修辭的 特性을 밝혀 보고자 한다.

1) 類疊

漢字가 가지는 單音節이란 特性으로 因해서 同一한 글자나 語句들이 反復될 때에는 새로운 意味나 情感을 表現할 뿐 아니라, 微妙한 音樂性도 가지게 된다. 이 같은 同一한 글자나 語句들이 反復되는 것을 類疊이라고 부른다. 이는 一種의 反復이라고 할 수 있다. 反復(Repetition)의 詩語的 效果는 統一性과 强調라고 하겠다.[54] 이는 修辭上에 있어 心理學과 美學에 根據하고 있는 것으로, 內容으로 보아, 單音詞・複音詞・語句의 類疊이 있고, 方式으로 보아, 連接과 隔離의 두 方式이 있다. 이에 따라, 疊字・類字・疊句・類句 等으로 나누어진다.[55] 稼亭詩에는 疊字와 類字가 相當數 使用되고 있으며, 疊句와 類句는 그 使用例가 거의 보이지 않는다. 이는 稼亭의 詩가 大部分 近體詩라는 特性 때문일 것이다.

(1) 疊字

疊字란 單音節連接의 類疊을 말한다. 稼亭의 詩에 使用된 疊字를 圖表로 만들어 본다.

疊字	紛紛	時時	衰衰	處處	茫茫	年年	悠悠	區區	遲遲	依依	杳杳	事事	家家	蕭蕭	鬱鬱	款款	往往	忽忽	嗟嗟	熙熙	颺颺	夜夜
回數	11	7	5	5	5	4	4	3	3	3	3	3	3	3	3	3	3	4	2	2	2	2
疊字	昏昏	纖纖	搬搬	日日	緩緩	泠泠	悒悒	赫赫	摵摵	陶陶	星星	藉藉	因因	果果	輝輝	漠漠	悄悄	濟濟	兀兀	硜硜	磔磔	恢恢
回數	2	2	2	1	1	1	1	1	1	1	1	1	1	1	1	1	1	1	1	1	1	1
疊字	搖搖	頻頻	細細	塵塵	利利	頭頭	盈盈	扎扎	飛飛	灩灩	融融	欣欣	浪浪	深深	瞳瞳	耿耿	浩浩	靄靄	陰陰	絲絲	沈沈	寂寂
回數	1	1	1	1	1	1	1	1	1	1	1	1	1	1	1	1	2	1	1	1	1	1
疊字	役役	倣倣	勤勤	涼涼	縮縮	怪怪	奇奇	故故	下下	得得	猗猗	了了	巍巍	篇篇								
回數	1	1	1	1	1	1	1	1	1	1	1	1	1	1								

---

54) ALEX PREMINGER PRINCETON ENCYCLOPEDIA OF POETRY AND POETICS, (PRINCETON UNIVERSITY PRESS 1974), p.699.

55) 黃慶萱, 『修辭學』, 臺北 : 三民書局, 民國61年, p.413.

위 表에서 볼 수 있는 것처럼, 모두 80種에 14回를 使用하였다. 그의 詩를 總 480여首로 볼 때, 대강 세 수에 한 수 꼴로 疊字를 頻度 높게 使用하고 있다. 그가 使用한 疊字는 古體詩에 對句로 使用된 例가 많다. 이에 比해, 五言詩에는 그 用例가 아주 적다. 이는 詩體의 特性과 關聯된 것으로 보여 진다.

疊字의 使用은 이미 詩經詩에 그 用例가 많이 보이는 것으로, 그 由來가 매우 멀다. 그러나 近體詩의 成立과 함께 疊字 使用도 차츰 줄어들기 始作했다. 이 같은 現象은 後代에도 그대로 이어져, 後代 詩人들도 疊字는 주로 古體詩에 많이 使用했었다.[56] 그러나, 稼亭은 古體詩가 아닌 近體詩에도 疊字使用의 用例가 적지 않다.

劉若愚는 疊字를 强調를 위한 것, 새로운 複合語를 만들기 爲한 것, 習慣的인 것 等으로 三大分하고 있다.[57]

卽, 動詞나 形容詞 같은 用言을 重複하면, 强調의 意味를 지니게 되고, 名詞나 數詞 같은 體言을 重複하면, 副詞的인 새로운 意味를 갖게 된다. 그러므로 單字로는 表現이 어려운 擬聲·擬態·强調 等을 情感있게 表現하기 위해서는, 疊字의 使用이 필요하다. 勿論, 單字만으로 表現할 수 없는 것은 아니다. "斗文赫赫 如新磨"[58]와 "功業赫然超兩漢"[59]의 兩句에 있어 "赫赫"과 "赫然"의 提示的 意味는 大同小異하다. 그러나 詩的 效果에 있어서는 매우 많은 差異를 주는 것이다. "茫然·悠然·杳然·陶然·忽然" 等도 疊字와 같이 倂行하여 稼亭의 詩에 使用되고 있다. 그러나 疊字와 比較해 볼 때, 그 指

56) 吳美玉, 『元遺山詩硏究』, 嘉新水泥公司文化基金會, 民國65年, p.70.
57) 劉若愚, 『中國詩學』, 李章佑譯, 汎學圖書, 1976, p.54.
58) 稼亭集 卷14, 闍婆刀用前輩韻.
59) 稼亭集 卷14, 唐太宗六駿圖.

示 意味는 같다고 하더라도, 詩人의 情感이나 詩的 音樂性에 있어서
는 많은 差異를 보이고 있다. 稼亭詩에 使用된 疊字를, 다음과 같이
大別하여 考察해 볼 수 있다.

① 情感

詩에 있어서 모든 疊字는 情感과 關聯을 맺는다고 말할 수도 있
다. 같은 意味를 가진 많은 疊字들이 存在한다. 그 中에서 어느 것을
選擇하여 詩에 使用하는가를 作家의 心理狀態와 詩的 雰圍氣에 左
右된다. 이는 詩가 情緖의 表現이라는 點에서 더욱 그 意味가 强調
된다고 할 수 있다.

> 嗟嗟遠類字 爾心胡不平60)
> 嗟嗟玉樹倒詞林 詩酒當年託契深61)

위 詩의 "嗟嗟"는 感歎詞로서, 感情의 直接的 表現이다. 世上事는
모두가 마음대로 될 수 없고, 人間으로서는 어쩔 수 없는 경우가 많
다. 이럴 때 人間은 그 마음을 歎息으로 表現할 수밖에 없다. 이는 自
身이 處한 現實을 克服할 수 없을 때, 自然히 일어나는 感情이라고
하겠다. 高麗末의 混亂한 時代에 살았던 稼亭이 農民들의 困難이나
人材들이 제대로 待接받지 못한, 時代狀況下에서 이 같은 歎息이 나
올 수밖에 없었을 것이다. 답답한 自身의 心情을 直接的으로 表現한
에 强調의 뜻을 가진 疊字를 使用한 것은 매우 效果的이다.
　위와는 달리 間接的으로 自己의 心理狀態를 表現하는 方法도 있다.

---

60) 稼亭集 卷14, 紀行一首.
61) 稼亭集 卷18, 哭仲孚司議.

身世悠悠入倚樓 此樓更在國西頭[62]

悒悒詠秋扇 望絶等君車[63]

我縱閑遊心悄悄 千里煙波空滿目[64]

耿耿此懷誰與說 南窓力疾强題詩[65]

　위에 使用된 疊字들은 모두 그의 마음을 잘 表現해 주고 있다. 亂世를 살아가는 知識人의 苦惱를 드러내 주고 있다. 근심하는 마음을 表現하는 동시에 自身의 삶이 限없이 길게만 느껴지는 情感도 함께 表出하고 있다. 班姬好의 故事를 빌어 自身의 슬프고도 답답한 心情을 悒悒이라 表現한 것도 疊字 使用의 妙味를 보여준 例이다. 遊覽을 다니면서도 農民들을 근심하는 마음을 悄悄라고 한 表現도 그 心思를 情感있게 나타내어 준다. 여러 가지 근심과 걱정으로 한 時도 마음을 놓지 못함을 耿耿이라 表現하고 있다. 이는 病中에도 마음을 늦추지 못하는 詩人의 마음을 疊字 使用으로 더 哀切하게 나타내고 있다. 이와 같이 稼亭의 詩에 使用된 情感의 疊字는 주로 沈鬱한 心理狀態를 表現한 것이 많고, 그와 反對인 것은「諸公袞袞且欣欣」[66]의 一句일 뿐이다. 이는 亂世를 살아가는 知識人의 마음을 잘 反映해 주는 것이다. 稼亭은 恒常 나라를 걱정하고, 또 國民生活의 基本이 되는 農業・農民에 대한 근심은 끊임 없었다. 이 마음을 稼亭은 疊字를 使用해 잘 담고 있다.

---

62) 稼亭集 卷18, 題義州新樓.

63) 稼亭集 卷14, 妾薄命 二首.

64) 稼亭集 卷14, 過龍堂長岩二祠.

65) 稼亭集 卷17, 病中述懷.

66) 稼亭集 卷14, 員之仲權同拜玉堂.

② 時間과 空間

　　疊字를 使用하여 時間을 나타내는 方法은 作家의 情感과 많은 關
聯을 맺고 있다. 詩人의 마음이 괴롭거나 지루할 때에는 조금의 時間
도 길고 지루하게 느껴질 것이다. 稼亭은 이 時間 疊字도 적절하게
使用하고 있다.

　　　　　勝遊仍處處 樂事亦時時[67]

　　　　　歲時還疑疑 此別更念念[68]

　　　　　時時共和白雲篇 夜夜相對金聯炬[69]

　　　　　望雲日日慙高鳥 對月時時憶古人[70]

　　以上과 같은 時間에 關聯된 疊字들은 어떤 事實을 傳達하는 것이
라기보다는 作家가 느끼는 情感의 깊이를 더해주고 있다. 이 같은 疊
字의 大部分이 誇張法처럼 使用되고 있다. 稼亭은 自身이 느끼는 情
感을 切實하게 表現하고자, 이러한 疊字를 使用했다. 稼亭은 위에서
본 바처럼 기쁜 일보다는 슬픈 일이 더 많았음에도 「樂事亦時時」라
고 하고 있다. 이는 事實보다는 作詩할 때의 情感表現이라 하겠다.
또 똑같은 時間을 나타냄에 疑疑와 念念의 두 가지 相對的인 表現
을 한 것은 時間의 槪念에 있어서 어떤 尺度를 가진 것이 아니라, 詩
人이 느끼는 情感의 尺度라는 點이 明確하다. 歲月은 지루하게 흐르

---

67) 稼亭集 卷17, 次韻仲孚東萊 十首.
68) 稼亭集 卷16, 送洪義軒歸國.
69) 稼亭集 卷14, 送安員之南歸.
70) 稼亭集 卷17, 病中述懷.

는 것 같지만, 離別의 時間은 너무 빠르게 흘렀다고 느끼는 것은 人
之常情이다. 時時·夜夜·日日 等 時間 中에 頻度에 關聯된 疊字들
도 모두 詩人의 情感과 密接한 相關이 있다.

　空間에 關係된 疊字들도 모두 時間 疊字와 같이, 作家의 情感에
따라 달라질 수 있다. 똑같은 넓이의 空間도 느끼기에 따라서는 넓게
도 或은 좁게도 느껴지기 마련이다.

仙遊處處同玄圃 俗尙家家事梵雄71)

三島茫茫天共遠 百川浩浩海幷呑72)

茫茫宦海無津涯 先生陸沈寧復思73)

　위 詩에 使用된 "家家"나 "處處"는 모두 事實이라기보다는 作家
가 느끼는 情感의 깊이가 어느 程度인가를 잘 表現하고 있다. 또, 넓
고 아득함을 表現함에 "茫茫" "浩浩" 等을 使用하여, 한결 그 意味
를 浮刻시켜 주고 있다. 또 끝없이 고달프게만 생각되는 벼슬길을 茫
茫이라고 表現한 것은 個人的인 情感과 密接한 關係를 맺는 뛰어난
表現이라고 하겠다. 그리고, 첫 번째 例로「勝遊仍處處 樂事亦時時」
는 疊字를 使用하여 時間과 空間을 一聯에 나타내 時空을 共感하게
하는 效果를 주기도 한다.

③ 事物의 狀態 形容
　어떤 事物의 狀態나 事態를 表現함에 있어, 稼亭은 자주 疊字를

---

71) 稼亭集 卷19, 次和州壁上韻.

72) 稼亭集 卷19, 觀瀾亭次韻.

73) 稼亭集 卷14, 贈禹先生倬.

使用하고 있다.

東流袞袞日西飛 世事紛紛供酒肉[74]

生成袞袞看天意 憂喜紛紛見世情[75]

위 詩에 使用된 "袞袞" "紛紛"은, 原來 有機體의 狀態를 表現하는 말이다. "袞袞"은 물이 흐르는 모양을 說明한 것이다. "生成袞袞"의 경우, 稼亭은 이를 물이 흐르듯이 끊임없이 일어나는 事態에 使用함으로 어떤 無形的인 事實에 대해 視覺的인 效果를 보여주고 있다. "紛紛"도 落葉이나 白雪이 어지럽게 내리는 모양을 形容한 말이다. 稼亭은 여기서 觀念的인 事態에 使用해서 自身의 意圖를 充分히 傳達하고 있다. 이는 觀念을, 有形的 表現을 빌어 더욱 생생한 心象을 일으키게 하는 效果를 거두고 있다. 이와는 달리 「區區爭尺寸 役役度晨昏」[76]처럼, 直接的으로 事態를 描寫하는 方法도 使用하고 있다.

關山杳杳家何處 風雨蕭蕭夜後明[77]

宰樹搖搖風不止 佳城鬱鬱日長昏[78]

壽觴灩灩浮春色 仙仗摐摐立曉風[79]

---

74) 稼亭集 卷15, 次權一齋九日詩韻.

75) 稼亭集 卷17, 仲孚再和復作.

76) 稼亭集 卷18, 五十.

77) 稼亭集 卷17, 阻雨書懷寄仲孚.

78) 稼亭集 卷15, 題李僧統詩卷.

79) 稼亭集 卷16, 癸未元日崇天下.

위 詩에 使用된 疊字들은, 어떤 事物을 直接 描寫한 것들이다. 깊
고 깊은 모양을 "杳杳"라고 表現함으로써 「廻首松都已杳然」[80)]이란
表現보다는 더 멀고 깊은 狀態로 잘 살펴주고 있다. 또 바람에 흔들
리는 나무를 "搖搖"라고 表現하여, 逆動的인 心象을 倍加시켜 주고
있고, 빈틈없이 빽빽이 들어선 모습을 "鬱鬱"의 疊字를 使用하여 靜
的인 心象을 그림처럼 詳細히 그려내 주고 있다. 술잔에 가득 찬 술
이 넘칠 듯이 출렁이는 狀態를 "灩灩"으로 表現해서 動的인 心象을,
의장대가 겹겹이 서 있는 모습을 "摐摐"이라고 하여 靜的인 心象을,
각 그 表現의 妙로 잘 살리고 있는 例라고 하겠다.

④ 擬聲語

漢文에 있어서 擬聲語는 거의 疊字로 이루어진다. 이는 聽覺的인
要素와 함께 意味的 要素를 包含한 것으로 修辭上에 있어서 가장
重要한 形式의 하나이다.[81)] 그러나, 稼亭의 이 擬聲語의 疊字는 다
른 疊字에 比해 그 使用回數가 比較的 적다.

雨聲颼颼濕篷底 三日一雨猶向北[82)]

西風庭樹鳴摵摵 長夜幽人正愁絶[83)]

山中之遊詩何夕 屐齒硜硜響溪石[84)]

---

80) 稼亭集 卷19, 過慈悲嶺.

81) 文史哲出版社編輯部, 『修辭類說』, 文史哲出版社, 民國69年, p.27. "聲音語是由聲
    音和意義兩個因素的結合描成的 自然離了聲 音便不能存在 缺了意義也不能成立".

82) 稼亭集 卷14, 江口阻風.

83) 稼亭集 卷14, 送漢陽鄭參軍.

84) 稼亭集 卷14, 同禁內諸生遊紫霞洞次韻.

我行正值花時節 珍禽磔磔鳴春山[85]

위의 例들은 모두 古體詩에 나타난 것들이다. 近體詩에 使用된 擬聲語의 疊字는 그 用例를 찾을 수가 없다. 비가 내리는 소리를 "颼颼"로 表現했고, 나무에 바람이 지나가는 소리를 "摵摵"으로 나타내고 있다.

이는 音과 關係되는 것이기 때문에 韓國人으로서는 當然한 일로 받아들여진다. 그러나 나막신발 뒤꿈치가 돌에 부딪쳐 울려나는 소리를 "硜硜"이라고 表現한 것은, 고요함 속에 울리는 소리가 귓전에 그대로 傳達되는 느낌을 주어, 매우 높은 聽覺的인 心象을 들려주고 있다. 또 새소리를 "磔磔"이라고 表現한 것 等도 모두 適切한 表現이다.

以上의, 內容上으로 區分된 疊字의 使用外에 一句에 二回以上 疊字를 使用한 形式도 있다. 「因因果果百不差」[86] 「織織扎扎下機遲」[87] 等처럼 連接하여, 두개의 疊字를 使用한 경우도 있고, 또 中間에 接續語를 使用하여 「諸公袞袞且欣欣」[88] 「慈山怪怪復奇奇」[89]와 같은 경우도 있다. 稼亭이 疊字를 使用함에 매우 能했음을 보여주는 例로, 「塵塵利利露頭頭」[90]와 같이, 七言句에 三種의 疊字를 使用한 詩句까지 있다.

以上과 같이, 稼亭은 疊字의 活用에 있어, 매우 多樣하고 適切한 使用으로 形式的 技巧를 살리고, 內容을 더욱 實感있게 나타내는 效

---

85) 稼亭集 卷14, 寄龍頭釋老.
86) 稼亭集 卷14, 順菴新置大藏.
87) 稼亭集 卷16, 和張生七夕.
88) 稼亭集 卷16, 寄松京親友.
89) 稼亭集 卷19, 登金剛山正陽菴.
90) 稼亭集 卷16, 戲賦式無外念珠.

果를 거두었다고 할 수 있겠다.

(2) 類字

疊字가 同一字의 連接 使用인 反面, 類字는 同一한 글자의 隔離 反復이다. 이는 이미 詩經 時代에 盛行한 것이다.[91] 그러나, 近體詩에 있어서는, 그 安當性이 缺如된다. 왜냐하면, 近體詩는 五・七言의 2種으로, 字數가 制限되고, 또 一定한 平仄을 지켜야 하기 때문이다. 이는 詩의 修辭的 方法이라고 하기보다는 文의 修辭法에 屬하는 것이라고 하겠다.

이와 같은 修辭法은, 文에 있어서는, 매우 많은 用例를 찾을 수가 있으나, 詩에 있어서는 詩經詩를 除外하고는 그 例가 흔하지 않다.[92] 그러나 稼亭의 詩에는, 이와 같은 類字를 使用한 것이, 47例에 達한다. 이는 稼亭이 남긴 전체시에 비해 볼 때 十首에 一回씩 使用된 것으로 적지 않은 수이다. 다음 詩를 보면, 稼亭이 얼마나 同一字를 즐겨 使用했는가를 알 수 있다.

> 人心如其面
> 此言傳自古
> 見面不見心
> 不如不廻顧[93]

---

91) 黃慶萱, 『修辭學』, 三民書國, 1980, p.414. "類字也盛行於詩經時代 例如…父兮生 我 母兮鞠我 拊我 畜我 長我 育我 顧我 復我 出入腹我(小雅…蓼我)".

92) 上揭書, pp.414~422.

93) 稼亭集 卷18, 題神仙背面圖.

위 詩는 모두 20字로 이루어져 있다. 「不」은 3回, 「心」, 「如」, 「面」, 「見」 字는 各各 2回씩 使用되고 있다. 重複된 글자 數가 重複되지 않은 글자 數보다 많다.

그 使用된 形態를 보면, 一句內에 使用된 것과, 起句와 對句에 各各 한字씩 使用한 形態, 그리고 對偶로 使用한 것 等으로 크게 三分하여 말할 수 있다. 이를 部分別로 나누어 考察해 보겠다.

① 同一句內의 類字

同一句內에 같은 字를 使用하는 方法은, 稼亭이 가장 즐겨 使用한 形態이다. 七言詩에 있어서 한 句를 分析하면, 前四字와 後三字로 區分되고, 五言詩는 前二字와 後三字로 나누어진다. 이 경우, 七言은 前後에 各各 한 字씩을 一定한 間隔을 두고 分散하여 使用한 경우가 많다. 그러나 五言은 句의 字數가 적기 때문에, 類字를 使用하기가 매우 힘들다. 따라서 使用例도 極히 적은 便이다.

> 十里五里間[94]
> 不如不廻顧[95]

위 例의 前一句는 古體詩에서 뽑은 것이기 때문에, 平仄과는 關係가 없다. 따라서 二·四字를 同一字를 使用해도 無妨하나, 後一句는 五言絕句內에 든 것인 關係로, 平仄에 拘碍받지 않는 一·三字를 使用하여 類字를 이루고 있다. 이는 모두 平仄을 考慮한 配慮이다.

이와 같이, 平仄에 많은 制限點이 있는 五言과는 달리, 七言에 있

---

94) 稼亭集 卷14, 紀行一首贈淸州參軍.
95) 稼亭集 卷18, 題神仙背面圖.

어서 類字의 使用은 한결 自由롭다. 그만큼 平仄에 拘礙받지 않는
部分이 많기 때문이다.

梁氏門生有馬生96)

身閑方可見心閑97)

祇今吾亦愛吾盧98)

年一見未應遲99)

滿意靑山滿眼花100)

위 例와 같이 七言은 五言에 비해 類字의 使用 位置가 훨씬 多樣
하다.

七言近體詩 한 句中에서, 類字 位置 選擇의 例를 보자.

㉠ 둘째 字와 여섯째 字를 類字로 하는 경우로, 이는 稼亭이 가장
   즐겨 使用한 것이다. 七言近體詩에 있어서 二·六은 平仄이 當
   然히 同一聲이어야 한다. 그러므로 二·六字를 類字로 使用하
   는 것은 詩의 平仄에 있어서도 자연스럽게 맞는다.

豈不有餘何不足101)

---

96) 稼亭集 卷15, 李固.
97) 稼亭集 卷15, 寄安康李先生.
98) 稼亭集 卷10, 寄宜寧南中書.
99) 稼亭集 卷16, 和張生七夕.
100) 稼亭集 卷19, 寄方尙書.
101) 稼亭集 卷15, 庚辰春日有感三絶.

別何容易會何遲[102]

不是才難用是難[103]

行看流水卧看雲[104]

耳爭傾聽眼爭看[105]

世事紛紛時事微[106]

위의 例들은, 모두 平仄도 正確하게 맞아서, 詩의 音樂性도 잘 살았을 뿐만 아니라, 그 詩意의 表出에도 많은 强調의 效果를 거두고 있다. 前四字와 後三字는 意味에 있어서, 自然的으로 對를 이루고 있기 때문에, 兩쪽에 類字를 써서, 詩意를 더욱 明確하게 만든다. 이와 같이, 二・六字를 類字를 使用할 경우, 二六對라는 平仄뿐 아니라, 詩的 效果面에 있어서도, 對比的 效果를 보여 詩意를 더욱 鮮明하게 浮刻시켜 준다. 그러나 이 方法은 高度의 詩的 修鍊이 없이는 使用할 수 없는 高次的 修辭方法이다. 稼亭은 이에 能한 詩人이었다.

ⓒ 첫째 字와 셋째 字를 類疊으로 使用한 例이다. 아래와 같이 單純한 强調를 위해서 一・三字에 類字를 만든 것도 있다.

此日此情猶可喜[107]

---

102) 稼亭集 卷16, 和張生七夕.
103) 稼亭集 卷17, 送韓相國二首.
104) 稼亭集 卷18, 寄南村朴判書.
105) 稼亭集 卷17, 送韓相國二首.
106) 稼亭集 卷15, 次權一齋九日登龍山用牧之詩韻.
107) 稼亭集 卷15, 庚辰春日有感.

此日此情應似我108)

狂客狂名繼四明109)

七言의 一・三字는 平仄에 關係가 없다. 그러나, 이는 韻律的 面에 있어서 反復韻律의 效果와, 詩意에 있어서 强調의 效果를 위해서, 類字를 使用한 경우이다.

ⓒ 또, 위에 비슷한 類型으로, 前四字의 끝字와 後三字의 첫字를 類字로 한 例로, "江上靑山山下村"110) "此日三韓韓吏部"111) 等이 있다. 이 같은 例는 疊字形式을 取한 것 같으나, 意味上 前四字의 끝字와 後三字의 첫字, 四・五字를 同一한 字로 使用한 類字形式으로 反復의 效果를 거두는 方法도, 稼亭은 使用하고 있다.

② 隔句의 類字

一般的으로, 隔句에 類字를 使用하는 例는 매우 드물다. 이는 近體詩의 경우 平仄의 制限 때문일 것이다.

此亦眼所見 彼亦耳所恥112)

君心一寸丹 君鬢十分靑113)

去年寒食遊西山 今年寒食獨掩關114)

---

108) 稼亭集 卷18, 送尹正言落第東歸.
109) 稼亭集 卷19, 次鏡浦臺安謹竺詩韻.
110) 稼亭集 卷20, 依山村舍.
111) 稼亭集 卷18, 寄金敬先副令.
112) 稼亭集 卷14, 紀行一首.
113) 稼亭集 卷14, 紀行一首.

위 詩句들은 모두 古體詩의 것들이다. 類字를 使用하여 自然스럽
게 對偶를 이루고 있다. 이는 詩에 있어서 反復의 效果와 아울러 對
比의 效果를 充分히 살린 좋은 例이다. 그러나 近體詩는 內句와 外
句의 平仄이 서로 反對라야 하기 때문에, 類字를 隔句로 使用하기는
힘든 일이다. 稼亭의 近體詩中에는,「巖底成潭是大川/巖頭直下視茫
然」115)이란 一例만이, 隔句로 類字를 使用하고 있다. 이는 平仄을
맞추기 위해서, 平仄에 拘碍받지 않는 第一字를 類字로 使用하고 있
다. 이와 달리 接續語의 機能을 가진 隔句 類字의 使用方法이 있다.

> 人生富貴亦百歲 歲月一去無由還116)
>
> 擧義誅殘號爲民 民窮相食只風塵117)

위 詩句에 使用된 歲·民 二字는 反復을 통한 强調의 意味를 나
타냄과 同時에, 앞뒤句를 連結하는 接續語의 役割도 함께 하는 것으
로서 用字의 妙味를 보이고 있는 技巧的인 方法이라고 하겠다.

③ 對偶와 類字

上句에 第一字를「花」字를 使用하여 同一句內에 같은 글자를 2
回 使用하여 類字의 句를 만든 다음, 그 下句에도 역시 같은 方法으
로 類字句를 만든「自去自來梁上燕 相親相近水中鷗」와 같은 對偶
의 方法을 拱璧對라고 한다.118) 이와 같은 對偶는 相當한 技巧를 要

---

114) 稼亭集 卷14, 寒食獨坐書懷.
115) 稼亭集 卷20, 巖控淸潭.
116) 稼亭集 卷14, 寒食獨坐書懷.
117) 稼亭集 卷15, 棗祇.

하는 것으로, 漢詩의 大家인 益齋의 漢詩에도 그 用例가 보이지 않는다.[119) 그러나, 類字 使用에 能했던 稼亭은 다음과 같이 類字를 써서 拱璧對를 이루고 才致를 부리고 있다.

著書政似求書急 遺子何如敎子難[120)

北隣晴了南隣雨 六月天如八月時[121)

위 對句는 字性으로 보나 意味로 보아, 完璧한 對句를 이룬 工對이다. 또 그가 類字에서 가장 즐겨 使用한 二·六字를 類字로 使用했기 때문에, 平仄에 있어서도 아무런 問題가 없다. 이는 稼亭이 漢詩의 技巧에 있어 매우 높은 水準에 이르렀음을 보여주는 좋은 例이다.

또 다른 例로는 다음과 같은 一·三字의 類字를 使用한 것이 있다.

花開花落鬢絲加 百歲春光一鳥過

此日此軒還寂寞 滿園疎木夕陽多[122)

위 詩는 起句와 轉句가 對를 이룬 것으로, 拱璧對와 隔句對를 兼有하고 있어, 이는 분명 對를 이루고 있다. 이 詩는 絶句이기 때문에 對句를 쓸 필요는 없다. 그렇기 때문에 工對를 使用하지는 않았지만, 그의 詩的 技巧를 보여준 좋은 例이다.

---

118) 張正體外, 『詩學』, 臺灣 : 商務印書舘, 民國64年, p.209.

119) 金利坤, 益齋 漢詩의 修辭에 대한 一考, 『漢文學論集』, 단국대, p.146.

120) 稼亭集 卷16, 有詩.

121) 稼亭集 卷18, 鸞京 二首.

122) 稼亭集 卷20, 次京山府百花軒詩韻.

以上에서 살펴 본 바처럼 稼亭은 散文의 修辭形式에 가까운 類字를 使用해서 詩意를 表出했다. 이는 稼亭이 詩의 修辭技巧에 高度의 경지에 達했음을 보여주는 것이다.

(3) 疊句

疊句의 形式은 거의 散文性에 가깝기 때문에, 詩에 使用할 때에는 주로 古體詩에 使用된다. 稼亭의 詩에 사용된 例도 大部分 古體詩에 局限되고 있으며, 近體詩에 使用된 것은 同一句內에 使用된 것으로, 古體詩의 隔句·疊句와는 다르다.

　　　　或云算閒口　抽錢及孤惸
　　　　或云籠山野　割地歸兼幷[123]

위 詩에는 "或云"이라는 疊句를 使用하여 確實하지 않은 事實에 對하여 說明하고 있다. 이는 거의 散文句에 가까운 것이다. 그러나, 이 詩는 古體詩이고, 또 稼亭이 살았던 時代에 많은 影響을 준 宗詩는 散文性이 濃厚했었다는 点을 考慮해야 할 것이다.[124] 이와 같은 單純한 疊句 外에도, 上下句를 連結하는 役割을 하는 連句 形式의 疊句도 보인다.

　　　　山腰有官道　其下長河水
　　　　河水東流日夜忙　路上行人亦未已[125]

---

123) 稼亭集 卷14, 紀行一首.
124) 劉麟生,『中國文學八論詩詞論』, 淸源出版社, pp.73-84.

草堂睡起落花閑 卷簾南北多靑山

靑山笑我不出門 兀兀窮年文字間126)

위 두 詩에서 疊句로 使用된 "河水"와 "靑山"은 모두가 上下句를
連結하는 것으로, 이 또한 詩의 散文性을 띄고 있다. 이와 같은 것은
어떤 詩的 效果를 期待하는 反復과 距離가 먼 것으로, 詩를 散文化
시키고 있는 이것은 梗直되어 情感과 感興을 減少시키고 있는데, 이
는 稼亭詩의 短點이라면 短點일 수도 있다. 이 無意味한 듯한 反復
은, 詩의 韻文的 效果보다는, 意味의 充實한 傳達을 爲한 것으로, 韻
文的 特性에 기인하고 있다. 疊句가 가장 甚한 詩는 「黃山歌鄭仲孚
蔚州所作次其韻」127)으로, 모두 18句에 아래와 같이 5句의 疊句를 使
用하고 있다.

憶昔舟過黃山東

黃山西望三十里

黃山之遊最可樂

使君一曲黃山歌

檀板拍碎黃山岡

古體詩에 使用된 疊句와는 달리, 近體詩에는 모두 同一句內에 使
用되어 類字와 같은 詩的인 效果를 거두고 있음이 特異하다.

125) 稼亭集 卷14, 途中吟.
126) 稼亭集 卷14, 同禁內諸生遊紫霞洞次韻.
127) 稼亭集 卷14, 黃山歌.

2) 對偶

對偶에 대해서는 名稱도 많고, 分類도 多樣하다. 이것들은 主로 對偶의 內容과 形式에 依해 分類되어진 것이다. 張正體와 張婷婷은 主로 形式에 主眼點을 두어 모두 20種으로 分類하였고,[128] 王力은 內容에 따라 11類 18門으로 分類하여 說明하고 있다.[129] 또 黃慶萱 도 對偶의 各種 形式이라고 하여, 모두 29個 項目을 提示하고 있다.[130] 이들의 分類中에는 같은 것이면서도, 서로 名稱이 相異한 것들도 있다. 本項에서는 稼亭의 詩에 使用된 對偶를 張正體와 張婷婷이 提示한 20個 項目을 따라 考察하고, 內容面은 王力의 分類에 따르기로 한다.

律詩에는 一般的으로 領聯과 頸聯에 對偶를 使用하는 것이 原則이다. 그러나 古體詩나 絕句는 對偶를 使用해야 한다는 一定한 原則은 없다. 그러나 稼亭은 많은 古體詩와 絕句에도 對偶를 使用하여 修辭上에 있어 美를 追求한 것들이 많이 보인다. 古體詩에 使用된 것들을 보면 다음과 같다.

> 佛說本無言
> 儒行不在服[131]

위 詩는 內容上으로 보아, 佛敎와 儒敎를 對比하여 各各의 特徵을 가지고 對偶를 使用했다. "佛說"과 "儒行"은 正確하게 對를 이루

---

128) 張正體·張婷婷 共著, 前揭書, pp.202~217.

129) 王力, 前揭書, pp.153~166.

130) 黃慶萱, 前揭書, pp.451~457.

131) 稼亭集 卷14, 次無極師韻送其徒景楚歸錢塘.

지만 "本無言"과 "不在服"은 서로 正確한 對를 이루지 못하고, 다만 그 意味에 있어서 對를 이루고 있으므로, 形式上으로 보아 渾括對에 屬한다. 이는, 佛敎나 儒敎나 그 根本에 있어서 外樣的 面보다는 人間의 內面的面을 더 重視하고 있다는 點에서 合理性을 發見할 수 있다. 이는 서로 다른 두 敎理를 말하여 對를 이루면서도, 그 意味에 있어서는 一致됨을 말하여, 그 詩意를 더 明確하게 表現하고 있는 것으로 對偶의 妙理를 보인 것이라 하겠다. 위 詩는 平仄에 있어서도 서로 相反되고 있지만, 古體詩에 使用된 大部分의 對偶는 平仄을 거의 考慮하지 않고 있다.

孔氏罕言利
孟子惡交征[132]

위 詩는, "孔子"와 "孟子"를,『論語』에 나오는 말과『孟子』에 나오는 말을 利用하여 不正한 利에 對하여 强調하면서, 서로 內容上에는 正確하게 對를 이루고 있지만 平仄에 있어서는 對가 되지 못하고 있다. 이와 같은 方法의 對偶가 古體詩에 主流를 이루고 있다는 것은 이미 앞의 韻律에서 說明한 바와 같이, 稼亭은 古體詩를 지음에 있어서 意味를 中心으로 했고, 平仄은 전혀 無視했다는 點과 一致한다. 그렇다고 해서, 이를 對偶가 아니라고 말할 수는 없다. 왜냐하면, 對偶에 있어 平仄은 韻律的面보다는 內容的面이 對偶에 있어서는 優先하기 때문이다.

近體詩에 屬하는 律詩·絶句에 對偶를 使用할 경우, 平仄은 自然히 지켜지게 마련이다. 絶句가 律詩의 半을 截去한 것이라고 한다면,

132) 稼亭集 卷14, 紀行一首 贈淸州參軍.

絶句에도 多樣한 對偶가 使用될 수 있다. 그 中, 律詩의 頷聯과 頸聯을 取한 것은 全句가 모두 對偶로 이루어진다. 이런 使用例는 극히 드물다. 다음과 같은 詩는 바로 이 例에 屬한다.

> 失馬已曾知禍福
> 瞻烏未可辨雌雄
> 詩壇張相能居右
> 酒聖李生時復中[133]

이 詩는 起句과 承句가 對偶를 이루고, 轉句와 結句가 對偶를 이루고 있다. 起‧承句는 "失馬"(淮南子)와 "瞻烏"(詩經)라는 故事를 使用하여 世上事를 表現하고 있다. 또 "禍福"과 "雌雄"은 反義連用字를 對偶로 使用하여, 詩意를 더욱 明確하게 表現하였다. 轉‧結句는 "詩"와 "酒"가 對를 이루었다. 이는, 外面的意味에 있어서는 對가 아니지만 對로 使用될 때에는 가장 工巧한 方法이다.[134] "張相"과 "李生"은 人名對로, 完全한 對를 이루고 있다. 두 聯이 모두 對偶를 이루고 있다. 世上事에 能通한 張相‧李生의 뛰어난 點을 더욱 浮刻시켰다.

律詩에 있어서 對偶는 必要不可缺한 條件으로, 보통 頷聯과 頸聯에 使用되는 것이 正例이다. 그러나 變例로는 一聯에만 使用한 것에서 四聯에 모두 使用한 것 等, 多樣하다.[135] 四聯에 모두 對偶를 使用한다는 것은 그리 쉬운 일이 아니다. 對偶에 能했던 稼亭이라, 四

---

133) 稼亭集 卷20, 訥齋見和復作 一首.
134) 王力, 前揭書, p.167.
135) 上揭書, p.144.

聯을 모두 對偶로 한 것이 적지 않다.

> 河海東流想禹功
> 南檣北楫遠相通
> 何人睡足連江雨
> 有客愁深盡日風
> 一葉簸掀冥晦裏
> 群山出沒有無中
> 敢希魯國乘桴叟
> 擬向磻溪問釣翁136)

위 詩의 首聯은, 모두가 물과 關聯된 心象으로 對를 이루고 있다.
"河·海"가 一句內에서 對를 이루고, "東·北"이 對를 이룬다. "南·
北"과 "檣·楫"이 一句內에서 對를 이루고 있다. 이는 第六句 "出·
沒"과 "有·無"가 一句內에서 對를 이루고 있는 것과 좋은 對照가
된다. 尾聯은 孔子와 姜太公을 對로 使用하면서도 "魯國"과 "磻溪"
로 暗示하였다. 이는 매우 큰 詩的 效果를 거두는 詩語의 迂廻的 使
用法이다. 孔子와 같은 聖人은 못 될지라도 좋은 임금을 만나 善政
을 펴 보겠다는 自身의 所信을 對偶를 통하여 잘 表現하였다. 이와
같이 四聯을 모두 對偶로 構成한다는 것은 그리 쉬운 일이 아니다.
이는 많은 修鍊을 통한 高度의 詩的技巧가 없이는 이루기가 어려운
일이다.

그러면 稼亭詩에 使用된 各種의 對偶를 槪略的으로 살펴보기로
한다. 많은 學者들의 對偶 分類 中 方法的인 面에 있어서는 張正

---

136) 稼亭集 卷15, 天曆己巳舟發禮成江江口阻風.

體 · 張婷婷의 分類가 가장 仔細하므로 이에 따르며 內容的인 面에 있어서는 王力의 區分이 가장 妥當하다고 생각되므로 이에 따라 考察하려 한다.

白波青嶂閭閻裏
赤岸銀河伯仲間[137]

위 詩에는 平頭對가 使用되고 있다. 이 평두대는 兩種의 相似한 뜻을 나누어 兩句를 구성하는 것으로 이와 같은 對偶法은 稼亭뿐 아니라, 모든 詩人들이 가장 즐겨 이용한 方法이다.

"波白青嶂", "赤岸銀河"는 그 句 自體內에서도 對를 이루고 있으면서 上 · 下句가 正確히 對를 이룬다. 그러나 "閭閻裏"와 "伯仲間"은 正確한 對는 못된다고 하겠다. "白 · 青 · 赤 · 銀"의 色彩語를 使用하여 驪興의 美景을 適切하게 描寫하였다. 이는 東洋花를 보는 듯한 視覺的 心象을 통해 詩的인 雰圍氣를 조성하고 있다. 모든 風景을 色彩語를 통해 視覺化하고 있음이 特히 눈에 띈다.

寂寂門庭非舊日
茫茫天地又秋風[138]

神仙杳杳合歡少
兒女紛紛乞巧多[139]

---

137) 稼亭集 卷17, 驪興客舍次韻.
138) 稼亭集 卷18, 三哀詩.
139) 稼亭集 卷16, 七夕.

勝遊仍處處
樂事亦時時[140]

위 詩들은 聯綿對라고도 하는 垂珠對를 使用하고 있다. 垂珠對는
疊字를 반복하여 對를 이루는 方法으로 疊字 使用에 能했던 稼亭은
이 對偶法을 즐겨 使用했다. 이는 위와 같이 句首重字, 句腹重字, 句
尾重字 等의 方法이 있다. 垂珠對는 音律的으로 反復音의 效果와
內容的인 面에서는 强調의 效果를 나타낸다. "寂寂"과 "茫茫"을 句
首에 내세워 "非舊月"과 "秋風"이란 詩語에 連結하여 쓸쓸한 心象
을 더욱 强하게 表現하였다. 그러므로 讀者들에게 張力(Tension)을
갖게 해주는 效果가 充分히 있다. "張力은 詩語가 가지는 하나의 特
色이다."[141] 위와 같은 垂珠對는 稼亭詩의 對偶法의 特色이라 할 수
있다.

垂珠對가 同一字의 連接使用이라면, 拱璧對는 同一字의 隔離使
用으로서, 高度의 詩的技巧를 要하는 것이다. 稼亭詩 中에 이 對偶
는 그리 흔하지 않다. 이는 이미 類字에서 살펴보았기로 여기에는 그
例만 들어준다.

草閣應同黃閣貴
錦衣爭似綵衣新[142]

---

140) 稼亭集 卷17, 鄭仲孚示予去年蔚州所作東萊十首次其韻.
141) Allen Tate, 金相沃·金洙暎 譯, 『現代文學의 領域』, 中央文化社, 1962. pp.88~
115.
142) 稼亭集 卷18, 丙戌除夜.

二·六字를 類字로 하여 이룬 對偶로, 音樂的面과 句內의 對稱的
構成이 特徵이다.

中秋十六夜
月色更輝輝
重陽十日菊
餘香故依依[143]

위 詩는 一·三句, 二·四句가 對를 이루고 있는 隔句對의 例이
다. 이는 平仄을 考慮하지 않는 古體詩에만 使用되고 있다. 一句의
"中秋"와 三句의 "重陽"은 時令으로써 對를 이루고 있으며, 二句의
"輝輝"와 四句의 "依依"는 垂珠對 方法으로 對를 이루고 있다. 그러
므로 各 句의 機能이 比較的 明確한 近體詩에는 그 使用이 적당하
지 않은 것이다. 위 詩의 一·二句는 모두가 같은 事實, 즉 仲秋節을
中心으로 한 時期의 特色을 달에서 찾았고, 重陽節을 中心으로 한
時期의 特色을 菊花에서 찾았다. 이와 같은 對句를 通하여 視覺的인
心象이 서로 對照를 이루고 있어 心象의 對比的 效果도 크다. 이는
詩的 效果面에서 高度의 技巧이다.

萬夫力盡東西寺
二聖心存左右碑[144]

"東西"나 "左右"는 같은 句內에서 對를 이루고 있으면서, 또 句끼

143) 稼亭集 卷14, 十日菊.
144) 稼亭集 卷16, 與東國觀光諸生遊西山.

리 方位對를 이루어서 二種의 對偶가 되었다. 이와 같이 互成對를
사용함으로써 對偶에서 追求하는 對比的 效果를 强하게 나타냈다.

> 隨家日月秦三世
> 李氏乾坤漢五年[145]

위와 같은 實字對로 보인다. 이와 반대로,

> 不待譏詞無假濫
> 須知考閱使精强[146]

과 같은 名詞 以外의 글자들로 구성된 虛字對도 보인다.

> 君王不好利
> 鄉里少遊民[147]

위 시는 上句가 원인이 되고 下句가 결과가 되는 流水對로서 叙事性
을 강하게 보여 주면서 合句型式을 보여주고 있다.
　이와 비슷한 合句형식의 問答對로 보이니,

> 風伯知誰怒
> 天公不我哀[148]

---

145) 稼亭集 卷15, 題宋祭酒六駿圖.
146) 稼亭集 卷15, 金司公見招以病不赴作詩爲謝.
147) 稼亭集 卷17, 次韻仲孚東萊 一首.
148) 稼亭集 卷15, 天曆己巳舟發禮成江江口阻風.

위 詩의 例가 上句는 물음이고, 下句는 그에 對答인 對句이다. 이와 같은 方法의 對句法은 結果的으로는 上下句를 連結하는 方法의 하나이다. 그러므로 詩에 있어서 合句 形式이라는 點에 있어서는 流水對와 같은 것이라고 하겠다. 그러나 內容的인 面에 있어 이는 問答對라고 하는 것이다. 이는 一種의 强調法으로 詩意를 强하게 表現하는 效果를 낸다.

또 上句와 下句가 서로 상대적인 글자가 교차하여 對를 이룬 高度의 기교를 나타낸 交股對도 보인다.

　　雲出便行雨
　　霜飛那待秋

위 出·行·飛·待 모두 動詞를 사용함이 특이하다.
그리고 稼亭의 詩에는 다음과 같은 疊韻對도 있다.

　　細雨淸明後
　　群花爛熳餘149)

위 詩에 對를 이루고 있는 "淸明"은 모두 下平聲 庚韻에 屬한 글자들이고, "爛熳"은 去聲 翰韻에 屬한 글자들이다. 이와 같이 疊韻對를 使用할 경우에는, 上句가 平聲이면 下句는 仄聲인 것이 普通이다. 이는 近體詩의 特性에 基因하는 것이다. 稼亭은 聲과 韻 中에 聲보다도 韻에 더 能했다고 보여지며, 따라서 聲과 關係되는 對偶에 關係되는 詩는 보이지 않는다.

---

149) 稼亭集 卷17, 細雨曉起.

世事雲俱變

歸心月獨明150)

위 詩의 上句는 變化無常한 世上事를 읊고 있다. 이로 인해서 詩
人에게 일어나는 마음은 "世事"를 잊고 돌아가려는 마음과 달이 더
욱 밝게 비추어서 "歸心"을 더욱 高調시켜 준다. 이와 같은 無情對는
外面上 가장 쉬운 것 같지만, 事實上 高度의 기교를 요하는 매우 힘
든 對偶法이다.

以上 稼亭詩에 使用된 對偶法을 살펴 본 結果, 稼亭이 多樣한 對
偶法을 使用하고 있음을 알 수 있다. 이를 益齋의 漢詩와 比較해 볼
때, 益齋의 漢詩에 보이지 않는 無情對·拱璧對·隔句對 等이151)
稼亭의 漢詩에는 그 用例가 보이는 것은, 바로 稼亭이 詩의 對偶에
매우 能했음을 보여주는 좋은 例가 될 것이다. 또 그의 詩에 使用된
對偶가 詩의 美的面에 많이 寄與하고 있다는 點에서 그의 對偶는
매우 뛰어난 것이라고 評價된다.

3) 心象

詩人들은 自身의 느낌을 具體的이고 效果的으로 表出하기 爲한
方法으로 많은 精神的 心象들을 使用하고 있다. 稼亭 詩의 이러한
모습을 다음에서 考察해 보려고 한다.

팔월 열 엿 세 날 밤

---

150) 稼亭集 卷17, 客舍.

151) 金利坤, 前揭論文, pp.144~150.

달빛은 더한층 빛나네.
九月 十日 菊花지만
그 香氣 물씬 풍기는 구나
세상 風潮는 雷同하기 좋아하지만
때가 지나면 바랄 바도 아니네.
나 혼자 사랑하네, 이 고운 꽃을
늦은 계절에도 내 뜻을 어김이 없어
바람 따라 그 香氣 세 번 맡으려 해도
옆 사람이 또 비방할까 두렵구나.
좋은 술에 국화 띄워
얼근하게 취해 저녁을 맞으련다. 152)

中秋十六夜	月色更輝輝
重陽十日菊	餘香故依依
世俗尙雷同	時過非所希
獨憐此粲者	晚節莫我違
臨風欲三嗅	又恐旁人非
不如泛美酒	昏昏到夕暉

위 詩 第1・2句는 가을달의 밝은 빛을 視覺的으로 表現하였다. 秋
夕 다음날의 달빛, 예로부터 秋夕을 큰 명절로 생각했던 우리 民族에
게는 이 때의 달은 더 없이 좋은 意味를 가진다. 이와 같은 달빛을 視
覺的 心象을 통해 잘 表現해주고 있다. 第3・4句에서는 늦가을에 피
는 菊花의 香氣를 嗅覺的 心象을 통해서 適切하게 表現하였다. 이
또한 特記할 만한 가을의 特徵中의 하나로 이야기될 수 있다. 第1・2
句에서는 視覺的 心象을 통해서 달의 아름다움을, 第3・4句에서는

---

152) 稼亭集 卷14, 十日菊.

菊花를 嗅覺的 心象으로, 가을의 좋은 自然을 잘 表現했다. 이와 같은 좋은 自然이 있음에 의당 그것을 즐기는 사람은 기분이 좋아야 하겠으나, 그 다음 句부터는 그 自然과는 遊離되어 世事로 돌아온다. 世俗은, 누가 옳다고 하면, 그대로 따라가며 그 비위나 맞추면서 살아가는 사람들이 너무 많음을 恨歎하였다. 더없이 좋은 가을 景致도 그대로 받아들여지는 것이 아니라, 몇몇에 依하여 決定되고 나머지 모두 그들에 따라 雷同하는 무리로 구성된다. 그러므로 나 혼자서 이 꽃을 지키는 외로움, 菊花도 나같이 雷同하지 않기 때문에 다른 꽃이 다 진후에도 서리에 굽히지 않고 홀로 외롭게 핀 孤節이며 身勢이기도 하다. 여기에서 菊花와 나는 同質的인 것으로 바뀌게 되는 것이다. 第1~4句는 自然을 通해 가을의 아름다움을 視覺・嗅覺的으로 表現하여 比較的 肯定的 心象을 나타내고 있으나, 그것을 그대로 받아들여지지 않는 世上의 흐름이 否定的面에서 比喩的으로, 第5~8句에 提示됨으로 인해서, 서로 對照를 이루면서 詩的인 아름다움을 構築하였다. 가을과 같은 좋은 時節에 菊花를 즐기는 것도 마음대로 되지 않는 狀況이다. 왜냐하면, 내가 問題가 아니라, 다른 사람이 問題이기 때문이다. 第9句는 嗅覺的 心象을 통해서 自身의 意慾을 表現하였다. 그러나 第10句에서처럼 모든 것은 내 意思대로 되는 것은 아니다. 이와 같은 狀況 속에서 내가 할 수 있는 일은 좋은 술에 국화를 띄워 마시는 味覺的 心象이니, 第11句에 잘 表現되었다. 이는 술이라는 味覺과 落花・香氣의 嗅覺的 心象을 混合한 共感覺的 要素를 通해서 즐겁게 世上事를 잊으려는 陶淵明的 世界觀으로 構成되었다. 마지막 句에서는 "昏昏"을 使用하여, 술에 醉한 얼큰한 기분을 筋肉感覺的 心象을 通해, 마음의 平靜을 일으키는 作家意識이 잘 表

出되었다. 위 詩는 精神的 心象인 視覺·嗅覺·味覺·筋肉感覺 等의 心象을 適切한 詩語를 驅使하여, 現實的 世事에 對處해 나가는 作家의 處世姿勢가 잘 具現되었다.

세상일 구름처럼 변하는 것
돌아가고픈 마음에 달은 홀로 밝구나
고향 산천 이미 가을되어 청명하고
대자리 베갯머리에는 사르시 서늘함이 생기겠지.[153]

世事雲俱變　　歸心月獨明
故山秋已霽　　枕簟嫩涼生

위 詩는, 客地에서 故鄕을 생각하며 지은 詩다. 오래도록 故鄕에 돌아가지 못하는 외로운 마음이 "月獨明"이란 視覺的 心象을 통해서 그 切實함이 表現되었다. 많은 詩에서 달은 故鄕을 聯想하게 하는 心象으로 使用된다. 또 季節도 가을이다. 이 가을의 心象이 앞의 例詩에서는 달의 視覺的 心象과 菊花의 嗅覺的 心象을 통해 表現되고 있다. 그러나 이 詩에서는 "涼"이라는 觸覺的 心象을 통해서 表現되었다. 가을이 되면 우리가 皮膚로 느끼는 서늘한 觸感을 通해서 作家는 故鄕의 가을을 感知하는 것이다. 이는 作家의 過去 經驗과 結付된 心象이다. 이는 客地에서 느끼는 쓸쓸하고 외로운 마음을 더욱 具體化시키는 役割도 하고 있다. 作家가 느끼는 쓸쓸하고 외로움이, "月獨明"과 "涼"이라는 두 心象이 適切하게 使用되어 作家의 心境을 잘 表出하고 있다.

---

153) 稼亭集 卷17, 客舍.

이 두 詩句에서 考察한 바처럼 稼亭은 그의 詩에 있어서 比較的
多樣한 心象을 表現하고 있으며, 適切한 詩語를 驅使하였다. 모든
心象은 主題를 잘 表現할 수 있는 方向으로 使用되어야 한다. 稼亭
이 使用한 心象들이 主題의 表出에 얼마나 寄與하고 있는가를 알아
보기 爲해서 아래에 詩 一首를 더 들어본다.

> 지난 해 한가위는 한양부에서
> 홀로 술 마시고 시 읊으며 정말 심심했었지
> 늘 客地에서 명절 만남이 싫었는데
> 인간들은 모두 이 밤 있음을 알리
> 이슬 젖은 베옷은 寒氣가 섬뜩하고
> 바람에 날리는 흰 머리만 쓸쓸하네
> 來年에도 저 달 보면 다시 생각나겠지
> 길은 멀리 關東의 山水로 가네[154]

> 去歲中秋漢陽府 孤斟獨詠正無聊
> 每嫌馬上逢佳節 共識人間有此宵
> 露濕衣巾寒縮縮 風吹鬢髮白蕭蕭
> 明年見月還相憶 路指關東山水遙

위 詩 역시 客地에서 여행길에 秋夕을 맞는 쓸쓸한 心情을 그린
詩다. 詩의 全體的인 雰圍氣는 매우 沈鬱하다. 이와 같은 雰圍氣를
더욱 高調시켜주고 있는 것은 "露濕衣巾寒縮縮"이라는 觸覺的心象
과 "風吹鬢髮白蕭蕭"이라는 視覺的 心象이다. 觸覺的 心象과 視覺
的 心象이 서로 對偶를 形成하면서, 全體의 詩雰圍氣를 더욱 쓸쓸하

---

154) 稼亭集 卷19, 中秋宿五溪驛.

게 만들어. 作者의 詩心이 明確하게 表出된다. 또, "明年見月還相憶"
에서는 精神的 心象이 作家의 過去 體驗의 再現이라는 點에서, 그
妥當性을 獲得하고 있으며, "路指關東山水遠"에서는 끝없는 나그네
의 서러움이 繼續됨을 보여주고 있다. 위 詩의 모든 心象은 主題를
表出하는데 매우 適切하게 使用하였다고 하겠다.

이처럼 稼亭은 自身의 詩心을 나타내는 데에 心象을 매우 效果的
으로 使用하였음을 보았다. 稼亭은 大詩人답게 心象의 使用에도 꽤
能했다고 하겠다.

4) 比喩

比喩에는 直喩·隱喩·擬人·代喩·引喩·寓喩·聲喩 等이 있지
만, 이들 中 純粹한 詩的 比喩라고 할 수 있는 것은 直喩와 隱喩라
하겠다. 그러므로 여기서는 稼亭詩에 使用된 直喩와 隱喩를 考察하
여 보고자 한다.

(1) 直喩

稼亭도 直喩를 통해서 자신의 心象을 표출한 詩작품이 많다. 그 中
에서도 稼亭이 즐겨 使用했다는 證據의 하나로 直喩를 통해서 對偶
를 構成한 詩가 여러 篇이다. 이는 두개의 直喩가 連續해서 使用되어
詩的 效果를 주는 方法이다. 그 中 몇 가지 例를 들어 보기로 한다.

> 갯벌은 굽어 꼬불꼬불한 篆書의 형상이고
> 돛대는 모여 비녀처럼 빽빽하네.[155]

---

155) 稼亭集 卷15, 次紫燕島.

浦溆盤如篆　　　　竿檣簇似簪

　위 詩는 海邊이 물결에 依해서 꼬불꼬불하게 層이 진 모양이 漢字
篆書의 刑像에 比喩되고 있다. 이는 書藝가 當時 선비들의 必須條件
이었던 만큼, 이와 같은 直喩는 讀者들을 受容하는 面에서도 매우 妥
當한 比喩라고 보여 진다. 또한 稼亭 自身도 書藝에는 造詣가 있었
기에, 이와 같은 直喩를 使用한 것이라고 하겠다. 바닷가의 層이 진
모습을 當時 知識人들이 흔히 對하던 篆書를 가지고 比喩함으로 인
해서 꼬불꼬불한 海邊의 모습이 視覺的 心象을 通해서 明確하게 나
타나 있다. 또, 배가 港口에 碇泊하여 곧게 뻗어 가지런한 돛대의 모
습도 生活周邊에서 흔히 볼 수 있는 비녀에 比喩함으로써 港口에 많
은 배가 碇泊해 있는 모습을 視覺的 心象을 通한 適切한 比喩를 하
였다. 이와 같이 海邊과 港口의 모습을 生活周邊의 다른 事物을 通
해 比喩함으로써 자신의 心象을 視覺的으로 보다 明確하게 表出해
주고 있다. 稼亭이 直喩에 있어 우리 生活周邊에 있는 다른 事物(觀
念)을 補助觀念으로 使用하고 있는 例로는, "頭上歲月如飛梭(머리
위에 세월을 나는 북과 같다."156)가 있다. 歲月은 흔히 流水에 直喩
되는 것이 普通이다.

　　　정원의 꽃은 불과 같이 붉어 학을 태울 듯하고
　　　시냇물 쪽빛 같아 백구를 물들일 듯 하구나.157)

園花似火疑燒鶴　　溪水如藍欲染鷗

---

156) 稼亭集 卷15, 闍婆刀.
157) 稼亭集 卷17, 病中述懷 六首中 三首.

위 詩는 庭園에 핀 꽃의 붉음을 불에 比喻하고 나아가 불의 特性인 "燒"와 連結시켰다. 이와 같은 點은 作家의 想像力이 남달리 뛰어났음을 보여주는 端的인 例라고 하겠다. 또 시냇물이 매우 푸름을 藍에 比喻하고 나아가 藍의 特性인 "染"과 連結하여 聯想시킴으로써 특이한 詩的인 效果를 나타내고 있다. 꽃의 赤色과 시냇물의 靑色이 "火"와 "藍"에 색깔의 비슷함을 通해 連結하고, 이에서 그치지 않고 "火"는 "燒"와 "藍"은 "染"과 連結시켜 完璧한 聯想을 일으킨다. 또 赤色과 靑色이 서로 色彩의 對比를 통해서 心象을 더욱 뚜렷하게 해준다. 그리하여, 꽃의 붉음과 물의 푸르름을 더욱 鮮明하게 드러냈다.

> 武夫들이 힘겨룸은 웅쾌함이 범과 같고
> 詐馬는 공중을 뛰니 밝기가 마치 용과 같도다.[158)]

武夫角力雄如虎　　詐馬跑空炳若龍

위 詩는 씨름하는 武夫의 모습을 "如" 字를 써서 호랑이에 比喻하였고, 안장 고삐가 없는 말에 어린 아이를 태워서 경주하는 모습을 "若" 字를 써서, 龍에 比喻하였다. 위에서 例擧한 두 篇의 詩의 直喻가 靜的 모습인 反面에, 이 詩는 動的인 心象을 호랑이와 龍으로써 表現하고 있다. 이와 같이, 直喻를 通해서 씨름하는 젊은이의 모습이 더욱 씩씩하게 드러나고, 말이 매우 빠르게 달리는 모습이 더욱 鮮明하게 浮刻 되어진다.

稼亭은 위와 같은 直喻 外에 눈에 보이지 않는 抽象的 概念을 可

---

158) 稼亭集 卷18, 柳殿大會.

視的인 것으로 比喩하고 있는 例와, 可視的인 것을 눈에 보이지 않
는 抽象的 槪念을 直喩로써 連結시킨 例도 보인다.

집현학사의 기개는 무지개와 같도다.[159)

集賢學士氣如虹

위 詩句는 集賢學士들의 氣慨가 매우 旺盛함을 直喩를 使用하여
무지개와 連結함으로써, 詩語의 特性이기도 한 曖昧性(Ambiguit
y)[160)을 獲得하고 있다. 여기서는 不可視的 槪念인 "氣"를 可視的
事物인 "虹"에 比喩함으로써 일어나는 曖昧性인 것이다. 무지개는
"영롱함" "아름다움"…… 等等의 많은 心象을 가지고 있다. 그러므로
詩的 直喩로써 그 妥當性을 獲得하고 있는 것이다. 이와는 달리 可
視的 事物을 抽象的 槪念의 直喩를 통해 連結한 것으로는, 다음과
같은 것이 그 例가 될 것이다.

이 湖水는 백이숙제와 같이 맑네.[161)

此湖應似伯夷淸

위 詩句는 三日浦의 맑은 모습을 伯夷叔齊의 곧고 맑은 마음에 比
喩함으로써 그 心象을 鮮明하게 表現한 것이다.

以上과 같이, 直喩에 있어서 "如"·"似"·"若" 等의 글자가 꼭 使用

159) 稼亭集 卷17, 送奇集賢代祀醫巫閭.
160) 李昇薰, 『詩論』, 高麗苑, 1979, pp.95~106.
161) 稼亭集 卷19, 次三日浦四仙亭詩韻.

되는 것은 아니다. 많은 경우, 다음 例와 같이 이들 글자가 省略된다.

法令은 마치 쇠털같이 까다로운데
백성은 고기 꼬리 붉듯 고생이 극심하고162)

法令牛毛細　　　　黔蒼魚尾禎

위 詩句는 그 意味上으로 보아 "法令如牛毛細 黔蒼似魚尾禎"이
라고 六言으로 되어야 하겠지만, 詩型이 五言詩기 때문에 "如"나
"似" 字가 省略되었을 뿐, 分明히 直喩이다. 平仄과 글자의 制約을
받는 漢詩에 있어서 이와 같이 直喩임을 表示하는 글자가 省略된 例
가 많은 것은 當然한 일이다. 勿論 稼亭詩에도 이 같은 形式의 直喩
가 많이 보인다. 稼亭은 그의 시 洛花如雨柳如烟163)처럼 한 句에 두
개의 直喩를 사용한 能함도 보였다. 이처럼 稼亭은 詩에 直喩法을
使用함에 있어서 多樣한 詩的 효과를 거두고 있다.

(2) 隱喩

比喩는 그 論議만큼이나 複雜한 것이다. 本稿에서는 一般的인 隱
喩論에 따라 稼亭詩에 나타난 隱喩를 살펴보고자 한다.

뻗은 내의 바람에 뜨는 달은 詩 속의 땅이고
정자 앞에 펼쳐지는 누대는 그림속의 집이네.164)

---

162) 稼亭集 卷14, 紀行一首 贈淸州叅軍.
163) 稼亭集 卷16, 三月十四遊城南.
164) 稼亭集 卷15, 寧海無價亭 次金簡齋詩韻.

一川風月詩中地　　十里樓臺畫裏家

위 詩句는 寧海無價亭의 景致를 읊은 詩다. 詩人이 때때로 말로 表現할 수 없는 아름다운 景致를 만날 때가 있다. 이와 같이 아름다운 風景을 "詩中地"와 "畫裏家"라는 補助觀念을 使用하여 隱喩的으로 表現한 것이다. 위 詩에 使用된 隱喩는 元觀念과 補助觀念이 모두 나온 A is B의 置換隱喩의 方式을 取하고 있다. 이 詩는 隱喩를 通해 말로 表現할 수 없는 아름다운 風景이 視覺的 心象을 通해서 傳達된다. 이 두 句는 置換隱喩를 使用하여 對偶를 形成하면서 그 詩的인 아름다움을 形成하면서 作家의 視覺的인 心象이 잘 表出되어 있다.

젊었을 때 높은 의리는 公卿을 낮게 보고
만년엔 부침하여 盛名 감추었네
늘그막에 어찌 새로운 御史를 보랴만
明君께서 이제야 노선생을 기용하셨도다
蛟龍이 어찌 못 속에 살 존재인가
千里馬는 응당 땅 위에서 다닐 줄 알아야하리[165]

少年高義陋公卿　　晚節浮沉晦盛名
白首爭看新御史　　明君方用老先生
蛟龍豈是池中物　　騏驥須知地上行

위 詩는 禹先生(倬)이 司憲府 糾正에 起用됨을 祝賀하는 詩다. 위 詩에 使用된 "蛟龍"과 "麒麟"은 竝置隱喩로서 모두 禹先生의 남달

---

165) 稼亭集 卷15, 寄賀禹先生拜糾正.

리 뛰어난 資質을 表現하였다. 이는 題目과 앞의 內容에 의해서 쉽
게 알 수 있는 隱喩라고 하겠다. 그러나 이와 같이 쉽게 풀 수 있는
隱喩만이 使用된 것은 아니다. 때로는 그 詩 自體로는 풀기 힘든 隱
喩도 使用하였다.

> 강변의 客舍는 실로 쓸쓸하여
> 몇 번이나 빈 처마 밑에서 北斗星 보네
> 밤새도록 세찬 바람 집을 부술 듯 불고
> 흐르던 온 강물 얼어 다리를 이루었네
> 잠詩 사이에 문득 사람의 마음이 작아지니
> 가까운 거리라도 말발 빠르다 자랑 말아야지
> 두려운 길 건너고 보니 도리어 우습구나
> 이제 고향으로 돌아가 漁樵生活이나 하리라.166)

沙頭逆旅正蕭條	幾傍虛簷望斗杓
半夜疾風吹破屋	一江流水凍成橋
須臾便見人心小	尋丈休誇馬足驕
過了畏途還自笑	不如歸去老漁樵

　위 詩는 戊辰(1328)年 겨울에 얼음 위로 漢江을 건너면서 지은 詩
다. 首聯과 頷聯에서는 江邊 客舍의 風景과 江물이 얼었음을 直叙하
고 있다. 頸聯에서부터는 書經에서 다시 人事로 돌아오고 있다. 얼음
위로 江물을 건너면서 얼음이 깨질까 조마조마한 마음이 頸聯內句에
잘 表現되어 있다. 여기에서 얼음 위를 걷는다는 것의 意味가 밝혀져
야 그 다음 句인 "尋丈休誇馬足驕"가 分明해진다. 이는 다른 詩 "重

---

166) 稼亭集 卷15, 戊辰冬氷渡漢江.

足人間履薄氷/知心賴詩有良朋(발을 포개고 사는 人間살이 엷은 얼음을 밟는 듯, 마음 아는 몇 친구만 믿을 것이네)"167)란 句에서 얼음 위를 걷는다는 것의 元觀念은 人間살이임을 찾아낼 수 있다. 이는 世上을 살아가는 어려움, 즉 조마조마한 마음과 얼음 위를 걷는 것이 同一함에 依한 隱喩이다. 이렇게 볼 때, 頸聯 外句 "尋丈休誇馬足驕"의 意味가 明確해진다. 이는 짧은 기간의 宦路라도 마음을 놓을 수 없는 世態를 말하고 있다. 벼슬길이란 마치 살얼음 위를 걷는 것과 같은 不安한 政界에 있는 自己 自身에 對하여 조심스럽게 행동하라는 경계라 하겠다. 이와 같은 隱喩的 意味는 다음 尾聯 內句의 "畏途"가 自身이 걸어온 宦路를 隱喩하고 있다. 이는 벼슬을 버리고 故鄕에 돌아가 물고기나 잡으며 나무나 하는 平凡한 人間으로 一生을 보내겠다는 尾聯 外句에 의해서 그 意味가 더욱 뚜렷해진다. 위 詩에는 "漁樵"와 같은 常套的인 隱喩도 들어있지만, 全體的으로 보아 作家의 獨創的인 隱喩가 主를 이루고 있다. 또 실제로 自身이 겪은 일에서 詩作하여 隱喩的인 意味로 유도해 낸 것은 隱喩 使用에 있어 特異한 妙를 보인 例이다.

(一)
호랑이를 타매 바야흐로 내리기 어려운 일
나귀 타고 詩 읊으며 괴롭게 官路 찾네.
以上도 하여라, 조물주는 변덕도 많아
모르는 신과 갓이 바뀌게 하네.

騎虎方知却下難　　吟詩驢背苦求官
怪哉造物多機變　　暗裏教人倒屨冠

167) 稼亭集 卷17, 遺興.

(二)

政治는 때에 따라 쉬움과 어려움 있는데

사람들은 다만 高官만 願하네

지금 스스로 無用함을 아니

그때 일찌감치 그만두지 않은 일 後悔되네168)

經濟隨時有易難　　　人心只願作高官

如今自揣眞無用　　　悔不當時早掛冠

위 詩는 同年인 張寺丞에게 준 七言絶句 2首이다. (一)詩는 全體
가 하나의 隱喩로 構成되고 있다. (一)詩에 使用된 隱喩의 元觀念들
은 그 다음 詩에 依해서 明確해진다. (一)詩 起句는 (二)詩 承句가
그 元觀念을 形成하고 있다. 즉 성급히 官職에 나와 높은 벼슬에 오
르는 일을 "騎虎"라고 隱喩하고 있다. 또 高麗後期에 不適當한 用人
을 "倒履冠"이라고 隱喩하였다. 이와 같은 表現은 "東方民瘼著醫難
爲是當年倒履冠"169)에도 나타난다. 위 詩는 (一)詩가 全體的으로 隱
喩로 되어 있고, 그 다음 (二)詩에서 그 元觀念이 나타나는 例에 該
當하는 것을 隱喩한 것이다. 第1首의 "掛冠"은 벼슬을 그만둠을 隱
喩한 것이다.

5) 象徵

詩에 있어서 重要한 表現技巧의 하나인 象徵이 稼亭의 詩에는 어
떤 形態로 使用되었는가를 살펴보자. 稼亭은 그의 詩에 各種 象徵을

---

168) 稼亭集 卷19, 寄同年張寺丞.
169) 稼亭集 卷17, 送韓相國.

多樣하게 使用하고 있다. 漢文에 있어서는 典故를 빌어서 自身의 作品에 쓰는 用事도 象徵의 하나로 取扱될 수 있을 것이다. 이는 因襲的 象徵의 하나로, 가장 普遍化된 것이며, 또한 用事를 重視하던 漢詩에 있어서는 큰 比重을 가진 修辭法의 하나이다. 稼亭詩에도 典故에 의한 用事로 이루어진 象徵을 使用한 것은 매우 많다.

> 法令은 마치 쇠털같이 까다로운데
> 백성은 고기꼬리같이 붉구나.170)

> 法令牛毛細   黔蒼魚尾赬

> 남강의 비바람에 漁火가 흔들리고
> 아지랑이 노을에 佛刹이 붉구나.
> 居民이 고기꼬리처럼 붉음이 한스럽고,
> 촌락은 쓸쓸하고 먹고 살기 힘들어라.171)

> 南江風雨亂魚火   北嶺烟霞明佛刹
> 所恨居民魚尾赤   籬落蕭條生事拙

위 두 詩에 使用된 "魚尾赬"과 "魚尾赤"은 모두 하나의 象徵으로 使用된 것들이다. 그러나 이와 같은 象徵은 이 詩 自體만으로는 解決되지 않는다. 이는 『詩經』「周南 汝墳篇」第3章에 "魴魚赬尾 王室如燬 雖則如燬 父母孔邇"에서 淵源한 象徵이기 때문이다. 이것의 解釋을 朱熹는 『集註詩傳』에서 다음과 같이 說明하고 있다.

---

170) 稼亭集 卷14, 紀行 一首.
171) 稼亭集 卷14, 送漢陽鄭叅軍.

比也, 魴魚名, 身廣而薄, 少力細鱗, 頳赤也, 魚勞則尾赤, 魴尾本
白, 而今赤則勞甚矣, 王室指紂所都也, 燬焚也, 父母指文王也, 孔甚
邇近也.172) (比다. 魴은 고기이름으로 몸체가 넓고 얇으며, 힘이 적
고 비늘이 가늘다. 頳은 붉다는 뜻이다. 고기가 疲勞해 지면 꼬리가
붉어진다. 魴의 꼬리는 原來 白色이나 이제 붉은 것은 勞苦가 甚한
것이다. 王室은 紂의 都邑地이다. 燬는 탄다는 뜻이다. 父母는 文王
이다. 孔은 甚하다는 뜻이고 邇는 가깝다는 뜻이다.)

위와 같은 說明에서 "魚尾頳"과 "魚尾赤"이 象徵하는 意味는 明
確해진다. 이는 바로 百姓이 賦役이 甚하여 지쳐 있음을 象徵하고
있다. 이는 原典에서 一種의 比喩로 使用되었던 것이, 後世에는 比
喩的 意味는 完全히 사라지고, 하나의 象徵으로 使用된 것이다. 위
例는 "魚尾頳"과 "百姓들이 賦役에 시달려 지쳤음"은 어떤 類似性
이나 相似性도 없이, 서로 連結되었으므로 이는 象徵인 것이다. 이와
같이 典故에 의한, 象徵은 漢詩의 一般的 特性으로 指摘될 程度로
널리 使用된 象徵이다. 稼亭이 이런 用事의 性格을 가진 象徵을 그
의 詩에 많이 使用하고 있음을 볼 수 있다. 自然的 象徵 중에 모든
象徵形式과 全世界的으로 가장 一般的인 것의 하나는 色彩象徵이
다.173) 稼亭의 詩에도 여러 色彩語가 使用되고 있으며 많은 것들이
象徵과 結付되어 있다.

그대 마음은 一寸丹心

---

172) 朱熹, 集註詩傳, 唯一書舘, 大正2年, p.14.

173) J.E.Cirlot.(Jack Sage 譯), A Dictionary of Symbols(Philosophical Library, inc,
1962), p.50. "Colour Symbolism is one of the most universal of all types of
symbolism, and has been consciously used in the liturgy, in heraldry, alchemy, art
and literature."

그대 귀밑은 한창 푸르러[174]

君心一寸丹   君鬢十分靑

위 詩에 使用된 "丹"은 "조금도 거짓 없는 참된 마음"을 象徵하는
것으로, "一片丹心"을 뜻하는 色彩象徵이다. 이는 傳統的으로 使用
된 象徵의 하나이다. 귀밑털의 色은 푸른色이 아니다. 여기서 푸른色
으로 表現한 것은, 그 털의 色을 表現한 것이라기보다는 하나의 象徵
的인 色彩라고 하겠다. 이 "靑"은 바로 젊음을 象徵하는 것이다. 이
와 같은 例로는, "莫嫌鬢未十分靑(젊지 않음을 싫어하지 말라)"[175]
라는 句에도 잘 表現되어 있다. 붉은색, 노란색, 흰색 等은 同化의 過
程에 따른 前進的인 뜻을, 푸른색·남색·검정 等은 不同化의 退步
的 意味를 갖는다.[176] 이와 같은 色彩와 關聯된 象徵的 意味들은 稼
亭詩 全般에 나타나는 因習的 象徵 中에 큰 比重을 차지하는 것이
기도 하다.

> 螳이 매미를 잡으려면 차라리 위를 봐야 하고,
> 새매가 참새를 잡으려면 앞에 당하는 것이 필요하네.
> 獅子의 한 울음에 모든 짐승은 고요하고,
> 社稷의 쥐 城의 여우만 더욱 可憐하네.[177]

螳欲捕蟬寧顧後   鷹如逐雀要當前

---

174) 稼亭集 卷14, 紀行 一首.
175) 稼亭集 卷19, 題金孟堅詩卷.
176) J.E.Cirlot, 前揭書, p.50.
177) 稼亭集 卷19, 演雅 一首.

一聲師子百獸癈   社鼠城狐尤可憐

위 詩는 알레고리性 象徵을 取하였다. 起句와 承句에서는 모든 일에 있어 그 하는 方法의 바름을 말하고 있다. 轉句에서 "獅子"는 權勢와 돈을 많이 가진 사람을 象徵하고 있으며, "社鼠"와 "城狐"는 가난뱅이 의지할 데 없는 불쌍한 百姓들을 象徵하고 있다. 위 詩는 모든 政治가 제대로 되지 않는 高麗時代의 社會相을 直敍할 수 없기 때문에 알레고리性 象徵을 使用하여, 政治人들에게 어떤 敎訓을 주려고 한 詩다. 이 詩에는 稼亭의 愛民思想이 잘 表現되어 있다.

以上에서 본 바와 같이, 稼亭은 因習的 象徵이나 알레고리性 象徵 外에도 個人的 象徵도 多樣하게 使用하고 있다.

칼날은 팔꿈치 밑에 많이 생기고
적은 간혹 같은 배에도 있네[178]

刃多生肘下   敵或在舟中

위 詩에 使用된 "刃多生肘下"는 하나의 象徵을 이루고 있다. 이 象徵을 풀 수 있는 것은 바로 다음 句인 "敵或在舟中"에 依해서다. 이 詩는 李正郞에게 答한 詩로 高麗後期의 社會相을 反映한 詩다. "刃多生肘下"라는 것은 나를 猜忌하고 嫉妬하는 사람은, 恒常 내 周圍에서 생겨남을 意味한다. 이와 같은 象徵은 다른 詩 "人生少安處 肘下生白刃(인생살이 편안한 곳 적고 팔꿈치 아래 흰 칼날 생기네)"[179]

---

178) 稼亭集 卷17, 答李正郞.
179) 稼亭集 卷14, 江口阻風.

에서도 볼 수 있는 個人的이고 文學的인 象徵이다.

> 좋은 時節엔 高尙한 生活 郭南의 집에 누워서
> 세상 趨勢 쫓다 흰머리 된 것 自嘲하네.
> 왜 江上의 길로 돌아갈 생각 없겠는가
> 문득 벼슬길에 豺狼 있음을 꺼려서이네.180)

> 淸時高臥郭南莊　　笑殺趨塵而鬢蒼
> 豈不懷歸江上路　　却嫌當道有豺狼

이 詩는 辛巳(1341)年 서울에 와서 張訥齋에게 준 詩다. 그의 나이 44세 때 지은 것이다. 起句에서는 벼슬을 떠났던 生活을 말하고, 承句에서는 벼슬길에 올라 이미 늙어버린 自身에 對해 自嘲하고 있다. 轉句의 "江上路"는 바로 起句에서 말한 田園生活을 象徵的으로 表現하고 있다. 自身이 왜 田園生活을 좋아하면서도 官路를 떠나지 못하고 벼슬하는 理由를 結句에서 밝히고 있다. 그것은 벼슬길에 "豺狼"이가 있기 때문이다. 이 "豺狼"이는 不正을 일삼는 小人輩들을 象徵한다는 것은 쉽게 알 수 있다. 이 詩에서는 小人輩들이 판을 치는 잘못된 政界를 바로 잡아보겠다는 作家의 意志가 잘 나타나 있다. 이는 "可歎開門納虎狼 腰下金符亦安用(문을 열고 虎狼이를 들어오게 하니 한탄스럽네, 허리아래 金符는 어디에 쓰는 것인가)"181)라는 句에도 잘 나타나 있다.

> 그 누가 오늘 일 짐작이나 했으랴

---

180) 稼亭集 卷16, 辛巳夏入都寄張訥齋.
181) 稼亭集 卷19, 登鐵嶺.

그 무리들 변함없이 옛날과 같네.

그릇 깰까 두려워 쥐 못 잡는 이 마음

傍觀함에 눈만 시리고 이미 위태로워졌네.[182]

他人豈意有今日	此輩依然如舊時
投鼠要湏先忌器	傍觀眼冷已多危

위 詩는 姦臣들의 橫暴에 憤慨하여 지은 詩다. 傍觀만 하다 보니 姦臣들의 橫暴가 매우 危殆로운 地境에까지 이르렀음을 말해 준다. 이 詩의 轉句는 完全히 象徵으로 構成되고 있다. 쥐는 姦臣이나 貪官汚吏를 象徵한다고 볼 수 있으며, 그릇은 임금이나 善良한 官僚들을 象徵하고 있다. 그러므로 그 나쁜 무리들을 除去하려고 해도 曖昧하게 죄 없는 사람이 다칠까 염려가 됨을 表現하였다.

以上에서 살펴본 바와 같이 稼亭은 多樣한 象徵들은 그의 詩에 使用하고 있다. 傳統的이고 因習的인 象徵은 그의 該博한 知識과 關係 있는 것으로 典故에 의한 用事가 大部分이다. 自然的인 象徵은 주로 色彩와 關聯된 것들이다. 또 個人的 象徵들이 주로 動物과 關係된 象徵이라는 것도 그 特性의 하나로 指摘된다.

稼亭詩에 나타난 修辭上의 가장 큰 特徵은 類疊이 많이 使用되었다는 點이다. 이는 詩에 統一性과 强調를 주는 反復이다. 이 類疊 중에 疊字와 類字는 相當數가 使用되고 있으나 疊句와 類句는 거의 使用되지 않고 있다. 이는 稼亭詩의 大部分이 近體詩가 主를 이루고 있다는 點에서 보면 韻律上의 理由라고 하겠다. 疊字는 單音節 類疊

---

182) 稼亭集 卷16, 用舊韻答友生.

으로 80種에 걸쳐 140回를 使用하고 있으며 그 中에서도 "紛紛"이
11回로 가장 많이 使用되었다. 內容的인 面에 있어서 情感, 時間과
空間, 事物의 狀態形容 等의 疊字는 使用된 回數도 많고, 詩的인 表
現 技巧에 있어서도 效果的이라고 말하겠다. 그러나 擬聲語의 疊字
는 聽覺的인 要素와 關聯된 것이기 때문에 그 表現의 妙를 보여주지
는 못했다. 類字 使用의 形式的인 面에 있어서는 同一句 內에 使用
된 것과 隔句의 類字가 있다. 同一句 內의 類字는 많으나 隔句의 類
字는 比較的 적은 편이다. 이는 平仄이 對를 이루어야 하기 때문에
隔句 類字의 使用이 古體詩에 限定되기 때문이라고 하겠다. 同一句
內에 使用하는 경우는 主로 平仄을 잘 考慮하여 使用하였다. 五言句
의 경우는 一·三字를 類字로 使用한 것이 있기는 하나 七言句에 비
해서 매우 적은 數이다. 七言句에는 四·七字, 二·七字, 三·六字,
一·三字, 一·五字 等의 多樣한 方法이 使用되고 있다. 그 中에서
도 二·六字의 類字 使用이 가장 많다. 이는 平仄에 있어 잘 맞을 뿐
아니라 詩句 自體內의 對比的 效果를 주어 詩意를 더욱 鮮明하게
해주고 있다. 또 이 同一句 內의 類字 使用으로 이루어진 拱璧對도
보인다.

　對偶는 漢詩에 있어서 代表的 表現技巧의 하나이다. 稼亭은 古體
詩에도 많은 對偶를 使用하고 있으며, 近體詩에는 各種의 對偶法을
使用해서 詩的인 效果를 거두고 있다. 律詩에 있어서는 轉句를 모두
對偶로 構成한 것도 있고 한 聯만을 對偶로 使用한 例도 있다. 特히
우리나라 漢詩에는 드물게 보이는 拱璧對를 쓴 點 等은 稼亭이 對偶
의 形成에 있어서 能했음을 보여주는 例이다.

　詩의 重要한 表現方法 중의 하나가 心象이다. 稼亭은 各種의 精
神的 心象을 適切히 使用하여 詩的인 效果를 거두고 있다. 그 中 가

장 많이 使用된 것은 다른 作家와 같이 視覺的 心象이다. 그러나 敍景詩에 있어서 순수한 視覺的 心象으로 一貫한 것이 없고 自然 속에 人間事의 理念的인 面에 치우치고 있는 點은 稼亭詩가 갖는 限界點이라 보겠다.

稼亭은 直喩를 使用함에 있어서 補助觀念이 되는 事物을 主로 우리 生活周邊에서 흔히 接할 수 있는 것으로 하고 있다. 이는 直喩를 通해 詩意를 잘 傳達하는 效果를 주고 있다. 또 觀念的인 것으로 可視的인 事物狀態를 直喩한 것 또 同一句 內에 二重의 直喩를 使用한 點 等은 稼亭詩에 나타나는 特徵으로 指摘되어야 할 것들이다. 그러나 隱喩에 있어서는 稼亭 나름의 獨創性을 보여주는 個人的인 隱喩는 드물다. 大部分이 典故와 關聯된 것들이다. 그 形式的인 面에 있어서는 比較的 多樣한 方法들이 使用되고 있다.

象徵은 詩가 갖는 큰 特徵이다. 이는 用事와도 關係되는 것이기 때문에 大部分이 因習的인 象徵으로 기울어지고 있다. 이는 모든 漢詩가 갖는 一般性이기도 하다. 이와 같은 因習的 象徵 中 稼亭詩가 가장 많이 使用한 것은 色彩象徵이다. 稼亭詩에 個人的 象徵이 전혀 없는 것은 아니나 대개가 알레고리性 象徵의 範圍를 벗어나지 못하고 있다.

제7장
詩의 主題

제7장 詩의 主題

稼亭의 散文은 대부분 그의 사상을 담고 意識을 비춰주고 있는 반면 그의 시에서는 주로 자신의 生活 周邊에서 마주치고 느껴지는 일과 생각들을 眞率하게 作品化 하고 있다.

그의 시에는 麗·元을 往來하며 벼슬살이로 故鄕을 떠나 일어난 望鄕과 思親의 情, 오랜 旅行에서 景觀을 대하고 느낀 自然에의 感懷, 절박한 農民의 實情을 憐憫하는 情이 담겨져 있다.

그리고 만년에 고향으로 돌아가고 싶은 심정이 토로 되어있다.

1. 望鄕과 思親의 情

가정은 지방鄕吏의 아들로 科擧를 통해 중앙에 진출하여 당시 서울인 개성에서, 그리고 元나라 會試 합격 이후로는 그곳 타국에서의 관직 생활로 인해 오랜 기간 홀로 客地 생활을 보냈다.

특히 가정은 14세에 아버지를 여의고 어머니에 대한 효심이 극진하였다. 이는 그의 시호가 文孝公임을 보아서도 평소 그의 孝心을 알 수 있다.

늙은 어머니를 고향에 둔 稼亭은 그의 여러 시편에 望鄕과 思親의
정을 실었다.

여기서 思親의 내용을 실은 시의 제목을 찾아본다.

　　七月四日得家書(권14) 寒食獨坐書懷(권14) 庚辰春日有感三絶
(二)(권15) 辛巳元日有感(권16) 送友人還鄕(권16) 送辛代言東歸(권
16) 壬午歲寒食(권16) 守歲(권16) 皇都秋日(권16) 病中述懷(一)(권
17) 甲辰元日(권17) 立春書懷(권17) 獨坐(권17) 丙戌中秋題漢陽府
(권17) 寄成按廉汝安(권17) 九日(권8) 次韻答家兄(일·이·삼·사)
(권18) 送同年安員之登第還鄕(권18) 丙戌除夜(권18) 丁亥元旦(권18)
寄奇三政(권18) 過慈悲嶺(권19) 自詠效樂天體(권19)

위 시제들에서 보듯이 가정은 해가 바뀌는 세모나 새해를 맞이한
원일, 입춘, 그리고 한식, 추석 등 명절에 사친의 정이 새로워서 그 때
마다 詩題를 題目으로 달아 읊었다. 고향집에서 온 편지를 받고는 더
욱 간절한 마음을 쏟았으며, 고향을 그리워 하고 어머니 뵙고 싶은
마음과 어머니의 건강을 걱정하는 시를 썼다. 元나라에서 친우지인들
이 귀국할 때 送詩로 부러운 심정을 담아 고향과 어머니의 그리운 정
을 실어 지어주기도 하였다. 따라서 대부분의 思親詩가 중국에서 지
어졌다. 사친뿐만 아니라 망향, 妻子에 관한 詩도 있다. 또한 자식의
공부를 勸勉하는 詩도 있다.

그리고 다정다감했던 가정은 객지에서 집 처마에 제비가 지저귀는
것을 보고도 나그네와 함께 서로 의지할 만하다(簷前相對語 客裏故
相依)라고 하고, 둥지를 이루어도 도리어 버리고 가는 것을 보고는 금
년에도 또 고향으로 돌아가지 못하는 슬픔에 젖은(見爾增悲慨 今年又
未歸)[1] 망향의 정을 술회하기도 하고, 또 자비령을 지나면서 嶺의 이

름을 연상하어 머리를 돌려 남쪽 바닷가 고향에 계신 慈母를 그리는 (廻首松都己杳然 萱堂更在海南邊) 등 思親의 情을 나타내기도 했다.

다음 시는 節候를 느끼며 명절을 맞아 感懷를 쓴 것이다.

연경에서 벼슬살이 몇 년 봄을 보냈는가.
명절이 되면 항상 어머니 생각드네.2)

遊宦皇都幾見春　　歲時常憶北堂親

다음날 아침이면 나이 50세가 되는 병술년(1346년) 제야에 어머니에 대한 그리운 정을 읊은 것이다.

다음 시는 重九節에 지은 것이다.

중구절의 국화꽃 빚은 술 있었고
고당에는 늙으신 어머님 계시네.
멀리 떠나온 나그네 부질없이 서글피 바라보니
보잘 것 없는 관직생활 아직도 머물렀네.
가을비에 삼경은 거칠어 갈 것인데
서울 먼지는 사방에 가득하네.
등고놀이 오히려 틈을 내지 못함은
고향 멀리 바라보다 속상할까 저어해서네.3)

九日黃花酒　　　高堂白髮親
遠遊空悵望　　　薄宦且因遁
秋雨荒三經　　　京塵漲四隣
登高猶未暇　　　極目恐傷神

---

1) 稼亭集 卷17, 燕.
2) 稼亭集 卷18, 丙戌除夜.
3) 稼亭集 卷18, 九日.

쓸쓸한 가을비와 가득한 먼지는 객지생활의 고독한 분위기이고, 중
구절의 국화주와 연로한 어머니는 고향을 그리는 심정을 유발한다.
언제고 돌아갈 고향집 정원은 황폐하기만 할 것이고 이러한 분위기
의 명절은 오히려 여수만 재촉하고, 등고놀이를 즐기고 싶지만 멀리
고향쪽을 바라보다가 마음만 상할까 염려되어 그만둔다는 심정을 토
로하여 끓어오르는 망향과 어머니에 대한 그리운 정을 소극적으로
억제하고 있다.

그는 타향 나그네로서 고향 계신 어머니가 조석으로 문 앞에서 자
기가 돌아오기를 늘 기다리고 계실거라고 믿고 있다.

> 나그네의 회포가 오래도록 편치 못함은
> 어머니 조석으로 문에 기대기 어려우실 것이네.
> 상자 속의 묵은 붓은 시름일 때 꺼내고
> 머리 위의 티끌 관은 취한 뒤에 털어보네.
> 석목 나루 물 맑으니 달빛 밝고
> 거용산은 가까우니 가을 기운 차가웁네.
> 객지생활 하는 마음 알아 줄 이 없으니
> 남녘 창에 베개 돋우고 한 잠 자노라.[4]

> 遊子情懷久未安　慈親朝暮倚門難
> 篋中舊筆愁時援　頭上塵冠醉後彈
> 析木津淸多月色　居庸山近足秋寒
> 無人認得淹留意　高枕南窓一夢殘

이 시에서는 생활의 갈등으로 인해 더욱 간절한 망향의 정을 낮잠

---

4) 稼亭集 卷16, 皇都秋日.

으로 잊으려 하고 있다.

다음으로는 중국에서 고향으로 돌아가지 못하는 심사를 고향집의
편지를 받고 쓴 시를 들어보겠다. 이 글에서는 인생에 대한 회의가
적나라하게 그려지고 있다.

> 고국을 떠난 지 이미 다섯 달인데
> 오늘 아침 비로소 편지 받았네.
> 받고서도 감히 뜯지 못함은
> 사연 속에 무어라 했을지 망설여서였네.
> 평안하다 하였고 다른 말은 없으니
> 나그네의 회포 이제 처음 펴지네.
> 가난한 봉양에도 만족할 수 있을텐데
> 실속 없는 명예는 또한 헛될 뿐이네.
> 누가 능히 다시금 얽어매리오
> 내 마땅히 내 집으로 돌아가려네.[5]

> 去國已五月　　　今朝始得書
> 得之不敢拆　　　書中道何如
> 平安無他語　　　旅懷今時舒
> 菽水歡自足　　　箕斗名亦虛
> 誰能更拘束　　　吾當返吾廬

家兄의 편지를 받아들고 행여 어떤 소식일까 주저하다가 평안하다
는 내용에 시름을 놓는 시인의 소심한 모습이 역력하다. 이 시는 가
정의 재원사친시 중 비교적 일찍 지어진 시이다. 고향을 떠나 중국에

---

5) 稼亭集 卷14, 七月四日得家書.

서 다섯 달 만에 형으로부터 편지를 받았다. 고국을 떠나서 다섯 달
이면 아주 오랜 기간은 아니었는데도 그에게는 이미 오랜 기간으로
느껴져 고향 소식과 어머니 안부가 매우 궁금했다. 셋째 귀는 편지를
받고 행여 늙으신 어머니에 대한 불행한 소식일까 선뜻 뜯지 못하는
조마조마한 시인의 마음을 읽을 수 있다. 몇 달 동안 객지생활의 짜
증도 어머니 평안하심 소식에 다 씻겨버렸다. 그까짓 헛된 벼슬이 뭐
라고 어머니 옆에서 음식 봉양하지 못하고 떠나오게 된 후회가 벌써
벼슬살이의 회의와 고향집으로 돌아가고 싶은 망향의 정으로 이어져
있다.

다음의 답서에도 망향의 정과 객지의 회포와 환로에의 갈등, 환향
의 바램이 여러 수에 나타나 있다.6)

(一)
부모 떠나 다시 연경의 객이 되니
괴롭게 생각하네, 어머님 모시는 수고
부질없이 시경 가지고 척기구를 읊으며7)
동으로 운산 보니 하늘가에 높직하네.8)

辭親又復客燕都   苦憶庭門侍奉勞
謾把詩篇吟陟岵   雲山東望際天高

(二)
소년 시절 고생하며 송도에 있을 때

---

6) 稼亭集 卷18, 次韻答家兄.
7) 陟岵 : 시경 衛風 篇의 陟岵章에 나오는 말로 "陟彼岵兮瞻望母兮(푸른 산에 올라
　어머니 계신 곳 바라보노라니 어머니 말씀 떠오르네)"라는 句의 뜻을 인용.
8) 稼亭集 卷18, 次韻答家兄.

언제나 베 짜고 신 삼는 어머니의 노고에 부끄러웠네.
오늘날 청빈함 오히려 그때와 같으니
관직 높은 것이 반드시 이름 높음 아니네.

少年辛苦寓松都　　常愧慈親織屨勞
此日淸貧猶似舊　　官高不必與名高

(三)
다행히 벼슬길 만나 연경에 들어와서
지양으로 어머님 노고 위로할까 했네.
어머님 얼굴 늙어가고 형제완 이별하고 있으니
무엇이 단란한 웃음소리 높은 것만 같으리오.

幸際風雲入帝都　　擬將志養慰劬勞
慈顔漸老鴒原隔　　何似團欒笑語高

(四)
만 리 밖의 고향에 오랫동안 서신 없어
노환 앓고 나신 어머님을 꿈에도 생각하네.
벼슬하라는 어버이 뜻을 받들어야 한다는 말 잘못 믿어서.
동순9)과 빙어10) 바친 분들에게 몹시 부끄럽네.

家山萬里久無書　　夢想高堂老病餘
誤信古人多養志　　頗慚冬筍與氷魚

　위 4수는 그가 만년(1345년) 48세 때 지은 것으로 보여지는 바, 차

─────────────────

9) 겨울철에 죽순을 구하여 어머니를 봉양하는 孟宗의 고사.
10) 병이 난 어머니에게 얼음판을 쪼개고 물고기를 얻어다가 봉양한 王祥의 고사.

운하여 형에게 보낸 6수 중 앞의 4수이다. 첫수에서 부모를 떠나 연경에 온 객의 몸으로 이제까지 어머니를 모시느라 고생한 형의 노고에 감사하고 시경의 구를 인용하여 망향의 정을 간절히 표했다. 둘째수에서 어머니의 고생에 보답하고 싶지만 아직도 가난하게 살고 있는 자신의 환로가 원망스럽다는 감정을 표현하고 있다. 셋째수와 넷째 수에서는 가족 간에 단란하게 지내지 못하고, 벼슬길에 나가라는 어머니의 뜻을 받든답시고 봉양 못하는 것을 부끄러워하고 있다.

　이어 그 다섯째수와 여섯째수를 보기로 한다.

　　　　（五）
　　　일찍이 초가 짓고 고서를 모았는데
　　　그때 심은 나무 십여년이 되었네.
　　　동산의 소나무 일산처럼 드리운 곳 학이 깃들고
　　　시냇가 버들가지 고기 꿸 만 하겠네.

　　　　曾構茅齋聚古書　　　當時栽種十年餘
　　　　園松偃盖應棲鶴　　　溪柳垂絲可貫魚

　　　　（六）
　　　이별한 후 해 넘도록 편지 보내기 태만했으니
　　　아우의 귀밑머리 희게 된 줄 어찌 아시리요.
　　　갓 벗어 나무에 걸고 곧바로 집으로 가려고 함은
　　　배 타고 낚시터에서 형님과 함께 물고기 낚으려 함이네.

　　　　一別經年謾寄書　　　那知弟鬢白無餘
　　　　掛冠直欲還家去　　　野艇苔磯對釣魚

가족과 어머니가 계신 자연이 기다리는 고향으로 돌아가고 싶어하는 소망으로 귀결하고 있다.

다음은 자신의 병중에 읊은 시이다.

객지 생활 삼년 동안 무엇을 했나
절반은 공심이고 절반은 사심이네.
원컨데 어머님 병없을 때 돌아가서
다시금 우리나라 태평시절 보고프네.
살림살이 졸열하여 가난에 야위어서 병든 것 같고[11]
공부하여 이룬 것 없음에 늙을수록 점점 어리석어지네.
근심스런 이 회포 누구와 말하리오.
창 아래 병을 이기며 억지로 시 쓰노라.[12]

三年作客又何爲　　半是公心半是私
願及北堂無恙日　　更逢東國太平時
理生甚拙貧如病　　學道無成老漸癡
耿耿此懷誰與說　　南窓力疾强題詩

이 시는 가정이 1341년 네 번째로 원에 들어간 후 계미년(1343년) 46세 때 그곳에서 병중에 지은 연작 6수 중 첫째수이다. 객지에서 가난한 생계에 병까지 든 중에도 어머니 강녕과 고국 평안을 비는 마음이다. 공부하여 이룬 것 없다함은 자기의 학문으로 뜻을 펼 수 없는 현실의 역설적인 표현이다. 이런 생활의 회포를 가정은 시로 달래고 있다.

---

11) 공자께서 공자의 제자 자공이 原憲을 찾아 갔는데 원헌이가 너무나 가난하여 몹시 야윈 얼굴을 보고 자네 병들었나 하고 물으니 내가 가난해서이지 무슨 병이겠냐고 대답한데서 나온 말.
12) 稼亭集 卷17, 病中遣懷.

　　오랜 친구인 고려의 동년 안보가 원나라 연경에서 회시에 합격하고 본국으로 돌아갈 때 지어준 송시에서

　　　　일생토록 교분이 친밀한 터에
　　　　만리에서 이별을 자주 하였네.
　　　　심히 그대 따라 가고 싶은 것은
　　　　고당에 다함께 어버이 계셔서이네.13)

　　　　百年交契密　　　　萬里別離頻
　　　　甚欲隨君去　　　　高堂共有親

　　특히 어머니가 계시는 고향으로 돌아가는 친구를 몹시 부러워했다. 다음 전송시는 망향, 사친의 정과 생활에 대한 회의로 가득하다.

　　　　명리 찾아 치닫는 생활 쉬지도 못하고
　　　　어머님 떠나 만리타향 나그네 신세.
　　　　괴롭다 고향가는 객을 보내는 자리
　　　　빙 두른 가을산 경치 술집에 가득이 드네.14)

　　　　名利馳人不少休　　　辭親萬里作羈遊
　　　　那堪又送還鄕客　　　繞郭秋山滿酒樓

　　명리 찾아 헤매던 생활의 갈등과 이 때문에 어머니도 뵈러 가지 못하고 있는 자기의 울적한 심사를 술로 보낸다.
　　다음 송시에서, 꿈속에서도 보고 싶은 어머니이지만 昏定晨省 못

---

13) 稼亭集 卷18, 送同年安員之登第還鄕.
14) 稼亭集 卷16, 送友人還鄕.

하는 안타까움도 술회하고 있다.

　(一)
　일생의 뜻과 일은 교묘히 어긋나서
　올해 벌써 두 번이나 귀향인을 보내네.
　작별한 후 술이 깨고 맑은 밤 꿈에 들면
　말을 달려 어머니 곁에 가게 되리라.

　　百年心事巧相違　　兩度今年此送歸
　　別後酒醒淸夜夢　　定知飛馴到庭闈

　(二)
　몇 해 째 혼정신성 많이 어기었는데
　돌아간단 말뿐이고 돌아가지 못하네.
　서글퍼라 관 지나고 물 건너 사천리 길에
　그대 보내 어머니께 안부 부탁하네.15)

　　年來定省已多違　　謾說懷歸自不歸
　　惆悵關河四千里　　送人乘傳覲慈闈

　이 시는 辛巳年(1341년) 원나라에서 고려로 돌아가는 辛代言에게
준 餞送詩이다.
　이와 같이 가정에게 있어서 벼슬살이는 명리를 구하는 부질없는
일로 인식되어 고향을 그리는 정은 더욱 간절히, 특히 혼자 계시는
어머니에 대한 그리움은 꿈에라도 가서 뵐 수 있기를 염원하고 있다.
　아래 시를 보면, 곁에서 어머니를 모시지 못하는 관직 생활이 안타

---

15) 稼亭集 卷16, 送辛代言東還.

깝고 답답할 뿐이다. 이러한 고향과 어머니의 의미는 가정의 의식상
황에 있어서 마음의 안식을 주기보다는 오히려 갈등을 유발시키는
因素가 된다.

어머니에의 그리운 정으로 宦路에 갈등하며 돌아가고 싶은 정을
읊었다.

나이 오십이 지났으니 지난 잘못 알 듯도 한데
아직도 명예 찾아 헤매니 어찌 이리 어리석을고.
분명한 총명은 나날이 떨어지고
외로운 행동거지 시대와 어긋나네.
남들 술 때문에 코끝이 붉어졌다 기롱하는데
알겠노라 수염 희노진 것 어찌 시 때문일까.
더구나 집은 가난하고 어머님도 늙으시니
아무리 생각해도 돌아감만 못하네.[16)]

年過五十可知非	尙爾馳名何大癡
了了聰明隨日減	凉凉行止與時違
人譏鼻赤因耽酒	自識髥霜豈爲詩
更是家貧親亦老	百盤心計不如歸

관직 생활은 이미 녹과 명예를 구하는 이상의 것이 못 된다고 한
것은 정치인으로서의 자포자기 상태에 이른 것이다. 이런 의식상황에
서 세상일이란 뜬구름처럼 무상하게만 느껴지는 것은 당연한 것이다.
그리하여 개인 고향산천을 그리며 귀향심을 조이는 시인의 안타까운
심정이 잘 나타나 있다.

---

16) 稼亭集 卷19, 自詠效樂天體.

뒤의 시에서도 그러한 분위기는 여전하다. 오십은 知命의 나이인
데도 불구하고 명예의 길에서 흔들리는 자신의 모습이 어리석게 느
껴진 것이다. 총명은 떨어지고 행동은 어긋나고 남들로부터 술로 인
하여 코는 붉다고 기롱 당하고 머리는 희어지는, 이러한 상황의 표현
은 사회생활의 절망을 의미한다. 그리하여 결국 귀향하는 것이 상책
이란 결론으로 좌절하고 마는 것이다.

다음의 시는 고려에 돌아와서 지은 것으로서, 역시 생애에 대한 갈
등으로 이어진다.

> 만리길 돌아온 것은 어머님 위함인데
> 올해도 더 얻은 건 귀밑머리 센 것이네.
> 타향에서 또 다시 중추 달을 보나니
> 뜬세상 헛된 자랑 백년살이 불과한 걸
> 적막한 좋은 때 뉘와 이야기 하리
> 스산한 낡은 여관서 깊이 마음 상하네.
> 벽 위에 글 써 붙여도 마멸되기 쉽지만
> 애써 일어나 불을 켜고 옷소매로 먼지를 터네.17)

> 萬里歸來爲老親　　今年剩得鬢絲新
> 他鄉又見中秋月　　浮世徒誇百歲人
> 寂寞良辰誰與語　　荒凉古館暗傷神
> 留題壁上易磨滅　　强起呼燈袖拂塵

중국에서 돌아왔지만 松京도 타향이기는 마찬가지이다. 그리고 사
회와의 괴리에서 이는 환로에 대한 회의도 마찬가지여서 사회의 毁

---

17) 稼亭集 卷17, 丙戌中秋題漢陽府.

譽는 사람의 절조를 바꾸게 하고 공명심은 정신을 상하게 하는 것으로 인식한다. 이와 같이 사회생활에 대한 근원적인 부정은 시까지도 남기기를 거부하여 혼자만 읊고 흙 속에 마멸되기 쉽더라도 그래도 시를 쓰겠다는 것이다.

이제까지 살펴본 '망향, 사친의 시에서 비춰진 생애에 대한 회의는 그 동인을 대략 두 가지로 구분할 수 있다. 첫째는 가정의 宦路의 本據가 주로 중국에서 이루어짐으로 하여 생긴 離國의 정, 현지생활의 어려움, 고려정계의 권문세족에 타협하지 아니한 점 등 外因이 있고, 둘째는 가정의 성격과 강직하고 유교적인 명분론에 치중하여 현실과의 타협이 쉽지 않았던 內因이 있다.

이번에는 직접 어머니 옆에서 어머니를 느끼는 시편을 읽어보자.

> (一)
> 어머니 뵈오러 돌아온 지 네 해가 지났는데
> 올 해의 설날 아침 상심이 되네.
> 거울 보니 내 머리 흰털 많아졌을 뿐 아니라
> 어머니 맛있는 음식보다 약 드시는 회수 많으시니.

> 爲母還家四見春　　今年元日暗傷神
> 鏡中不獨添華髮　　甘旨供疎藥餌頻

> (二)
> 어머니 연세 일흔 셋이시니
> 한편 좋고 한편 두려워 신에게 묻노라.
> 원컨대 어머니 上壽에다 안락하시고
> 나라의 은혜가 내게 자주 내리기를 바라노라.[18]

親年七十又三春　　喜懼情深却問神
但願期頤安且樂　　金花湯沐賜頻頻

이 시는 辛巳年(1341년) 稼亭이 44세를 맞는 설날에 지은 것이다. 가정이 그 해 다시 원나라에 들어가게 된 해이기도 하다.

몇 년간 어머니 가까이 있어도 어머니 건강에 대한 걱정은 매양 한 가지이다. 아래 首에서는 지금까지 어머니 장수하심의 기쁨과 금년들어 혹시나 별탈없으실까 하는 염려와 함께 병 없이 오래 장수하시기를 바라는 자식의 효심이 비친다.

이 節을 빌려서 가정의 시에 어머니 외에 가족에게 언급한 句를 찾아보기로 한다.

가정에게는 형이 둘이 있었다. 둘째형 畜은 夭死하고 맏형 培가 가정의 만년까지 고향에서 어머니를 봉양하고 있었음을 가정의 시에서 알 수 있다.

가정 시 중에 "七月四日得家書"의 편지도 형이 보낸 것 같고(아들 목은은 10세 미만), 「得家兄書」는 계미년(1343) 가정이 46세 때 마지막으로 원나라에 들어간 2년 후에 그곳에서 받은 편지이다. 그 편지를 받고 가정은 시를 지어 형의 편지 내용에 형제간의 우의가 담겨있음을 소개하고 여생을 같이 늙으면서 함께 살자는 형의 뜻을 밝히면서 형을 그리워하는 시를 지었다. 그리고 앞에서 言及한 詩句에 "苦憶庭門侍奉勞"라고 하여 형의 어머니 봉양의 수고에 고마움을 표하였다. 또 형에 관한 시 중 차운한 시도 두 首가 있다.

그리고 부인에 대해 언급한 시구로는,

---

18) 稼亭集 卷16, 辛巳元日有感.

벼슬살이로 또 제왕의 도읍에 이르니
박봉에 한직이나 술은 살 수 있네.
지금 고향엔 가을 수확 없을테니
굶주림에 우는 처자 다시 생각나네.[19]

宦游又到帝王都　　　薄俸官閑酒可沽
正是故山秋不熟　　　啼飢時復念妻孥

라고 하여 원나라에서 가족들의 양식 걱정으로, 妻子 고생할 것을 안
타까워하고 있다.

　그리고 해를 보내는 섣달 그믐날 지은 시의 對句에,

원추리 심은 곳 어머니 생각하고
초반 올리는 아내와 떨어져 있네.[20]

萱背憶慈母　　　　　椒盤違細君

라고 하여 어머니와 함께 아내에 대한 미안한 심사를 적고 있다. 어
머니와 다른 가족들에 비해 부인에 대한 시가 적은 이유는 당시 유학
자 관료의 풍조로 보아야 할 것이다.

　다음으로 아들 牧隱에게 준 勸學詩 두 首를 보냈다.

（一）
남자는 제왕의 도읍에서 벼슬해야 하니
한 몸 이루려면 끝없이 노력해야 하리.

---

19) 稼亭集 卷19, 寄朴判書.
20) 稼亭集 卷16, 守歲.

너는 공자가 천하를 작게 여긴 것 아느냐
다만 몸이 태산 높이 있었기 때문이다.

男兒須宦帝王都　　若欲致身均是勞
汝識宣尼小天下　　只緣身在泰山高

(二)
삼십년 전 독서를 게을리 했더니
헛된 이름 늙어서야 도리어 한탄스럽다.
너는 지금 마땅히 세월 아껴 공부해야 할 것이니
부귀를 어찌 나무에 올라서 물고기 구하듯 할 수 있으랴.21)

三十年前懶讀書　　虛名却嘆白頭餘
汝今當惜分陰學　　富貴可求緣木魚

　이 詩는 兄의 시에서 차운하여 1345년에 원나라에서 지어 보낸 것
이다. 중국에서 아들에 대한 그리움을 품고 아들에게 보내는 시를 兄
의 시에 차운하였다는데 가정의 가족들에 대한 정이 더욱 간절했음
을 먼저 읽을 수 있다. 이 때 목은은 18세가 된다. 牧隱의 결혼 前해
로 그 당시 牧隱이 韓山의 大芚山에서 독서하고 있던 시기이다. 첫
수는 사나이가 웅지를 품을 것을 독려하고, 뒤 수에서 시간을 아껴
부지런히 공부할 것을 독려하고 있다. 가정은 그의 文「題勤說後」에
서도 "勤則爲君子 惰則爲小人 勤則可至於富貴 而惰則卒至於貧賤
(부지런하면 부귀에 이르고 게으르면 빈천에 이르고 만다)"이라고 한
바 있다. 30년 전의 자기의 일을 말함은 父子의 나이가 꼭 30년 차이

---

21) 稼亭集 卷18, 用家兄詩韻示兒子訥齋.

이기 때문이다.

자기 자신은 이제껏 황도에서 벼슬함을 회의하고 환로에 갈등을 느끼면서도 아들에게는 황도에서 벼슬하기를 권하는 것은 얼핏 모순된 듯하나 당시의 양국 사회에서는 그것이 최고의 양명의 길이었으며 한편 자신보다 더 높은 지위에 올라서 현달한 관료가 되어 자기보다 더 뜻을 펼 수 있기를 바라서였을 것이다.

知人에게 아들의 유학의 길을 도와달라고 부탁하는 詩도 있다.

> 대학의 문물이 요순시대보다 성한데
> 자식 두어 어찌 궁벽한 곳 있도록 할 것인가.
> 듣자니 선생이 중국에 조회를 한다고 하니
> 내 자식으로 하여금 말채찍 잡도록 할 수 없겠소.[22]

> 胄庠文物盛唐虞　　有子爭教守海隅
> 聞說先生朝北闕　　可令豚犬執鞭無

아들 색을 중국 장도에 함께 동행해 달라는 부탁이다.

어머니에 대한 그리움처럼 섬세한 감각을 보이진 않지만 아들에 대한 강한 기대감과 아들에 대한 깊은 사랑이 보인다.

2. 農民에 대한 憐憫

稼亭은 당시 권문세족의 수탈로 인해 고통당하는 억눌린 농민에 대한 연민의 정을 담은 詩들을 많이 남겼다.

---

22) 稼亭集 卷19, 寄李密直.

그는 일찍이 윗 代로부터 重農思想을 전수 받았음을 알 수 있다.
그의 祖 혹은 父가 지었을 삼형제 이름(培·畜·穀)에서도 뚜렷이
나타난다. 그리고 自號하였을 것으로 보이는 '稼亭' 역시 농사의 중요
성을 밑바탕에 깔고 있다. 그리고 나중에 아들까지 穡이라 이름지어
務玆稼穡의 정신을 나타냈고 이는 後代孫들에게까지 이어주었다.

稼亭은 平凡한 鄕吏 家庭에 태어나 農村에서 成長하였으니 農民
의 生活에 대하여 소상하게 알 수 있었다. 더구나 書經·論語·孟子
등의 經典과 史書를 통하여 體得한 民本思想은 古代王政의 治道와
함께 그의 農民에 대한 認識에 많은 影響을 주었을 것이다.

그런데 稼亭 當時는 권문세족들의 권력에 의한 불법적인 토지 奪
占 즉 약탈과 强占에 의해 농민들의 토지를 겸병하는 악랄한 부조리
가 성행하던 때였다.

고려 후기의 지배 세력인 권문세족은 경제적으로는 大土地 所有者
가 되었다. 이들은 공식적으로 관리에게 수여한 祿科田이나 祿俸보
다도 불법적인 土地集積을 통하여 이루어진 農莊을 경영하여 부를
축적하였다. 이 농장은 免稅·免役의 특권을 지닌 사적 지배력이 강
한 토지였는데 권문세족은 산천을 경계로 하는 광대한 농장을 소유
하였다.

이와 같이 고려 후기의 권문세족은 고위관직을 차지하고 광대한 農
莊을 경영하는 지배층으로 보수적인 사회세력이었다. 이들은 文化的
素養과는 거리가 멀었고 대체로 親元的 성향을 가진 사람들이었다.
따라서 권문세족은 기성의 정치권력을 유지하고 경제기반을 존속시키
기 위하여 원의 세력을 이용하고 새로운 개혁을 반대하였던 것이다.

권문세족은 그들의 권력에 의한 불법적인 奪占, 즉 약탈과 강점에

의하여 토지를 겸병하는 경우가 많았다. 또한 권문세족은 賜牌를 받은 賜田에 의하여 토지를 확대하였다.[23]

稼亭 당시 농촌의 참상에 대해서 鄭永世가 漢陽參軍으로 부임할 때 稼亭이 지어준 送序 가운데 적고 있다.

국가에 사고가 많으면서부터 일이 옛날 선대와는 달랐다. 염치의 도가 상실 되어 위아래가 서로 이를 다투었음으로 호족의 가문들은 겸병을 할 수가 있었다. 혹독한 아전들이 인하여 긁어 들였음으로 땅으로는 송곳 꽂을 곳이 없을 만한 한지가 없었고 집에는 식량이 떨어지는 탄식이 있었다. 수령된 자들이 앉아서 보기만 하고 감히 말하는 자가 없었음으로 사나운 백성들은 자봉만하였을 따름이었으니 백성이 곤궁하고 힘입을 대 없음이 이때보다도 심한 적이 없었다. 경기를 둘러싼 수백리 지역이 더욱 그 피해를 당했으니 이른바 남경란 것은 침탈의 폐단이 더욱 심하여 쓸쓸한 가시덤불 사이에 남아 잇는 백성이 8, 9호 뿐이 없으니 다른 고을은 그 개황을 알만하다. 어비 한 두 사람의 백성에 뜻을 둔자가 없으래마는 또한 모두가 그대를 구차하게 그럴 다름이었다.[24]

그의 主要 詩作品의 하나인 「紀行一首贈淸州參軍」은 자신이 직접旅行하면서 피부로 느낀 백성들의 形便과 社會相의 矛盾이 人生과 自然을 詠嘆하는 가운데 절절히 描寫되고 있다.

---

23) 邊太燮, 『韓國史通論』(개정판), 三英社, 1990, pp.241.
24) 稼亭集 卷8, 鄭參軍序. "自國家多故 事異古先 廉恥道喪而上下交征利 豪家得以兼幷 酷吏因而培克 地無立稚之閑 室有懸罄之嘆 爲守令者 坐視莫敢言 厲民自奉而已 民之困且無聊 未有甚於此時也 環畿數百里 尤被其害 所謂南京者 凋弊滋甚 蕭條莉棘間 遺氓八九戶耳 其它郡縣可以槪見矣 豈無一二有志於民者乎 亦皆因仍 苟且聊復爾耳".

「紀行一首贈淸州參軍」

옛날 사람은 劃一을 소중히 여기더니

지금 사람은 變更하기를 좋아하네.

法令이 쇠털같이 까다로우니

백성들은 시달려 있구나.

아! 멀리 여행을 하는 나는

어찌하여 불평하는가.

평소에 대부분 식구를 위하여

자주 동남쪽을 여행하였다.

꾸불꾸불한 길로 청주를 지나

천리밖의 한산에 이르려 하네.

거리마다 본바가 많았으니

감탄이 마음속에 일었네.

十里 五里 가는 사이에

驛馬 달리는 사신 분분하여 놀라옵기로

말에서 내려 길가에 섰노라니

흐르는 별같이 눈앞을 지나가네.

나는 임금의 덕음을 가지고

農民에게 펴려함인가 여겼더니

혹자 말은 어린아이까지 인구 조사하여

불쌍한 사람까지 세금을 메긴다고 하고

혹자 말은 산야를 포괄해서

땅을 갈라 세력가에 겸병한다고 하니

이런 일 저런 일로 송사하는 문서를 바하흐로 짜고 있으니

야반도주 집들이 잇달아 쓰러져가네.

사신편에 어찌 이런 것을 말했으리오.

聖人께서 詩經에 記錄하였네.

갑자기 大東詩를 읊으니

마음이 불안한 것 술병이 풀리지 않음 같다 하였네.
先王은 부지런하고 검소하여
四方을 처음으로 經營하였다.
山川이 제각기 境界 있으니
租稅인들 어찌 법이 없었으랴.
孔氏는 利를 드물게 말했고
孟子는 上下가 서로 利를 구함을 미워하였지.
때마침 봄비 개인 뒤라
뻐꾹새 뻐꾹 뻐꾹 우는데
밭머리에 점심밥 볼 수 없으니
그 누가 물가에서 밭갈이를 할손가.
나는 산을 사가지고
푸른 잔디 헤치고 집이나 지으련다.
동산에는 소나무, 대나무 가꾸고
문밖에는 찰벼와 메벼 심으리.
무성한 나무 밑에 앉기도 하도
시원한 샘물에서 물을 마시고
날마다 洗心經을 읽어서
세상살이에 얽혀듦이 없게 하리라.
한척 땅도 돈 많은 사람에게로 들어갔으니
어느 곳에 사립문을 설치하리오.
그러기에 분주히 돌아다니다
해가 다가도록 편안할 수가 없네.
생각하노니 우리 掌書郞은
관리들 送迎에 지쳤다하니
이것도 눈으로 본 바이고
저것도 귀로 들은 바이다.
그대 항상 이런 것을 대하고 있으니

意氣가 어찌 그리 탁월한가.
그대의 마음은 한조각 단심이고
그대의 나이는 아직 젊으니
이 훗날 조정에서
그대 정승에 오르게 되리니
나의 시를 혹시라도 버리지 않고
그것으로 좌우명을 삼을 수 있을런지.[25]

古人重畫一	今人好變更
法令牛毛細	黔蒼魚尾頳
嗟嗟遠游子	爾心胡不平
平生多爲口	慣作東南行
逶迤過上黨	千里到韓城
道途多所見	感嘆由中生
十里五里間	馳傳紛可驚
下馬立道側	過眼如流星
吾疑將德音	布玆南畝氓
或云筭閒口	抽錢及孤惸
或云籠山野	割地歸兼幷
訟牒方組織	逃戶連歃傾
皇華豈謂是	聖人著之經
忽詠大東詩	兀如未解酲
先王勤且儉	四方始經營
山川各有界	租稅豈無程
孔氏罕言利	孟子惡交征
時當春雨後	布穀間關鳴

---

25) 稼亭集 卷14, 紀行一首贈淸州參軍.

不見田頭餫	誰從水際耕
我欲買山去	鑿翠開風櫺
園中養松竹	門外種秫秔
茂樹坐鬱鬱	清泉飲冷冷
日讀洗心經	無令世故嬰
尺地入金穴	何處安扃柴
所以事奔走	終歲不得寧
念我掌書郎	青衫倦送迎
此亦眼所見	彼亦耳所聆
知君常對此	意氣何崢嶸
君心一寸丹	君鬢十分青
他年廟堂上	手調殷鼎羹
吾詩儻不棄	以爲座右銘

淸州 땅을 지나 고향 韓山으로 돌아오면서 쓴 詩다.

이 作品은 稼亭의 詩篇中 最長篇으로 內容 또한 多樣한 面을 보여주고 있다. 紀行하면서 보고 느낀 民衆들의 苦痛을 寫實的으로 表現하고 있다.

옛적 漢나라에 初代 丞相 蕭何가 죽은 뒤 후임 曹參이 들어와 소하가 制定한 理想的이고 妥當한 劃一한 것 같은 법을 그대로 행하니 그 곳 백성들이 좋아 노래를 불렀다. 나라는 백성들을 어버이같이 위해야 하고 진정 백성을 위한다면 법이 백성들에게 이롭도록 간단해야 한다. 그러나 고려의 실정은 租稅와 부역 등 까다로운 법령들이 쇠털같이 많아 농민의 생계에 극심한 타격을 주고 있다. 그리하여 백성들이 물고기가 피곤하여 꼬리가 붉은 것처럼 나라의 학정과 權門勢族들의 침탈에 지쳐있는 심각한 현실에 가슴아파하면서 옛 聖賢들의 理想政治가 實現되기를 希求하고 있다. 바야흐로 봄이 되어 한창 뻐꾹새가 밭갈이를 재촉하는데 밭갈이하는 농부들이 점심 밥 앞에 앉아 있는 그러한 평온하고 단란한 농촌의 모습이 되지 못하고 힘든 밭일을 해도 점심끼니조차 먹기 힘든 농촌 실정을 한탄한다. 稼亭 자신도 평범한 서민으로 돌아가 자연 속에서 농사를 짓고 살고 싶지만 한 치의 땅도 權門勢族들의 영향 속에 들어가 어찌할 수 없음을 고발한다.

이 詩는 여행 중에 청주 참군인 관료에게 贈詩하여 앞으로 더 높은 직책에 앉게 되면 농민을 위한 善政을 해달라고 勉勵하는 의도에서 쓴 것으로, 내용 전반에서 농촌의 현실을 예리하게 직시하여 고려 사회의 정치적 비리, 倫理不在, 권력가들의 횡포에 저항하는 사회의식과 愛民사상을 바탕으로 한 농민에 대한 憐憫의 情을 짙게 담고 있다.

그리고 稼亭 자신도 평범한 庶民의 한 사람으로서 살고 싶으나 조그만 땅 하나도 모두 權門勢族의 점유 하에 있어서 어찌 할 수 없다는 것을 表現하여 그가 實質的으로 農民의 立場에 서 있음을 나타낸 것이다.

稼亭이 民衆의 立場에 있는 것은 곧 當時 高麗社會의 政治的 非理, 倫理不在의 社會相, 權力家들의 橫暴에 抵抗하는 社會意識의 一面을 보여주는 것이다. 그가 元나라에 있으면서 高麗의 宰相에게 보낸 「寓本國宰相書」에서,

　　　우리나라가 나라답지 못한 것이 오래 되었습니다. 風俗이 퇴폐해
　　지고 刑政이 紊亂하여 백성이 마음 놓고 살 수 없어 塗炭에 빠졌습
　　니다.(維吾三韓 國之不國 亦己久矣 風俗敗壞 刑政紊亂 民不聊生
　　如在塗炭)26)

라고 직접 批判하였는데, 淸州參軍에게 준 詩도 바로 이러한 社會相의 認識에서 그에게 善政을 勸勉한 것이라 할 수 있다.

다음의 「送漢陽鄭參軍」에서도,

가는 길에 漢陽關을 가리키노니
삼봉이 눈에 들어 괄목하듯 환하네.
양주의 경치는 예로부터 이미 일러온 바이니
내 익히 다녀서 세밀히 말할 수 있다네.
南江의 바람비에 魚火 요란하고
北嶺의 자연 놀에 사찰이 뚜렷하네.
한이 됨은 居民의 賦役이 심해
村落이 쓸쓸하여 生計가 졸열하네.
그대, 돌아가거든 그들 아픔 어루만져
한양 일경을 우선 재활토록하게나.
年來의 세상일을 차마 들을 수 없으니
나 또한 남으로 갈 뜻 이미 결정하였네.
봄물이 반 삿대(篙)로 부풀어 지면
한강의 조각배에 돛대를 치려하네.[27]

歸途政指漢陽關　　三峯入眼明如刮
楊州景物古所稱　　我慣經由能細說
南江風兩亂魚火　　北嶺烟霞明佛刹
所恨居民魚尾赤　　籬落蕭條生事拙
君歸摩撫已病瘝　　要令一境先再活
年來世事不堪聞　　我亦南游意已決
待得半篙春水生　　扁舟一扣漢江枻

---

26) 稼亭集 卷8.
27) 稼亭集 卷14, 送漢陽鄭參軍.

위의 시에서 먼저 한양 지방의 농촌 참상을 그리고 있다.

稼亭은 이 送詩의 序에서 "백성을 위하는 그 본뜻을 행하여 이익을 일으키고 해독을 제거하여 노래 소리와 유고의 칭덕이 한 지경에 울리어 사방으로 뻗치게 하라(爲之書諾則行其素志 與利陰害 使弦歌之聲 襦袴之音 聞于一境而達之四方)"[28]고 권고하고 있다.

또한 이 시 역시 앞의 作品과 같이 地方官에게 民衆의 苦痛을 덜어 주라는 念願을 간곡히 表現하고 있다. 自然景觀은 아름다우나 거기에 사는 百姓들이 賦役에 시달리고 生計에 시달리니 그 아픔은 더욱 깊은 것이다. 더군다나 '年來의 세상일'이란 句節에서 間接的으로 政界의 無秩序를 暗示하고 있다. 따라서 자신도 남쪽으로 가리라고 하여 자기의 조그마한 힘이라도 농민들 소생시키는데 一翼을 하겠다는 의지를 나타내고 있다.

다음 시 역시 농촌의 실정과 농민의 고통을 그리고 있다.

> 봄나무 꽃은 없고 눈꽃만이 있으니
> 清明시절 천기가 온화하지 못하네.
> 고관집의 술취한 이의 귀에는 어찌 이러한 말 들리리오.
> 얼어죽은 流民들 骸骨이 많은 것을.[29]

> 春樹無花雪有花　　清明天氣未應和
> 侯家醉耳寧聞此　　凍死流民骨又多

---

28) 한나라 촉나라 文老 文翁 촉군 태수를 나갔었는데 정치를 잘 해서 잘 살게 되니까 그때 사람들이 노래하기를 "옛날에는 바지가 하나뿐일러니 지금 바지가 다섯 개이네"라고 한 소개.

29) 稼亭集 卷18, 清明雪.

이 시는 詩題가 淸明雪이다. 제목부터가 벌써 암담하다. 淸明節이
라고 하면 날씨가 화창하며 惠風이 맑게 불어야 앞으로 穀雨의 절기
를 맞아 농사를 대비할 수 있는데 화기가 돌아오지 않으면 농민의 마
음은 얼어붙는다.

위에서 보는 것처럼 和氣가 있어야 할 淸明時節 和氣가 季節에
맞지 않게 눈이 내렸다는 것은 植物에 커다란 피해를 줌은 물론 流浪
하는 百姓에게 더욱 慘狀을 부른다. 稼亭은 '취한 사람의 귀가는'라
는 隱喩的 表現으로 豪奢生活에 탐닉하여 귀가 무디어지고 백성을
돌보지 않는 權力家들을 辛辣하게 批判하고 있다.

文集에서 바로 그 뒤에 이어 나오는 다음 시는 더욱 심각하다.

(一)
오늘 아침 우연히 第三橋에 오르니
봄이 늦도록 西山에는 눈이 녹지 않았네.
괴이쿠나, 봄바람은 왜 힘껏 불지 않는가
가까운 산의 밀보리가 봄 싹으로 있는데.

今朝偶上第三橋　　春晚西山雪未消
怪底東風吹不力　　近山麰麥有春苗

(二)
肉林이 깊은 곳에 酒池가 깊어
봄 눈 남은 위세 감히 침입 못하네.
하늘은 본래 사람에게 厚하고 薄함이 없는 것 인데
백성들 서로 잡아먹으니 이게 무슨 마음인고.[30]

---

30) 稼亭集 卷18, 淸明後出城南望西山雪.

肉林高處酒池深　　春雪餘威不敢侵
天本於人無厚薄　　民今相食是何心

　눈의 威力 앞에서 봄이 되어도 잘 자라지 못하고 있는 밀보리는 農
事의 被害와, 눈처럼 酷毒한 權力 앞에 유린 당하는 百姓의 比喩가
重疊되어 있다. 그러나 둘째 篇에서는 그들의 豪奢하는 生活의 더운
김을 눈으로도 侵犯하여 녹일 수 없다는 것은 그들 權門勢族들의 威
勢를 말해주고 있다. 즉, 그렇게 酷毒한 눈도 肉林과 酒池 속에서 豪
奢하는 階層에게는 侵犯하지 못한다는 것을 늦봄까지 녹지 않는 눈
보다도 더 지독한 權門勢族들의 위세를 꼬집고 있다.
　이와 같이 民衆의 生活을 無秩序한 權力앞에서 농민을 擁護하려
는 政治人·知性人으로서의 稼亭의 面貌는 그의 民本精神에서 비롯
되고 있는 것이다.
　稼亭은 權門勢家의 침탈 중에도 농민들에게 직접 영향을 줄 縣
官·太守들에게 원망과 독려와 기대를 하고 있다.

　　　수령이란 관직은 권농도 해야 하니
　　　전야는 황폐하고 인구는 늘지 않네.
　　　城郭 밖 푸른 山은 하소연 하는듯
　　　손이 오자 짐짓 앞 처마로 들어오네.31)

　　　縣官銜必勸農兼　　田野多荒口不添
　　　郭外青山如欲訴　　客來故故入前簷

　농촌을 일으켜야 할 임무인 縣官이 무얼하고 있길래 田野를 황폐

---

31) 稼亭集 卷19, 次歙谷客舍詩韻.

하게 했느냐고 이 사실에 원망하고 있다.

> 나라에는 신법이 없어 생업을 어지럽히고
> 다시 재능있는 사람 보내 조사하고 살펴야하리.
> 백성의 고통이 지금 그 원인 어디 있을까
> 한숨을 짓노라니 저녁볕이 빈 처마에 들어오네.32)

> 國無新法撓多塩　　更遣才能按且廉
> 民病如今在何處　　沈吟落照入虛簷

　　지금나라에는 다염(백성들의 생업을) 다스릴 만한 신법이 없는 형편에 유능한 官吏가 나서서 백성을 보살피는 것이 급선무임을 피력하고 있다.

　　稼亭은 농어민들이 官吏들의 학정이 없는 가운데 주어진 환경을 누리며 잘 살기를 희구한다.

> 나의 여행 아름다운 계절이요 더욱 풍년이라
> 술 취하여 江陵에 이르니 별난 洞天이 있네.
> 山은 북쪽에서 뻗어 끝없이 푸르고
> 바다는 동쪽 끝까지 넓어 가이없네.
> 鏡浦湖水에 술 싣고 달 맞아 노를 저으니
> 돌 부엌에 茶 다리던 자색연기이네.
> 다만 호랑이보다 무서운 政治 만나지 않는다면
> 고을사람 원래 한 무리 신선이네.33)

---

32) 稼亭集 卷20, 題興海縣客舍.
33) 稼亭集 卷19, 次江陵客舍東軒詩韻.

我行佳節更豊年　　醉到臨瀛別洞天
山自北來靑未了　　海爲東極浩無邊
鏡湖載酒搖明月　　石竈煎茶颺紫烟
但自不逢苛政虎　　州民元是一群仙

　江陵의 아름다운 경치를 구경하면서 神仙같은 百姓들의 生活에
반가와 하는 모습이다. 그리하여 官吏들의 虐政이 없기를 바란다. 학
정은 백성들의 물질적으로 정신적으로 모든 즐거움을 앗아가는 범보
다 더 무서운 해독으로 보고 있다.

　　땅은 기름진 속에 魚鹽까지 겸했는데
　　다만 관리들 청렴치 못할까 근심되네

　田腴地利帶魚鹽　　只恐臨民頗不廉

　이 詩에서는 홍해현의 염전을 겸한 비교적 좋은 조건의 농어촌이
지만 직접 영향을 주는 관리들이 청렴치 못하여 농어민들이 수탈당
할까 걱정이 앞선다.
　한편 다음 시는 善政을 힘쓴 縣官을 칭찬하는 例이다. 西行時에
지은 詩中의 한 首이다.

　　시대와 함께 흥패함을 민정에서 보겠나니
　　古縣에 거듭오니 눈이 갑자기 밝아오네
　　이미 풀 섶이 변하여 농지가 되었고
　　또 가시덤불 있는 곳이 건물로 변했네
　　감히 시구 이어 지을 손님 기대 하랴만
　　내 성명 아는 이 없는 것이 도리어 기쁘네
　　나라 받들고 집안 보전함 다만 이 같다면

窮巷에서 公卿이 난들 무슨 문제 되리오[34]

與時興廢見民情   古縣重來忽眼明
已變草萊爲黍稷   更敎荊棘化軒楹
敢期有客膚詩句   却喜無人識姓名
奉國持家只如此   窮鄕何害出公卿

폐농을 일으킨 현감을 칭찬하고 있다. 이처럼 궁벽진 시골에서 황
패한 곳을 일구어 농토를 만들고 집짓는 일 등 농촌 가꾸는 현감은
중앙의 공경 임무보다 결코 아래가 아니라는 이 뜻에서 가정의 重農
의식의 일단을 읽을 수 있다.

稼亭은 廢農에 가까운 農村을 일으키고 桎梏 당하는 백성들의 고
통을 덜어 줄 수 있는 최소한의 방책은 군수의 善政이라는 인식하에
太守들에게 善政을 부탁한다.

지방 太守에게 청렴으로 농민을 보살펴 달라는 詩가 있다.

새로 부임한 새 군수에게 드리는 말씀
은지가 탐천물 마신들 무슨 해가 있으리오[35]

寄語新除賢太守   隱之何害酌貪泉

이 詩句는 稼亭이 양양에 새로 부임한 군수에게 晉나라때 청렴했
던 刺史 吳隱之의 故事를 引用해 태수의 마음만 결백하면 외부의 유
혹에 흔들리지 않을 것임을 간접 표현하여 탐욕을 갖지 말고 백성을

---

34) 稼亭集 卷20, 陳臣老戶長.
35) 稼亭集 卷19, 次襄州樓上詩韻.

보살펴 달라는 부탁이다. 앞에서 淸州參軍에게 주는 시에서도 보았
듯이 중앙 관리들의 부패로 地方官의 힘이 미약하지만 농민들이 조
금이라도 고통을 덜 받고 살려면 최소한의 기대는 地方官의 청렴이
라는 認識을 가지고 太守에게 청렴한 善政을 부탁했다.

이렇게 농민들의 안녕을 위해 官吏의 淸廉을 강조했던 연유는 그
의「原水旱」에서

天數이거나 人事이거나 그 要點은 貪官을 除去하는데 있을 뿐이
다. 만약 貪官을 除去하려한다면 法이 마련되어 있으니 들어서 행하
는 것은 主宰者에게 있는 것이다.(天數也 人事也 其要去貪官而已
如欲去貪官 則有成憲具在 擧而行之 在乎宰天下者耳)36)

라고 하였는데 官吏의 淸廉度가 民衆生活에 큰 영향을 미치는 것을
認識하고 있었기 때문이다.

비가 알맞게 내리기를 祈願하는 시도 있다.

바람이 분다면 어찌 송옥의 부가 필요할 손가
비가 오지 않아도 난파의 요술은 배우지 말라.37)
다만 바라건대 시절의 음양조화 이루어
우리 백성 길이길이 편히 먹고 자게 하소서.38)

有風何須宋玉賦　　無雨莫學欒巴噀

36) 稼亭集 卷1.
37) 난파는 신선의 이름인데 술을 뿜어서 비가 되게 하여서 송도에 있는 자기 집의 화
재를 껐다.
38) 稼亭集 卷14, 天曆已巳六月舟發禮成江南往韓山江口阻風 五首.

　　但願時和二氣調　　　長使吾民穩眠飯

　이 시는 稼亭이 1329년(32세) 6월, 예성강을 떠나 한산으로 오던 중 강나루에서 바람을 피하면서 지은 詩 5首 중 다섯 번 째 시의 한 부분이다.

　모쪼록 비바람이 순조롭게 되어 농민들이 풍년을 거둬 편안히 살게 되기를 바라는 念願을 읽을 수 있다.

　송옥의 悲秋賦와 난파가 술을 뿜어 고향집의 화재를 진화시킨 것은 유학자로서 賦나 신선술을 배워 이와 같은 잔재주 부릴 것 없고 다만 농민들에게 제때 비가 알맞게 내려주어 풍년들어 잘살게 되기만 하면 좋겠다는 전형적인 신진관료의 愛民意識을 보여주고 있다.

　계미년 6월 6일, 바라던 비가 옴에 稼亭은 하늘과 임금에게까지 고마움을 느낀다.

　　　　가뭄에 타는 땅 바야흐로 千里
　　　　서쪽 들에 아직도 짙은 구름뿐이네
　　　　공들이 섭리를 부지런히 하여
　　　　단비가 더위를 씻어주네.
　　　　하늘의 뜻은 백성을 보살피리니
　　　　우리 生民은 聖君을 떠받드네.
　　　　서제의 창 밑 벼개에서 귀 기울이고
　　　　빗소리가 반가워서 등한히 듣지 않네.39)

　　　　赤地方千里　　　　西郊且密雲

─────────────

39) 稼亭集 卷16, 六月六夜雨.

```
群公勤燮理        一雨洗蒸熏
天意存黔首        吾生戴聖君
書窓欹枕耳        不作等閑聞
```

　가뭄 끝에 내리는 단비에 百姓들이 農事를 지을 수 있게 됨을 하늘이 돌보았다고 하고 書窓에 기대어 그 빗소리를 조금도 등한히 듣지 않는다고 한 것은 稼亭의 농민을 향한 애정이 얼마나 간곡했는가를 말해주고 있다.

　稼亭은 여러 곳을 여행 중 농촌의 실정을 더욱 가까이 실감하면서 특히 만년에 관동지방을 여행하면서 농민에 대한 연민의 정을 담은 여러 편의 시를 남겼다.

　그것은 그가 금강산을 향하는 도중에 松都를 떠나서 처음 지은 詩에서부터 나타난다.

　　　역 이름 도원이라 함은 어울리지 않으니
　　　황량한 숲에 무너진 집 문도 알 수 없는데
　　　이 길손 풍악산 신령께 빌려 가노니
　　　福을 나누어 백성에게 줄 수 있을런지[40]

```
驛名不合作桃源        破屋荒林不記門
過客乞靈楓岳去        可能分福與黎元
```

　旅行의 장도에 올랐다면 그것도 天下名山으로 알려진 金剛山을 구경하기도 한 여행이라면 기대감에 부풀고 기쁨에 차 있어야 할 작자가 첫 번째 留宿地인 桃源驛에 이르러 보고 느낀 旅行者의 感懷

---

40) 稼亭集 卷19, 宿桃源驛.

는 슬프기만 하다. 驛이름이 桃源이라 하면 現在는 계절이 가을이어서 복숭아꽃이 피어 있진 않더라도 옛날 무릉도원처럼 들에 누런 황금물결이 일고 집들이 오손도손 모여 있으며 먹을 것이 많아 평화롭고 음악과 춤이 있어 즐거워 보이는 촌락을 이루고 있어야 했을 것이다. 그러나 稼亭의 눈에 보이는 桃源 마을의 현상은 황량한 숲 속에 가난에 쪼달려 허물어진 집 겨우 한두 채 서 있는 쓸쓸한 농촌과 불쌍한 농민의 참상이다. 그래서 稼亭은 자신은 그래도 벼슬을 가진 덕분에 金剛山 遊覽을 갈 수 있는 혜택을 누리니 자기의 조그마한 특전을 골몰하는 백성에게 나누어 줄 수만 있으면 나누어 주고 싶은 심정을 읊고 있다. 즉, 稼亭은 金剛山구경도 하려니와 팔만구암자에 복을 빌어서 백성들에게 나누어 주고 싶다는 것이다. 黎元은 農民의 뜻 글자이지만 일부러 '元'字韻을 結句에 써서 농민이 으뜸임을 강조하여 民本精神을 高揚하는 표현수법을 사용하였다.

위의 詩와 성격이 비슷하면서도 농민의 참상과 이를 憐憫하는 情이 더욱 심도있게 표현된 것은 金城縣에 와서 쓴 시에서 볼 수 있다.

> 金城에 가을이 드니 비단도 그만 못 하리
> 언덕마다 나무마다 첫서리 내릴 때이네.
> 숲 사이로 낡은 집 백성은 떠나 버렸고
> 산 위의 자갈밭 세금에 시달린 나머지이네.
> 사신들이 분주하게 오고 감 싫어할 것 없으나
> 오직 백성을 침탈하는 관리의 폐단이 혐오스럽네.
> 한가히 여행하는 나 역시 不安하니
> 隱居하던 陶淵明에게 심히 부끄럽네.41)

---

41) 稼亭集 卷19, 宿金城縣.

秋入金城錦不如　　千崖萬樹得霜初
林間老屋流亡外　　山上磽田賦稅餘
莫厭使華紛傳遽　　惟嫌吏弊巧侵漁
閑遊似我猶相擾　　深愧淵明獨愛廬

초가을 황금물결들에서 기쁨으로 秋收해야할 농촌은 중앙관리보다도 더 야비한 지방 아전들의 약탈과 권문세족들에게 들어가는 세금에 못 이겨 버리고 간 流民들의 낡은 집과 폐허가 된 田畓뿐임을 한스럽게 그리고 있다. 앞의 首聯에서는 金城의 아름다운 景觀을 먼저 서술함으로써 다음 聯에 配置된 농민들의 참상을 대비적으로 강조하여 그 寫實性을 돋보이게 하는 表現技巧를 사용하였다.42)

여기에서 낚을 어(漁)字에 주목할 필요가 있다. 侵漁는 침탈한다는 뜻이지만 漁는 물고기를 낚는다는 상징이다. 權門勢族들의 下手가 되고 또 그들에게 아부하여 농민들을 약탈하는 방법을 고기를 낚는다는 것을 漁라는 단어를 빌어 강조하고 있다.

이러한 형편에 처한 농민을 보고 한가히 여행하는 가정의 마음은 편하지 못하다. 오히려 隱居한 陶淵明이 부러웠다. 이런 표현은 단순한 기교가 아니라 稼亭이 念願하고 있는 生活이 그러한 농민의 生活과 密着되려고 하는 意志에서 비롯되었다고 할 수 있다.

자연 경관이 아름다울수록 그 자연 속에서 배불리 생활하지 못하는 백성에 대한 稼亭의 아픔은 실로 크다. 아름다운 자연 속에서 자유와 풍요를 누리는 것은 모든 人間의 念願이며 자연이 베풀어주는

---

42) 첫 句를 금성에 가을이 들었으니 들판이 누런 벼로 물들어 황금빛이어야 할 터인데, 백성들이 다 떠나버려 그렇지 못하다고 해석을 할 수도 있다. 그러나 그 해 그 부근에 풍년이 들었음이 그의 다른 시에서도 보이기에 이렇게 설명해 본다.

혜택이다. 그 혜택을 누리지 못하고 있는 농민과 아름다운 자연을 대
비시켜 농민의 恨을 極大化시키고 있다.
　稼亭은 다음 시들에서 자신이 여행 다닌다는 사실 자체를 농민들
에게 미안하게 느끼고 있었다.

　　　　정히 이곳 백성 부역을 걱정하고 있으니
　　　　어떻게 과객이 관람이나 하고 있으리오43)

　　　政爲居民愁賦役　　　寧容過客賞江山

여주를 지나면서 쓴다.

　　　　나는 비록 한가히 여행하나 마음은 초초한데
　　　　천리길 자연경이 부질없이 눈에 차네.44)

　　　我縱閑遊心悄悄　　　千里烟波空滿目

　경치는 나의 심정을 몰라주고 아름답게 눈에 가득히 들어온다는
詩句를 빌어서 자기의 미안한 점을 간접적으로 표현하고 있다.

　　　　봄은 언덕에 이르고 점심 나절인데
　　　　승경 찾아 노는 일도 농사철 아닌 때에.45)

　　　春到靑丘日欲中　　　勝遊要及未農功

---

43) 稼亭集 卷17, 驪興客舍次韻.
44) 稼亭集 卷14, 過西州龍堂長岩二祠.
45) 稼亭集 卷20, 次金山寺壁上韻.

위의 금산사를 紀行하면서 쓴 시 외에, 농민이 한창 농사에 분주한 때 자신이 유람하고 있는 사실에 잘못을 뉘우치며 다른 관료들에게도 경계하는 文도 있다.

이제 농사철을 당하여 노래하고 춤추는 사람을 배에 실으니… 中略 …뒤에 여행하며 유람하기를 좋아하는 사람의 경계로 삼고 또 나의 잘못을 기록한다.

今乃當農月 載歌舞盛賓客……以爲後來 好事者之戒 且志余過云

이는 부여 근처를 배를 타고 여행하며 쓴 詩인데 함께 쓴 詩에도 그러한 뜻이 나타난다.

부여땅 四景 널리 전해졌는데
고적지 찾아와 술을 싣고 뱃놀이 함에
— 中略 —
홀을 차고 독려하는 책임은 없으나
배를 돌려야지 어찌 조금인들 놀기만 할 손가[46]

扶餘四詠四方傳　　　訪古應須棹酒船
　　　……
農月縱無腰笏令　　　廻橈豈敢小留連

이들 詩文에서 民本思想을 근저로 한 농민을 향한 稼亭의 官人意識을 읽을 수 있다.

稼亭은 여행 중 농민들에게 미안해하면서도 농민들의 풍년의 기쁨

------

46) 稼亭集 卷19, 紀舟行奉寄松亭居士兼簡林州.

을 자기의 기쁨으로 즐거워하기도 했다.

> 오가며 두 차례 통구에서 묵으니
> 백성들 힘들 뿐 아니라 나도 부끄럽네
> 오직 주인하는 말 듣기 기쁘니
> 산 가까이 농사 지난 해 가을보다 낫다고 하네[47]

> 往來二度宿通溝　　不獨民勞客亦羞
> 唯有主人言可喜　　近山禾稼勝前秋

농사철 여행이 농민들에게 미안하지만 한편으로 금강산 근처 고을
(회암부) 사람들이 이곳 농사 잘 되었다는 말에 기뻐하고 있다.
　또 양산을 지나다가 그 곳에 농사가 잘 되었음을 보고 기뻐하는 句
가 있다.

> 산이 좋아 때때로 잠시 머무르니
> 곳곳마다 풍년들어 반가이 맞아 주네[48]

> 山好有時成小駐　　年豐到處喜相迎

산의 경관이 좋은데다가 풍년 함께 들어 人心 또한 후한 것을 기
뻐한다.
　稼亭은 여행 중 농민들도 풍경 좋은 산 아래에서 그 山水를 즐기
기를 기원한다.

---

47) 稼亭集 卷19, 再宿通溝縣有感.
48) 稼亭集 卷20, 行次陽山縣壁上有詩其名字爲人所磨戲用其韻作(其一).

강 위에 청산이요 산 아래 마을
태평스런 자연 속에 문을 닫지 않았네
百姓들 좋은 江山 어찌 알리오
새벽부터 일 하고 곧장 저녁 되는데[49]

江上靑山山下村　　太平烟火不關門
居民豈識江山好　　早起營生直到昏

이 작품에서는 한가한 江村의 百姓들이 生活에 바쁜 모습을 보면
서 一面 太平한 光景을 기뻐하는 뜻과 一面 아름다운 江山을 즐길
겨를도 없이 生業에 바쁜 것을 측은하게 여기며 농민들도 시간적 정
신적 여유를 가지게 되어 자연을 즐기면서 농사일에 종사하기를 바
라는 心情을 나타내고 있다.

농민들이 민폐를 당하는 수고가 없이 농민들과 같이 즐거워하기를
기원하는 시도 있다.

稼亭이 國島 鶴浦亭에 이르렀을 때, 그의 스승 謹齋 安軸(1287~
1348)이 江原道 存撫使로 있으면서 지은 '國島詩'가 거기에 적혀 있
는 것을 보고 그 結聯을 보고 지은 詩는 謹齋시와 퍽 대조적이다.

먼저 安謹齋의「國島詩」尾聯을 보자.

만약에 동해수가 불어나게 되어서
기관을 침몰시킨다면 이 노고 모면하게 되리라[50]

若爲添作東溟水　　沒盡奇觀免此勞

---

49) 稼亭集 卷20, 依山村舍.
50) 謹齋集 卷1, 國島詩.

다음은 稼亭의 詩句이다.

　　만약 관동지방 풍요하게 되면
　　기이한 관람할 때마다 한바탕 취하려네

　　　若爲富庶關東路　　　每遇奇觀醉一場

　　관동 지방이 勝景 때문에 민폐가 심하니 차라리 東海가 범람하여
國島가 물에 잠겨 구경 오는 이가 없어져서 勞苦를 면할 수도 있겠
다는 謹齋의 詩보다 稼亭의 詩 내용은 더 적극적이다. 즉 關東에 인
구가 많고 풍년이 들어 물질적으로 정신적으로 풍요로워져서 이 곳
백성들이 좋은 景觀의 自然 속에서 즐거움을 누리는 가운데 同樂을
갈구하는 稼亭의 愛民精神이 더 잘 나타나 있다.

　　위의 두 시를 자세히 읽어보면 그 시각의 차이가 명료하게 드러난
다. 즉 근재의 시는 牧民官의 입장에서 민폐의 원인이 되는 勝景을
없앰으로써 백성들의 노고를 덜어주고자 하는 소극적 입장을 띠고
있다. 이와 달리 稼亭의 시는 적극적으로 백성을 위해 자연경관을 없
애기 보다는 자연과 백성을 조화롭게 함으로써 농민들과 함께 太平
同樂하고 싶은 뜻을 보여준다.

　　이상의 詩들 외에도 稼亭은 여러 편의 농촌을 배경으로 농민을 題
材로 한 詩들을 많이 남기고 있다.

　　稼亭의 政治生活中에서 직접 元帝에게 上疏하여 당시 고려 백성
의 큰 걱정의 하나였던 元의 童女徵發을 廢止케 한 것은 政治史上
큰 성과로서 이는 稼亭의 自主 정신과 함께 백성을 사랑하는 愛民精
神이 철저했고 이 愛民精神이 고통당하는 농민을 구휼하는 시에 根

底가 되었다고 할 수 있다.

이상의 시에서 稼亭은 당시 문란한 農政과 附元輩의 횡포와 權門
勢家의 토지 占奪 등으로 비참한 농촌의 참상과 억눌리고 고통당하
고 있는 농민의 실상을 직시하고 작자는 농민의 입장에 접근하여 폭
로 고발하고 농민의 고통을 자기의 고통으로 느끼며 이 고통을 덜어
줄 최소한의 방책은 牧民을 맡은 守令임을 인식하고 그들에게 善政
을 부탁하는 官人意識과 농사에 필요한 기후가 순조롭고 降雨가 적
절하여 매년 풍년이 든 가운데 勢家들의 침탈 없이 아름답고 주위 산
수풍경의 한경에서 자연을 즐기면서 太平하게 살아가기를 기원하는
愛民意識을 그의 詩들 속에 담고 있음을 읽을 수 있다.

3. 自然에의 感興과 風流

인간에게 있어서 자연은 文明을 창조하게 하는 대상도 되겠지만
자연이야말로 인간에게 安住의 바탕이요 참된 아름다움을 추구하는
욕구의 상징이며 노래의 素材이다. 漢詩의 경우 自然과의 관계는 더
욱 밀접하다.

詩가 觸物敍情일진대 인간이 주위에서 가장 많이 접하는 것이 自
然임은 물론이다. 옛 선비 文人이라면 누구나 자연을 대상으로 한 詠
嘆이 있기 마련이요, 의례 吟風弄月的인 漢詩 한 수씩은 읊어놓았을
것이다.

稼亭은 여러 곳을 여행하였고 여행지마다 거기에서 시를 지었다.
따라서 여행지에서 보이는 것이 山川이요 곳곳마다 새로운 自然이
다. 稼亭은 村情山趣와 花鳥의 美麗를 읊은 시들이 많다. 특히 晩年

에 金剛山과 關東地方을 유람하며 山水를 접하면서 지은 시들에서
는 더욱 자연의 興趣가 넘치는 작품들이 많다.

詩人 稼亭은 天磨嶺 고개에 올라 금강산을 바라보며 높은 하늘에
서 신비한 구름 빛이 絶景으로 쏟아지는 景觀에 감복되어 "一望平生
心已了"51)라고 하여 한 번 바라보기만 해도 평소 쌓였던 가슴이 탁
트여 후련해진다는 感懷를 털어놓더니 급기야 金剛山에 올라서서는,

　　　이 산 하도 괴상하고 또 기이하여
　　　시인 화가를 몹시 근심케 하네52)

　　　玆山怪怪復奇奇　　　愁殺詩人與畫師

라는 句를 吐하고 있다.

山의 怪奇한 形象을 疊字를 써서 怪怪奇奇로 엮어 實感을 더해주
고 있다. 아무리 글 잘하는 시인이라 할지라도 이 오묘한 신비를 쉽
게 형언할 수 없을 정도이고, 특출한 화가일지라도 이 奇異한 眞景을
붓으로 彷彿하게 옮기려면 構圖와 技巧에 여간 골치를 앓지 않으면
안될 것이라는 表現으로 金剛山의 絶景을 詠嘆하고 있다.

又 稼亭은 "絶景由來下筆難"(좋은 경치에는 예로부터 시를 쓰기
어렵다)53), "詩當絶景却難工"(승경 만나면 오히려 시를 잘 짓기 어
렵다)54)라고 하여 絶景을 만난 稼亭은 마치 "平生詩爲金剛惜 及到
金剛不堪詩"(평소에 금강산을 위해 시를 아끼더니, 막상 금강산에 이

---

51) 稼亭集 卷19, 天磨嶺上望金剛山.
52) 稼亭集 卷19, 登金剛山正陽菴.
53) 稼亭集 卷19, 登祥雲驛亭.
54) 稼亭集 卷19, 次江陵燈明寺詩韻.

르니 감히 시가 나오지 않네)라고 읊은 詩情처럼, 감히 그림으로나
筆舌로 묘사할 수 없는 自然의 壓倒된 感興에 젖는다. 화가와 시인
의 筆舌로도 형용하기 힘들다던 그 金剛山을 稼亭 자신은 다음 金剛
山 詩에서 그 속에 마치 그림을 그린 듯이 읊어놓았다.

새벽안개 한 자국 앞도 분간키 어려워서
해가 높아 청랑할 제 용천암자를 떠났네
구름 이은 산은 서남북으로 뻗쳐있고
흰눈같이 흰 봉우리 모여 만 이천 이네
한 번 보자 진면목을 알 수 있으니
저 많은 사람 좋은 인연 맺었으리라.
저물자 다시 절간에 자니
시냇물과 솔바람이 모두 禪을 말하네[55]

曉霧難分跬步前　　日高淸朗謝龍天
雲連山遠西南北　　雪立峯攢萬二千
一見便知眞面目　　多生應結好因緣
晩來更向蓮房宿　　溪水松風摠說禪

　이 시는 금강산 長安寺 일대 풍경과 그것을 본 감회를 묘사한 것
이다. 청명한 하늘에 눈부신 햇살이 曙光으로 비쳐 안개에 씻긴 봉우
리에 윤기를 더해주고 햇살 양옆으로 멀리 구름 낀 산들이 호위하는
가운데 金剛의 흰 돌 바위 봉우리 우뚝우뚝 일만이천이나 되는 듯 마
치 화가가 그려놓은 한 폭의 동양화 같다. 이 시는 시각적인 것으로
시작하여 청각적 끝을 맺고 있다. 禪이란 것은 인간의 마음을 조용하

---

55) 稼亭集 卷19, 宿長安寺.

게 해 주는 것인데, 끝구에서 시냇물 솔바람 소리가 하도 맑게 들려 선을 말하는 경지로 몰입시킴은 마치 王維의 「竹里館」詩에 彷彿한 듯하여 詩와 畵의 內在의 효과를 내고 있다. 작자의 자연 감흥은 독자로 하여금 시 속에 그림을 보는 느낌을 갖게 한다. 이는 단순한 전개인 듯하지만, 稼亭의 기행시를 해명하는 중요한 단서를 제공한다. 즉 자연에 대한 賞讚이 표면적인 형상 즉 시각적인 것에 그치는 것이 아니라 그 너머에 숨어있는 禪의 세계를 느낌으로써 새로운 감흥을 일으키는 것이다.

또한 이 시에서 빽빽하게 펼쳐진 무수한 봉우리를 詩의 平仄과 韻字의 구애에도 불구하고 萬二千이란 숫자로 나타낸 것은 그의 詩的技巧로 볼 수 있다. 詩에서 숫자를 넣으면 자칫 정감이 회석되기 쉬우나 여기서는 金剛山의 雄壯하고 多奇한 경탄에 효과를 주고 있다. 그의 東行記에서도 "及登拜岾 天朗氣淸 山明如刮 所謂一萬二千峯歷歷可數"라고 하고 있다. 筆者가 조사해 본 바로는 稼亭 이전 시에서는 一萬二千峰이라는 단어를 구사한 작품은 보이지 않는다.[56] 稼亭은 그의 紀行詩文에서 金剛山 一萬二千이라는 文學 修辭上의 慣用語句를 처음 만들어놓은 셈이다. 그후 朝鮮時代에 宋時烈 등 많은 문인들이 金剛山 詩를 지을 때 一萬二千峰의 단어를 활용하고 있다.[57] 麗末鮮初의 대문호 權近이 金剛山 詩를 지으면서 첫귀에 "雪立亭亭千萬峯"이라고 했다. 稼亭의 "雪立峯攢萬二千" 句를 모방한

---

56) 다만 華嚴經에 "東北海中有金剛山 曇無竭與一萬二千菩薩 常說般若者"라는 말이 나온다. 新增 東國輿地勝覽 卷47, 재인용.

57) 1928년 간행된 「新民」誌의 附錄으로 金剛山 詩를 모은 책이 있는데, 稼亭 이전인물로 一萬二千峰이라는 詩語를 사용한 작품은 보이지 않는다. 崔承洵, 金剛山觀遊記考, 『江原文化研究』 제4집, 江原大 江原文化研究所, 1984, p.3에서 재인용.

듯한 權近의 句 '千萬峰'보다 稼亭의 '萬二千'이 훨씬 실감나는 묘사
라 할 수 있겠다.

　稼亭은 "너무나 경이한 경관은 내 졸필로 이 경관의 일만 분의 일
도 표현하기가 어렵구나(拙筆難形萬一容)"58)라든가, "좋은 경치 어
떻게 하면 集大成할 수 있을까(勝景安能集大成)"59)라는 등의 표현
으로 더욱 자연경관에 대한 感歎의 深度를 깊게 해주고 있다.

　稼亭이 관동 지방을 여행하면서 지은 詩 두 首를 살펴보기로 한다.

넓은 바다 푸른 물결 조각배 띄워
좋은 바람 내가 탄 배 영주에 이르게 했네.
옆 사람아 내 총총히 지난다고 괴이타 여기지 마오.
신선이 되지 못한 때라 감히 머물 수 없네.60)

萬頃蒼波一葉舟　　好風吹我到瀛州
傍人莫怪忽忽過　　骨未仙時不敢留

좋은 경치 어떻게 다 모을 수 있으리오
이 호수는 백이의 맑음 같을 것이네.
물은 하늘을 담아 마음 맑힐 정도 푸르고
산은 가을 공중에 솟아 눈 씻고 볼만큼 선명하네.
구름 사이로 신선의 의장을 보는 것 같고
때때로 달 아래서 옥퉁소 소리 듣네.
붉은 글씨 깎아 내도 아직 예와 같으니
신선 자취 대하여 세정 말하기 부끄럽네.61)

58) 稼亭集 卷20, 次越松亭詩韻.
59) 稼亭集 卷19, 次三日浦四仙亭詩韻.
60) 稼亭集 卷19, 觀國島有感.

勝景安能集大成　　此湖應似伯夷淸
水涵天宇澄心碧　　山倚秋空刮眼明
如見雲間絳節影　　時聞月下玉簫聲
丹書斲了還依舊　　羞對仙蹤說世情

　위의 시 두 편은 國島와 三日浦를 여행하면서 지은 작품이다. 위
의 시는 8월 30일, 아래 시는 9월 4일, 가을에 지은 것이다. 위의 絶句
에서 稼亭은 육지를 떠나 국도 깊숙히 신선의 땅인 瀛洲에 들어갔고,
그 다음의 律詩에서도 四仙亭 앞 호수에 이르러 世塵을 털고 伯夷처
럼 맑은 마음이 되어 신선의 의장을 보고 달의 옥통소 소리를 듣는
別世界에 와서 잠시 仙界를 체험한다. 그러나 거기서 자신도 마치 신
선이 될 것 같다는 표현은 없다. 仙骨이 되지 못하고 아래 시는 仙蹤
을 대해서도 속된 世情을 말할 수 없다는 부끄러운 마음을 토로하였
다. 稼亭은 別世界 속에서도 老莊에 머무를 수 없었다. 그렇게 편하
지 못한 여행의 길인 현실로 돌아와서 하나의 俗世의 凡人이기 때문
에 신선의 자취를 아직 따를 수 없다는 진솔한 표현으로 이 또한 멋
을 보이고 있다.
　稼亭은 江陵에 이르러 지은 시들에서는 仙界를 즐기는 감회를 서
술한다.
　徐居正은 記文에서 "우리나라 산수의 훌륭한 경치는 관동이 첫째
이고 관동에서도 강릉이 제일이다. 그런데 일찍이 稼亭先生의 東遊
記와 謹齋 安相國의 關東瓦注를 읽어보니……선배들의 풍류도 또한
상고할 수 있었다."라고 하였다. 물론 동유기는 산문이지만 그 속에
시도 편입되어 있고 시의 내용을 일기 쓰듯 엮어 놓았다고 볼 때 그

---

61) 稼亭集 卷19, 次三日浦四仙亭詩韻.

풍류는 시에서 느끼는 풍류와 다름이 없을 것이다.

> 나의 여행 아름다운 계절이오 더욱 풍년 들었으니
> 술 취해 강릉의 별천지에 이르렀네.
> 산은 북에서 뻗어 끝없이 푸르고
> 바다는 동쪽 끝까지 넓어 가이없네.
> 경포 호수에 술 싣고 달밤에 노닐었다
> 돌 부엌에 차를 끓이니 자색 연기 드날리네.
> 범보다 무서운 학정을 만나지 않는다면
> 고을 백성 원래 한 무리의 신선인 것을[62]

> 我行佳節更豊年　　醉到臨瀛別洞天
> 山自北來靑未了　　海爲東極浩無邊
> 鏡湖載酒搖明月　　石竈煎茶颺紫烟
> 但自不逢苛政虎　　州民元是一群仙

광활한 바다가 탁 트인 경포 호수에서 밝은 달 맞아 술잔 들며 뱃놀이로 자연을 즐기는데 석조에 丹을 고던 연기가 솟아오르는 운치를 즐긴다. 신선이 丹를 고던 그 돌 부엌에 차를 끓여 마시는 風流를 맛보고 있다. 자신이 마치 仙界에서 즐긴다는 意境을 끌어내 놓고 있다.
　다음 시는 더욱 경관에 몰입되어 마치 선계에라도 온 것처럼 읊고 있다.

> 바닷가 어디인들 푸른 봉이 없으랴만
> 여기 오니 속세 인연 말끔히 씻기우네.
> 기암이 높이 솟아 옥을 묶어 아우른 듯

---

62) 稼亭集 卷19, 次江陵客舍東軒詩韻.

옛 비는 문드러져 이끼 겹겹 끼었네.
무릎 꿇고 신발 신기 황석공 섬기듯이 하랴마는
가지고 있는 비결 참으로 적송자 오게 할 만하네.
노동은 부질없이 봉래산 가려 했고
태백은 요대를 만났는가 여기게 되리.
선경에 이미 왔는가 놀랍거늘
하물며 좋은 선비와 서로 함께 함에랴.
이후에 서울에서 머리를 돌이키면
티끌이 아득하여 사람 자취 희미하리.

海邊何處無靑峯　　　到此洗盡塵緣濃
奇岩峭援玉束並　　　古碑剝落苔封重
跪履寧同事黃石　　　執訣眞堪來赤松
盧仝浪欲蓬山去　　　太白誤擬瑤臺逢
忽驚仙境已自致　　　況有佳士能相從
他年京輦若廻首　　　風埃漠漠迷人蹤[63]

　총석정에 이르러 그곳 훌륭한 선비와 함께 루에 올라 지은 시이다.
특히 노동과 이백, 황석과 적송, 봉산과 요대 등 역사적인 인명대, 지
명대를 효과 있게 맞추어 시작의 높은 기교를 보이고 있다.
　옥을 깎아 세운 듯한 돌과 그 뒤의 소나무를 보고 黃石公과 赤松
子의 고사를 인용하여, 둘 다 신선이 되어간 인물을 이 누정으로 끌
어들여 가정 자신도 선계에 와 있는듯함을 넌지시 비춘다. 다음 연에
서는 노동이 가려던 봉산과 이백이 가려던 瑤臺가 따로 없고 여기가
봉산이요 요대 이상인데 이백과 노동은 공연히 간다고 하고는 가지

63) 稼亭集 卷14, 題叢石亭次韻.

도 못했지만 자신은 이 선계에 왔다는 황홀한 정취를 점층적 묘사로
잘 나타내 주었다. 이러한 道仙的인 시는 특히 관동유람시의 제영에
서 여러 편 보였다.

또한 가정은 대나무 우거진 정경을 보고 거기에 운치를 두는 멋을
보였다.

> 대나무 사랑함에 어찌 굵기를 물을 것인가.
> 차군이라 일컬음이 응당 틀리지 않았으리.64)

> 愛竹何須問徑圍　　　此君稱謂未應非

이 시구는 삼척 죽서루의 팔영 중 竹藏古寺를 읊은 시의 첫 聯이다.

> 이 집엔 술도 있고 대도 많으니
> 벽에 시를 썼거니 주인을 물을 것 무엇이리오.65)

> 此家有酒仍多竹　　　題壁何須問主人

> 산을 대하니 떠다니는 나그네 된 것 부끄럽고
> 대가 있으니 주인 없어도 무방하네.66)

> 對山長愧作行客　　　有竹不妨無主人

위 시구는 기행 중 어느 바닷가 어촌을 들러 쓴 시의 끝 연이다. 첫

---

64) 稼亭集 卷20, 竹藏古寺.
65) 稼亭集 卷20, 題村舍.
66) 稼亭集 卷16, 明歲又題.

번째 시에서는 사찰의 경내에 있는 세죽을 보고 읊었다. 대나무의 속
성이 곧고 푸른 것이니, 마디만 있으면 되지 꼭 굵어야만 하는 것은
아니다. 자연물을 영물하면서 가정은 강직하고 사시사철 푸른, 변하
지 않는 고절을 차군이라 칭양하여 이들 詩句를 통해 人格化하여 읊
어 대나무를 인격화하여 칭양하였다. 그는 대나무를 차군이라고 부른
왕자유의 고사를 인용하여, 주인은 아랑곳하지 않고 대나무만 보고
남의 집을 나와 버린 왕자유의 멋에 稼亭은 自然과 술과 詩를 더하
여 風流를 고조시키고 있다. 즉, 가정은 좋은 자연이 있고 뜻 맞는 벗
이 있으면 흥취는 절로 나고 거기에다 술이 있다면 더욱 풍류의 멋이
고조된다고 여겼다.
　아래 시는 좋은 예이다.

　　　　　서원땅에 다만 용두사 있고
　　　　　용두사 늙은 시인은 유불의 중간이라.
　　　　　나의 여행에 꽃철을 만났으니
　　　　　진귀한 새 쩍쩍하며 봄 산에 우네.
　　　　　청삼 입은 친구도 호사객이니
　　　　　우연히 셋이 만나 너털웃음, 찌든 얼굴 피었네.
　　　　　고담과 폭음으로 긴긴 날을 보내노니
　　　　　어느 누가 서생더러 가난하다 이르리오.
　　　　　선사여 인사 않고 떠났다 말을 마오.
　　　　　산꽃이 지기 전에 내 다시 돌아오리다.67)

　　　　　西原只有龍頭寺　　龍頭詩老釋儒間
　　　　　我行正値花時節　　珍禽磔磔鳴春山

---

67) 稼亭集 卷14, 用李生韻寄龍頭釋老.

青衫故人亦好事　　邂逅三笑開塵顏
高談劇飲白日永　　何人更道書生寒
師乎勿誚不告別　　山花未落吾當還

위 시는 봄날 여행 중 淸州에 있는 절에 들러 지은 七言古詩이다. 용두사에는 儒學도 겸비한 점잖은 老大師가 있고 절 사방에는 꽃들이 다투어 피고 그 속에는 이름 모를 새들이 봄노래를 지저귀는 자연 속인데, 또 한 知人이 와서 세 사람이 함께 어울려 크게 三笑하며 고상한 이야기로 종일토록 흥겹게 술을 마신다. 山花, 珍鳥, 春山, 劇飲과 高談, 여기에다 三笑를 곁들인 興趣니 이렇게 되면 선비들이 가난하고 쓸쓸하기만 한 것은 아니다. 그동안 大師는 禮佛 위해 法堂에 들고 稼亭은 꽃들이 다 지기 전에 다시 오고 싶다는 興을 남긴, 풍류 넘치는 시이다. 그리고 스님에게 작별 인사도 남기지 않고 떠나는 것도 멋을 한몫 더한다. 廬山의 慧遠, 隱逸士 陶潛, 道士 陸修靜 세 사람이 만나 虎溪에서 함께 크게 웃었다는 古事를 인용하여 稼亭은 自身의 風流를 陶潛의 風流에 넌지시 비겼다.

다음 시는 稼亭의 詩에서 자연에 대한 描寫와, 자연을 통해서 인생을 생각하는 面貌를 보이고 있다.

　(一)
　정자밖에 산봉우리 縣門을 옹위하고
　난간 아래 물가도 어촌을 안고 도네.
　푸른 물은 흰머리 물 들일만 하고
　맑은 경치 병든 눈 고칠 만하네.
　삼도는 아련히 하늘과 함께 먼데
　백천은 넓디 넓은 바다가 삼켰네.

이곳을 대해 앉아 機械心을 잊으면
인간 세상 달존에 개의치 않으리.

亭外峯巒擁縣門　　檻前洲渚抱漁村
碧波可染衰鬒白　　淸景能醫病眼昏
三島茫茫天共遠　　百川浩浩海幷呑
若爲對此忘機坐　　不校人間有達尊

(二)
천천히 金鋪의 화극문에 이르러
한가히 푸른 대나무 있는 강가 마을 찾았네.
동해 물결 고요하니 하늘 더욱 푸르고
서쪽으로 산이 높아 해가 쉬이 어둡네.
우연히 명승지 유람하니 목이 맺힌다
세상사를 말하려니 오히려 울음이 터지네.
예로부터 바다 보면 물 되기 어렵거늘
우물 속에서 어느 누가 스스로 높은 체 할 건가.68)

懶踵金鋪畫戟門　　閑尋翠竹白沙村
東溟浪靜天逾碧　　西塞山高日易昏
偶作勝遊殊可喜　　欲談時事却成呑
古來觀海難爲水　　井底何人妄自尊

　　만년 關東紀行詩에 洞仙驛 觀蘭亭에서 바다를 내려다보며 쓴 시
다. 亭子가 있고, 산이 있고, 漁村을 감싸고 도는 물, 여기에 서니 귀
찮은 세상의 모든 시름을 잊고 젊어지는 것 같은데, 이 바다 앞 대자

---
68) 稼亭集 卷19, 次洞仙驛觀瀾亭詩韻.

연 속에 앉으면 達尊도 따질 것도 없는 자연과 一致하는 無我之境에
몰입한다. 즉 삼달존은 儒家에서 강조하는 말이나 여기에서는 망기
라는 도가의 정신을 끌어 들여 망기 하면 삼달존도 計較할 것이 없다
는 것을 피력하고 있다.

　한 폭의 東洋畵를 대하는 듯한 海邊風光의 묘사이다. 나아가서 '자
신의 흰머리를 물들일 만한 푸른 물, 푸른 대, 흰모래, 흰머리'의 색채
어를 사용하였다. '세상살이에 병든 눈을 맑게 할 수 있을 만한 맑은
풍경'의 표현은 단순한 자연경관의 묘사 이상의 의미가 내재하고 있
다. 이러한 자연 앞에서 이는 우수는 세속의 명예 같은 것은 아랑곳
하지 않는다. 곧 자연과의 正面對坐에서 가능한 生涯의 本質에 대한
憂愁이다. 푸른 물을 보며 대조적으로 덧없이 늙은 자신의 처지가 생
각나고 맑은 경치가 부질없이 세사에 쫓긴 자신 눈에 보인 것이다.

　아래 시에서도 茫茫한 大海를 바라보니 바다를 본 사람에게는 다
른 물은 물같이 보이지 않는 것처럼 세상일이 보잘 것 없게 보이고
온갖 是非가 모두 부질없는 것으로 만드는 자연을 경험한다.

　　　온 내의 바람과 달 시속의 경지요
　　　십리 트인 누대 그림 속의 집들이라.
　　　동쪽 바다 하늘 맑아 해 뜨는 것 보이고
　　　복숭아 길 봄날이라 아지랑이 피어나네.
　　　상국이 새로운 詩句 남긴 후로
　　　값 없다는 좋은 경치 값이 더욱 더해지네.[69]

　　　一川風月詩中地　　十里樓臺畵裏家

69) 稼亭集 卷15, 寧海無價亭次金簡齋詩韻.

乘海天晴看浴日　　桃蹊春暖見蒸霞
自從相國留新句　　無價奇觀價更加

위에서 보듯이 자연에 대한 稼亭의 표현은 참으로 경쾌하다. 냇물과 바람, 달은 마치 시 속에서 환상적으로 그리는 그림의 세계 같고 그 앞에 펼쳐진 樓臺는 흡사 그림 같다. 바로 詩中有畵요 畵中有詩는 이를 두고 한 듯하다. 거기다가 개인 바다가 있고 바다에 목욕하는 듯 솟는 태양, 복숭아나무가 있는 길, 따뜻한 봄의 아지랑이, 이러한 자연은 稼亭이 평소에 열망하는 생활적인 자연이다. 일순간 觀賞하고 지나쳐버리는 一回的인 것이 아니고 그러한 자연 속에서 살고 싶어 하는 것이 작자의 심정인 것이다. 끝구에서 값없는 奇觀의 정자가 값이 더했다 라는 표현은 마치 淸風明月本無價를 연상하게 하지만, 마음껏 누릴 수 있는 자연의 感興을 재치 있게 나타내어 亭子와 주위 경치를 한결 값을 올려놓았다.

> 지나다가 자연도를 만나
> 뱃전을 두드리며 시 한 수 읊네.
> 개펄은 꼬불꼬불 전서의 형상이고
> 돛대는 모여 비녀처럼 빽빽하네.
> 염전마을 연기는 가까운 해변에 비끼고
> 바다 건너 달빛은 먼 산에서 오르네.
> 나에겐 쪽배 타는 흥취 있으니
> 훗날 다시 한번 찾아올까 하네.70)

　　　行過紫燕島　　　扣枻一閑吟

---

70) 稼亭集 卷15, 次紫燕島.

浦淑盤如篆　　　竿檣簇似簪
鹽烟橫近渚　　　海月上遙岑
我有扁舟興　　　他年擬重尋

　해변을 유람하며 풍광을 실감나게 묘사하고 염전마을의 밥 짓는
연기와 마침 산봉우리에는 달이 떠오르는 광경으로 평온한 촌락의
정경을 꾸미고 작자는 거기에서 興感을 갖는다. 稼亭이 느끼는 자연
은 鑑賞에서 나아가 자신의 휴식이요, 遊樂의 대상이다.

4. 歸去來

　일반적으로 田園生活을 그리는 것은 많은 사람들의 共通된 理想
이다. 원래 '歸去來'란 隱逸 詩人의 宗으로 불리는 晋나라 陶淵明의
'歸去來辭'에서 由來되어 田園隱逸의 代名詞가 되었다. '歸去來辭'의
경우 序頭의 "旣自以心爲形役 奚惆悵而獨悲"는 陶淵明의 田園生活
로의 歸去가 그의 몇 개월간의 관직 생활에서 느낀 葛藤에 그 원인
이 있었음을 짐작할 수 있다. 대체적으로 歸去來의 念願은 순수한 田
園에 대한 愛着과 그리고 個人의 理想이 混濁한 現實과 一致되지
않는 갈등에서 기인하게 된다. 그러나 稼亭의 경우 이 두 가지 要因
외에도 고향에 둔 老母를 모시고 싶은 孝心, 이 셋의 복합적인 요인
이 작용한다.
　稼亭의 전체 詩中에 歸去來 意志를 담은 詩는 무수히 많다. 대부
분 만년의 詩에서 많이 보인다.
　먼저 稼亭이 宦路에 대한 갈등으로 인한 詩들을 살펴보기로 한다.
　稼亭은 고려와 元나라를 往來하며 이루어진 官職生活은 상당히

不安定한 양상을 띠고 있었다. 당시 권문세족들의 횡포로 관직의 위
계가 문란하고 소인들과 간신들의 농간과 부조리 및 여러 가지 부폐
로 인해 갈등하는 稼亭의 면모는 그의 여러 文들에서도 읽을 수 있
다. 그는 일찍부터 宦路보다는 漁樵生活을 희망했다.

> 강변 여관이 정히 쓸쓸한데
> 몇 번이나 빈 처마 곁에서 북두성 바라보았던가.
> 밤새도록 세찬 바람 낡은 집에 불어대고
> 흐르던 강물 얼어 다리를 이루었네.
> 삽시간에 인간의 마음 작음을 알겠나니
> 한길이나 뛴다하여 발빠르다 자랑 말라.
> 무서운 길 지나온게 도리어 우스우니
> 돌아가서 漁樵로 늙는 것만 못하겠네.[71)]

> 沙頭逆旅正蕭條　　幾傍虛簷望斗杓
> 半夜疾風吹破屋　　一江流水凍成橋
> 須臾便見人心小　　尋丈休誇馬足驕
> 過了畏途還自笑　　不如歸去老漁樵

　　얼음 덮힌 겨울 한강을 지나면서 지은 시다. 고려에서 在任時의 作
이다. 그는 宦路가 살얼음을 밟은 것같이 조마조마하고 위태하게 느
껴졌다. 그래서 자신의 본래의 뜻에 합당치 않아 갈등하고 있다. "尋
丈休誇馬足驕"는 벼슬 장도에 올라 출세가도에 빨리 가는 사람을 조
금도 부럽지 않음을 빗댄 句다. 가정이 31세에 지은 詩인데 그는 진
작부터 벼슬보다 고향으로 가서 자연에 묻혀 고기잡고 풀 베는 전원

---

71) 稼亭集 卷15, 戊辰冬氷渡漢江.

생활에 뜻을 두고 있었음을 알 수 있다.

다음은 중국에서 관직에 있을 때 시다.

중국에서 오랜 나그네 잘못된 줄 알던 터에

또 공이 돌아감을 전송하면서 나는 돌아가지 못하네[72]

燕山久客已知非　　又送公歸且未歸

먼 타국에서 벼슬살이는 그에게 그 곳 생활에서의 회의를 느끼게

하고 있다.

세상일 보자니 눈이 시린데

세월 변하는 곳에 얼굴은 검어지네.

貪·嗔·痴의 계율을 깨기 위하여서

아직도 귀거래사를 짓지 못 했네[73]

世事看來眼冷　　年光變處顏緇
爲破貪嗔癡戒　　未成歸去來辭

稼亭集中 유일한 六言詩이다.

세상의 모든 행해지는 일들이 아니꼽고 그런 세상 사노라니 얼굴

이 망가지고 빛도 나지 않는 처지다. 稼亭이 평소에는 塵世를 버리고

서 전원으로 돌아가 초연한 생활을 하기로 憧憬한 사람이지만 때로

는 역설적으로 탐 진 치라는 계율을 깨기 위해 벼슬을 하고 있다는

---

72) 稼亭集 卷18, 重送.

73) 稼亭集 卷19, 寄訥齋.

역설적인 시를 짓기도 하였음을 볼 수 있다.

다음은 서해안 延安島에서 지은 詩의 下半部이다.

> 몇 해째 평소 뜻과 어긋나니
> 이번에 강호가면 남은 여생 보내리라.
> 다행히도 교화가 동점하는 성군시대 만났으니
> 구구하게 변성명할 필요없네.[74]

> 書劍年來違素志　　江湖此去寄餘生
> 幸逢聖代東漸化　　不用區區變姓名

稼亭은 自身이 쌓은 학문이 現世의 상황에 쓰임이 안 되고 있음에 갈등하고 있다. 남은 여생을 江湖로 돌아가 진실 된 자연에 뜻을 붙이고 싶어한다.

앞에서 말했듯이 稼亭이 歸去來를 갈구하는 요인 중의 하나는 老母를 고향에 두었다는 점이다. 고려사 열전 李穀條에 의하면 忠定王 2년(1350) 10월에 40여 년간 守節로 지낸 홀어머니가 83세로 세상을 떠나기까지 고향에 계셨음을 알 수 있다.[75] 이 때는 稼亭이 52세 되던 해다. 稼亭이 평소 어머니에 대한 孝誠이 지극했음은 앞에서도 언급한 바 있다.

> 천도가 순환하여 일찍이 쉰 적 없고
> 인심이 변함도 역시 형체가 없네.
> 북당에 어머님 계시고 남강에 달 뜨는 곳

---

74) 稼亭集 卷15, 次延興島.
75) 高麗史 卷109, 列傳 第22 李穀條.

천지 사이 稼亭에서 높게 누어 살으리.76)

天道循環曾不息　　　人心機變亦無形
北堂萱草南江月　　　高臥乾坤一稼亭

위의 詩에서는 稼亭의 歸去來의 意志를 펴는 복합적인 요인을 적
고 있다. 稼亭의 만년시의 紀行詩가 대체로 作詩日 순서대로 文集에
편집되어 있음을 볼 때, 위의 詩는 관동유람을 마치고 歸省길에 星山
부근을 지날 적에 지은 詩로 보인다.

첫째, 세월은 쉼 없이 흘러서 자신이 이젠 나이가 많아진 것도 귀
거래의 바램이요, 둘째, 세상 사람들의 마음 고르지 않아 世路에의
갈등 또한 귀거래의 念願의 요인이며, 셋째, 특히 어머니가 연세 많
아 고향에 계시니 귀거래가 급하고 넷째, 귀거래 하여 자연에서 농사
지을 수 있기를 갈망한다.

이렇게 歸去來 念願의 뜻을 간절하게 표출했다. 이것은 稼亭이 번
거로운 官職生活을 淸算하고 田園生活로 歸去하여 自然과 親和하
려는 人生態度의 斷面이다.

몇 해째 혼정신성 많이 어기었나니
돌아간단 말만하고 돌아가지 못하네.77)

年來定省己多違　　　謾說懷歸自不歸

이젠 어머니를 바로 옆에서 조석으로 보살펴 드려야 하겠는데 그

---

76) 稼亭集 卷20, 寄辛草亭.
77) 稼亭集 卷16, 送辛代言東歸.

뜻이 귀거래를 통해 이루지 못함을 한스러워하고 있다.

> 나이 오십이 지났으니 잘못됨을 앏직한데
> 아직도 명예 위해 달리니 어찌 이리 어리석은고.
> ― 中略 ―
> 더욱이 집안은 가난하고 어머니도 늙으시니
> 아무리 생각해도 돌아감만 못하네.[78]

> 年過五十可知非　　尙爾馳名何大癡
> ......
> 更是家貧親亦老　　百般心計不如歸

앞장 思親의 情에서도 例示한 詩이다.

이는 세상일이 어긋나게 살아온 것과 늙으신 어머니 모셔야 하는 복합적인 요인을 읽을 수 있다.

思親의 情에서 例示한 것을 다시 보면,

> 가난한 봉양에도 기쁨이 만족할터인데
> 실속 없는 명예는 또한 헛될 뿐이네.
> 누가 능히 다시금 얽어메리오
> 내 마땅히 내 집으로 돌아가려네.[79]

> 菽水歡自足　　箕斗名亦虛
> 誰能更拘束　　吾當返吾廬

---

78) 稼亭集 卷19, 自詠效樂天體.
79) 稼亭集 卷14, 七月四日得家書.

어머니 봉양의 뜻과 환로의 회의로 인해 헛된 명예 쫓지 않고 고향에 귀거해서 口體之養을 돌봐 드리겠다는 것이다. 끝 句에서 陶淵明의 讀山海經의 "吾亦愛吾廬" 句를 연관시켜 귀거래의 의지를 극대화하고 있다.

다음 시에는 순수한 牧童을 보고 歸去來의 情을 실었다.

저이 집 자매들은 맵시 고운데
밤 길쌈 애써하여 시집갈 옷 장만하네.
사랑스럽다 너는 태어나서 염려 없으니
도롱이 걸치고 젓대를 빗겨 불며 소타고 돌아오네.[80]

渠家姉妹有娥眉　　　夜績辛勤作嫁衣
愛汝生來無念慮　　　披簑橫笛任牛歸

이 詩는 그의 文集의 관동기행시 묶음 안에 들어 있다. 稼亭이 어느 들을 지나다가 소등에 탄 牧童에게로 시선이 따라갔다. 속이고 속고 모략하고 중상하는 세상의 복잡한 일과 권력의 와중 같은 것은 아예 알지도 못하고 아무런 생각 없이 소 가는대로 한가로이 피리 불고 소의 등에 올라가는 牧童의 마음을 한 없이 부러워하는 작자의 심정을 보여주고 있다. 목동이 소등에 탄 조그마한 정경을 素材로 포착한 것은 그의 詩想이 얼마나 多感했고 섬세했는가를 보여주고 있다.

소는 벼슬아치들이 타고 가는 말[馬]처럼 그렇게 높고 빨리 가지 않아 떨어질 위험도 없다. 지난 날 벼슬의 불안을 느껴왔던 稼亭에게는 부러움이 더 했을 것이다. 소의 등과 목동 사이에 거추장스러운

---

80) 稼亭集 卷20, 牛背牧童.

안장이나 격식 갖춘 복장도 필요 없다. 뜻을 펼 수도 없는 학문 같은
것을 論하는 번거로움도 없이 오직 손에는 피리가 쥐어져 있다. 평온
한 자연 속에서 형식에 구애되지 않는 목동이 부러웠다. "스스로 마
음이 형체에 사역(自以心爲形役)"되지 않는 그러한 牧童에 대한 부
러운 마음을 詩에 依託한 것은 稼亭이 歸去來하고 싶은 心思가 高揚
되었음을 알 수 있다.

> 영웅의 고금사를 보건데
> 송국 사이 술에 취한 도연명만 못했네.[81]

> 看取英雄古今事　　不如松菊醉陶潛

이 시에서도 일찍부터 稼亭은 출세함보다 귀거래하여 자연을 즐기
며 전원생활을 한 도연명에 더 뜻을 두고 있다.

> 이 낮은 벼슬 내 뜻이 아니기로
> 만년에 한가히 사노라.
> 산을 대하여 세월을 잊고
> 대나무 심어 자연환경 이끌었네.
> 새매 앉은 채마 맡엔 이슬이 맺히고
> 학 묻힌 땅엔 누런 곡식 익었네.
> 부끄럽다 나는 잘못 명예 취하여
> 벼슬길에서 머리가 새하얗게 되었네.[82]

> 薄宦非吾志　　閑居在晚年

---

81) 稼亭集 卷17, 寄安康李先生.
82) 稼亭集 卷20, 題八莒同年裵糾正.

對山忘歲月	栽竹引風烟
淸露跨鴟圃	黃雲沒鶴田
愧予名所誤	鞍馬到華顚

同年 배규정에게 보낸 두 수중 첫수이다. 吾志, 閑居, 晩年, 對山, 忘歲, 栽竹, 風烟, 淸露, 黃雲, 鶴田 등은 모두다 시골풍경과 은거의 단어들로 엮어서 더욱 田園에 쌓인 감을 준다.

"愧予名所誤" 句는 도연명의 歸田園去의 "性本愛丘山 誤落塵綱中"을 用事하여 끝 귀에서 머리 희도록 너무 오랫동안 벼슬했으니 돌아옴이 당연하단 효과를 내고 있다. 이 시 역시 자연에 뜻을 두고 있다.

나는 바닷가에 살 곳을 잡으려니
어촌은 곳곳마다 모두가 사랑스럽네.
이 집에는 술이 있고 대나무도 많으니
벽에 시 쓸제 주인을 물을 필요 있나.[83]

我欲卜居滄海濱	漁村到處盡堪憐
此家有酒仍多竹	題壁何須問主人

조용한 어촌과 거기에 대나무가 있고 술을 마시며 가끔 시를 쓴다. 이는 많은 이가 원하는 바이겠지만 稼亭은 대나무 此君과 주인을 물을 필요없는 故事를 引用해 풍류와 멋도 느끼며 살고 싶어한다.

다음 詩句에서는 田園生活의 동경으로 인한 歸去來의 意志가 솔직하고 구체적으로 그려져 있다.

---

83) 稼亭集 卷20, 題村舍.

나는 산을 사서
푸른 잔디 헤치고 집이나 지으련다.
동산에는 소나무 대나무 기르고
문밖에는 찰벼와 메벼도 심으리.
무성한 나무 밑에 앉기도 하고
차디찬 맑은 샘물 마시기도 하고
날마다 洗心經을 읽어
세상일에 얽히지 않게 하리라.[84]

我欲買山去   鑿翠開風檽
園中養松竹   門外種稌秔
茂樹坐鬱鬱   淸泉飮泠泠
日讀洗心經   無令世故嬰

이 시구는 「紀行一首贈淸州參軍」의 중간 부분이다. 이 詩의 全體
的인 內容은 麗末에 社會狀況을 간접적으로 描寫하고, 그 위에 百姓
의 苦痛相과 作家의 感興을 表現하였는데, 위의 句節은 바로 그 社
會에 대한 가장 강한 否定의 意味를 表現하고 있다. 이러한 田園에
대한 憧憬, 즉 歸去來의 念願은 個人의 힘으로 돌이킬 수 없는 社會
의 構造的 病弊에 挫折하고 自然으로서의 歸依를 통한 生의 理想을
實現하려는 意志로 나타난다. 특히 '風檽', '松竹', '淸泉' 등의 詩語에
서는 純粹自然에 대한 作家의 期待가 極大化되고 "洗心經"의 意味
와 함께 自然과 作家意志는 合致를 이루고 있다. 이는 곧 自然을 통
하여 人生의 有限性을 認識하게 되고, 그러한 虛無感은 새롭게 生을
肯定하는 힘을 준다. 自然과 人間과의 調和的 統一을 이룬다는 것은

---

84) 稼亭集 卷14, 紀行一首贈淸州參軍.

곧 自然에의 沒入이다. 맑은 샘물을 마시고 숲에서 쉬며 洗心經을 읽는, 조금도 自然과의 간격이 없는 田園生活은 세상과 얽히지 않고 자연에 親和되는 데서 가능한 것이다.

　다음 詩는 향리에서 제자들을 기르는 친구를 부러워하며 귀거래의 意思를 보인 것이다.

　　　십 리 길 푸른 산에 한자리 주택
　　　떼 지어 다니는 제자들은 무우의 기풍이네.
　　　이웃되어서 우리 유도 논하기를 심히 욕구하노니
　　　시위소찬 몇 해째로 녹을 받기 부끄럽네.85)

　　　十里青山一畝宮　　　偤偤童冠舞雩風
　　　卜鄰甚欲論吾道　　　尸素年來愧食功

　연산(논산)의 金光鼎이 학생들을 교습함에 지어준 시다. 자기도 향리에 歸去하여 儒道를 논하며 자연에서 보내고 싶은 부러움을 담고 있다.

　다음 시는 귀거래하면서 지은 시다.

　　　하얗게 센머리는 만나보자 놀라고
　　　반가이 맞는 눈은 일찌감치 나이 차를 잊었네.
　　　세상 일은 동으로 흐르는 물이요
　　　친구들은 사방으로 흩어지는 연기같네.
　　　이웃을 정하려면 땅이 있어야 하련만
　　　노년에 돌아가도 농지는 없네.
　　　매양 생각하노니 소나무 메아래서

---

85) 稼亭集 卷20, 行次連山聞金先生光鼎在近邑敎授生徒以二絶寄之.

서로 찾아 술주정하리라.86)

```
白頭驚會面      靑眼早忘年
世事東流水      親朋四散烟
卜隣應有地      歸老尙無田
每憶松巒下      相尋發酒顚
```

좋은 곳에 터 골라 집짓고 잘살고 싶지만 그렇게 한들 곡식 가꿀
밭 하나 없는 처지이다. 그러나 함께 만나 자연 벗 삼아 술 마실 수
있어 귀거 후의 기대를 하고 있다.
여기서 歸去來後의 그의 心思를 읽어보자.

일평생 조각배 타고 살으렸는데
스스로 우숩구려 돌아오니 이미 늙었네.
아직도 연경의 옥당 꿈이 있어서
몸이 갈 꽃핀 물가에 있다는 것을 잊기도 하네.87)

```
百年心事一扁舟      自笑歸來已白頭
猶有皇朝玉堂夢      不知身在荻花洲
```

이 시 역시 그렇게 바라던 歸去를 해서 몸은 자연 속에 있으나 마
음은 아직도 중국의 벼슬자리를 잊지 못하고 있음을 솔직히 말하고
있다. 그리하여 자기가 고향에 돌아와 몸이 갈꽃이 핀 물가 서있다는
것을 깜박 잊는 인간의 고뇌를 솔직히 고백하고 있다.

---

86) 稼亭集 卷20, 題八莒同年裵糾正.
87) 稼亭集 卷18, 寄鄭代言.

만년에 어머니 곁으로 귀거래하여 지은 시다.

> 어머님 여든 살에 내 비로소 돌아오니
> 아침저녁 문안 뜻 어기지 않으려네.
> 꿈속에 홍진이 백발에 불어대나
> 가정의 남쪽 언덕엔 낚시터 있다네.[88]

> 慈親八十始來歸　　定省晨昏志莫違
> 夢裏紅塵吹白髮　　稼亭南畔有漁磯

이젠 돌아 왔으니 늙으신 어머니 잘 보양해 드리며 고향에서 살려고 하나 그렇게 원하던 귀거래의 후의 형편은 농사지을 땅도 없고 또 가난으로 인해 자기의 뜻이 어긋난다. 꿈속에서도 흰머리에 바람이 붉은 티끌을 일으켜 친다는 표현으로 늙은 몸이나 이전의 중국의 벼슬살이에의 미련이 되살아난다는 진솔한 고백을 하고 있다. 끝 귀에서는 그래도 집 가까이 漁磯가 있음으로 위안이 되기는 하나 어쨌든 稼亭의 歸去來는 도연명과 같은 그러한 통쾌한 귀거래가 되지 못했다.

稼亭의 歸去來는 陶淵明의 歸去來처럼 三徑就荒이나 松竹猶存하다는 그런 歸鄕의 처소가 되지 못하였다. 황폐한 三徑은 손질하여 다듬을 수 있지만 稼亭의 田家는 사정이 달랐다.

> 관직 버리기는 쉬워도 살 곳 정하긴 어려워
> 나는 비록 돌아왔지만 아직 편치 못하네.
> 어찌하면 先生처럼 山水를 차지하고

---

88) 稼亭集 卷18, 寄奇叅政.

다시는 세속 일에 관여함이 없게할고.[89]

休官却易卜居難　　我縱歸來尙未安
誰似先生擅山水　　更無俗事敢相干

　　위의 시는 稼亭이 官職에서 물러나 歸去來한 후 그의 知人 許執
義에게 보낸 글이다. 그렇게도 念願하던 歸去來는 自意半 他意半으
로 이루어졌다. 앞에서 例示된 詩들에서 보았듯이 가정은 平素에 歸
去來 意志가 강했고 또한 他意로는 己丑(1349년)에 官職을 내놓아야
했기 때문이다.

　　귀거래하여 몸과 뜻을 편히 쉬고자 하였으나, 돌아온 稼亭의 마음
은 결코 편한 것만은 아니었다. 농사를 지을 田畓도 넉넉지 않고 어
머니 모실 경제적 여유도 없었다. 그러니 心的으로 山水를 欣賞할 수
있는 형편이 못되었다. 즉 그에게는 心的인 것과 物質的인 상황이 竝
立이 되지 못하였다. 그래서 세상일에 相干하지 않을 수 없는 처지였
다. 따라서 귀거래하여 온전히 山水를 즐기는 許執義가 부러웠다. 그
러던 차 歸去 후 1년도 못되어 至正10년(1350) 元으로부터 奉議大夫
征東行中書省 左右司郎中을 除授받게 된다. 이로 인해 稼亭의 歸去
來의 생활은 몇 달 되지 못한 짧은 기간으로 끝났다. 다시 出仕하여
오른 벼슬 역시 數個月을 지나고 그렇게 호심으로 섬기기 원하던 어
머니가 10월에 세상을 떠나고 다음해를 맞은 至正11년(1351) 正月
초하루에 매년 짓던 元旦詩도 남기지 못하고 저 세상으로 영원히 歸
去하고 말았다.

___

89) 稼亭集 卷20, 寄許執義.

제8장

文學史的 位置

제8장 文學史的 位置

高麗는 光宗9年(958) 科擧制度가 시작된 以後로 줄곧, 及第를 위한 文飾에만 힘쓰는 詞章中心으로 學問의 氣風이 蔓衍하고 있었는데, 이에 厭症을 느끼고 있던 士類層이 새로 導入된 性理學을 受容하면서 文學에 새로운 氣風이 일어났다. 卽 技巧的 側面에만 置重하던 浮華한 詞章中心의 文學에서 道學爲主의 理念的 古文爲主의 學問으로 變換이 이루어지고 있다.

이 때 典型的 士大夫인 稼亭은 白頤正, 權溥, 禹倬, 李齊賢 등 當代의 巨儒들을 통해 性理學을 受容하여 敎化爲主의 效用的 文學世界를 構築해 나갔다,

한 作家의 文學的 位相을 定立함에는 그 作家의 思想과 文學 全般을 깊이 있게 穿鑿하고 당시의 思想과 文學潮流 등 타 작가들과의 聯關 關係를 면밀히 파악하고 난 후 客觀的이고 主觀的인 시각을 세워야 한다. 그러나 筆者는 本考의 제 2장에서 열거한 諸家의 評들을 인용하면서 稼亭 作品과 文學 活動을 통해 文學史的 位置를 몇 가지 측면으로 가늠해 보고자 한다.

1. 稼亭은 당시 새로운 학문인 性理學을 수용하여 詞章 中心의 文

風을 古文爲主로 새롭게 일신시키는데 큰 몫을 했다.

徐居正은「東人詩話」에서,

> 忠烈王 以後 集註가 비로소 행하여지고 학자들은 앞을 다투어 性
> 理學의 영역에 젖어들어 갔다. 益齋 李齊賢 以來로 稼亭 李穀, 牧隱
> 李穡, 圃隱 鄭夢周, 三峯 鄭道傳, 陽村 權近 등 여러 선생이 서로 이
> 어서 지어내니 道學을 倡導講明하여 文章의 氣風이 거의 古文에 가
> 까웠다.[1]

라고 하여 稼亭의 위치를, 益齋를 이어 아들 李穡과 鄭夢周, 鄭道傳
으로 내려 준 淵源을 설명하면서 文學과 道學을 연관시켜 평하였다.

또한 三峯 鄭道傳은 李崇仁 文集序를 쓰면서

> 近世에 있어서는 鷄林 益齋 李齊賢 같은 大儒學者가 처음 古文
> 學을 提唱하였으니 韓山 稼亭李穀, 京山 樵隱 李仁復이 따르고 함
> 께 지었다.[2]

라고 했다.

이상으로 볼 때 稼亭의 從來의 記誦에 沒頭한 詞章의 文風에서,
心身性命의 이치를 窮究하게 하는 古文위주의 氣風으로 變換·振作
시키는데 一翼을 맡았음을 알 수 있다.

2. 稼亭은 당시 文物이 월등히 우월하던 元나라에까지 文章으로써
나라를 빛낸 국제적인 문학가였다. 生涯에서도 설명했듯이 그는, 36

---

1) 徐居正, 『東人詩話』 卷下 第1則. "忠烈以後 輯註始行 學者駸駸入性理之域 益
   齋以下 稼亭牧隱圃隱三峯陽村諸先生 相繼而作 倡明道學 文章習氣 庶幾近古".
2) 鄭道傳, 『三峰集』 卷3, 京山李子安陶隱文集序. "近世大儒 有若鷄林益齋李公 始
   以古文之學倡焉 韓山稼亭李公京山樵隱李公 從而和之".

세 때 元나라에서 施行하던 會試에 응시하여 卓越한 對策文으로 讀
卷官에게 크게 稱頌받은 바 第二甲으로 뽑혀서 당시 元의 文士들을
깜짝 놀라게 하였다. 그때까지 高麗의 文士로 元의 과거에 합격한 자
가 모두 下列에 머물렀으나, 稼亭이 처음으로 第二甲에 올랐고, 나중
에 아들 穡까지 登第케 하여, 高麗人의 학문을 元에 떨친 崔致遠 이
래 李齋賢과 더불어 以文華國한 대표적 학자이다. 뿐만 아니라 元에
있으면서 저 유명한 "代言官請罷取童女書"로서 以文報國한 그의 文
章家로서의 위치를 크게 평가해야 할 것이다.

3. 稼亭은 行狀을 처음으로 지어 韓國漢文學史上「行狀」을 하나
의 문학장르로 만들어 놓은 先驅者的 位置를 들 수 있다.[3] 그리고
金剛山을 遊覽하고 쓴 작품으로는 그의「東遊記」가 최초로서, 韓國
紀行文學史上 金剛山 遊覽記의 嚆矢가 되고 있으며,[4] 아울러 그의
詩文에서 金剛山 "一萬二千峰"이라는 文學用語의 新造語를 만들어
후대에 많은 詩人들로 하여금 이 句를 즐겨 채용하게 했다.[5]

4. 또한 李奎報와 李齊賢 두 巨峰의「詞」작품이 있은 이후로 高

---

3) 稼亭集 卷12에는 書目을 달리하여「高麗國判典理事上護軍奇公行狀」과「集賢織
   學士韓公行狀」두 편이 실려 있다. 이는『東文選』권116에 가장 첫머리에 실려있기
   도 하다. 崔致遠의 文中 行狀의 성격인 글이 있기는 하다. 또한 同時代 淡庵 白文
   寶가 지은 行狀이 한 편 보이나, 그는 稼亭과 동시대의 인물이며, 더욱이 完篇이 아
   니라 後半部가 온통 缺落된 것으로, 완전한 行狀의 價値를 두기 어렵다.

4) 稼亭보다 앞서 林椿의「東行記」가 있으나, 여기에는 金剛山 紀行이 나오지 않는
   다. 崔康鉉 敎授는 그의『韓國紀行文學研究』(一志社, 1980), 160쪽에서 금강산 유
   람기로서 現傳하는 國·漢文 기행문 중에서는 稼亭의「東遊記」가 처음이라고 밝힌
   바 있다.

5) 稼亭은「東遊記」에서 "天氣朗淸 山明如刮 所謂萬二千峰 歷歷可數也"라고 하였
   고, 卷19 中의 七言律詩「宿長安寺」에서 "雪立峰攢萬二千"이라는 句를 쓰고 있다.
   金剛山 詩를 總網羅한 選集에서도 稼亭 以前에는 萬二千峰 詩語를 쓴 것이 보이
   지 않는다.

麗에 詞作家가 별로 드물던 당시에 稼亭이 鄭誧와 함께 詞文學의 脈
을 이어 놓았다.

5. 그리고 유명한 假傳「竹夫人傳」을 지어서 "高麗朝 假傳體 文
學"의 白眉를 이루었다. 이는 중국 蘇門四學士 중의 하나인 大文豪
張耒의 「竹夫人傳」이나 元末明初의 대표적인 문장가 楊維楨의 「竹
夫人傳」보다도 內容面이나 構成面에 있어 훨씬 뛰어나,6) 우리의 假
傳體 작품이 결코 중국에 뒤지지 않는다는 긍지를 낳게 하였다. 특히
稼亭의 竹夫人傳은 의인화 대상물의 曖昧性(Ambiguity)을 지녀 근
래 학자들에게 擬人化 作品 연구에 활기를 띠게 했고 이 竹夫人傳은
고등학교 교과서와 참고서 등에 빈번히 실려 우리나라 초기 假傳 작
품의 眞髓를 알려 주고 있다.

6. 그리고 그의 詩文이 東文選에 백 편이나 넘게 실려 있고 여러
主要 詩文選集에 수록되고 있어 稼亭의 문학적 위치를 입증해 주고
있다.

7. 무엇보다 稼亭의 문학적 위치를 높이 평가해야 할 것은 그의 아
들 牧隱에게 직접 책을 펴고 강론한 것은 아니더라도 아버지로서 그
에게 사상과 학문에 절대적이고 결정적인 영향을 주었음은 사실이다.
이에 高麗 半千載에 문학을 集大成한 大文豪로 만들었다. 아들이 出
世하여 揚名하면 그 아버지가 이름이 올라가는 것이 常例이나 稼亭
의 경우 너무나 큰 牧隱의 나무 그늘에 가리어 상대적으로 牧隱에
비해 제대로 照明을 받고 있지 못하는 실정이다.

柳思訥은 「稼亭集」 跋에서 "余惟淵沈之學 出於蔡西山 軾轍之文
原於蘇老泉 誰知牧隱道德文章之美 實由於稼亭而化之所從來者遠

---

6) 韓國과 中國의 「竹夫人傳」의 對比는 筆者가 「韓·中 竹夫人傳 研究」라는 論題로
『轉移와 受容』(국학자료원)에 발표한 바 있다.

矣"[7]라고 하여, 宋나라 때의 蔡淵과 沈 兄弟의 학문이 그의 父 蔡西山에서 나왔고, 蘇軾·轍 兄弟가 아버지 蘇老泉의 영향을 받아 나왔듯이 牧隱의 道德 文章이 모두 稼亭을 통해서 나왔다고 했다.

「東人詩話」에도 역시 "稼亭牧隱父子相繼中皇元制科 文章動天下 牧隱之於稼亭 猶子美之於審言 子瞻子由於老泉 自由家法"[8](밑줄 필자)이라 하여, 蘇東坡가 그의 父 老泉에게 영향 받은 것과 詩聖 杜甫가 그의 祖父 審言에게 영향받은 것에 비유하여 牧隱 역시 그의 文學과 經學이 家法 즉 부친의 訓導에서 영향 받았음을 역설한 바 있다.

또 鄭道傳은 李崇仁의 文集序에서,

> 牧隱 李穡 先生이 일찍이 家庭에서 가르침을 이어 받고……여러 학자를 가르쳤으니 가르침을 받고 興起한 者는 鄭夢周, 李崇仁, 朴尙衷, 金九容, 權近, 尹紹宗, 鄭道傳이었다.[9](밑줄 필자)

라고 하였다.

이로 보아 稼亭은 牧隱의 道德文章이 있게 하여 그로 하여금 鄭夢周, 李崇仁, 朴尙衷, 權近 등 碩學들을 직접 길러내게 하였음을 알겠고, 金叔滋, 金宗直, 金宏弼, 鄭汝昌에게까지 영향을 준 것을 알 수 있으니, 이는 稼亭의 淵源이 後代에 계속 이어졌다고 할 수 있다.

8. 앞 章에서 소개한 諸家의 評을 여기에 다시 빌려 보면, "大觀齋 沈義는,

---

7) 稼亭集 附錄.

8) 徐居正, 東人詩話 卷下.

9) 鄭道傳, 『三峰集』, 京山李子安陶隱文集序. "今牧隱李先生 早承家庭之訓 …… 延引諸生 見而興起者 烏川鄭公達可 京山李公子安 潘陽朴公尙衷 密陽朴公子虛 永嘉金公敬之 權公可遠 茂松尹公紹宗 雖以予之不肖 亦獲側於數君子之列".

　　우리 東方文士가 崔孤雲(致遠)으로 天子를 삼았다면, 李益齋(齊
賢)와 李白雲(奎報)이 領相이 될 것이고, 李牧隱(穡)은 文衡이 되고
陳澕와 鄭知常은 東西壁이 되고 崔猊山(瀣), 李稼亭(穀), 李樵 隱
(仁復), 李齋亭(達衷), 鄭雪谷(誧) 등은 文書典掌의 職任에 두는 것
이 좋겠다.10)

　라고 하여 當代를 대변해 줄 만한 文士들과 함께 거론하면서 稼亭의
위치를 설명했고, 고려시대의 학자 金子粹는 "東國文章集大成 稼亭
父子冠群英"11)이라고 읊어 牧隱과 함께 稼亭을 東國文章의 가장 으
뜸자리에 올려놓았으며, 清陰 金尙憲(1570-1652)은,

　　牧隱의 학문이 그의 아버지 稼亭 李穀 先生으로부터 나와서 父子
가 중국의 制科에 뽑히고 모두 翰林이 되어 詞場에서 才氣를 다툼에,
중국에서 文章을 짓는다는 선비들도 다 물리쳤으니. 이는 고려조 오
백년 내에 처음 있는 일이며, 어찌 500년뿐이랴, 우리 海東이 있은 이
래로 일찍이 없던 바이니, 武功에 비유한다면 高句麗의 乙支文德과
양만춘이 隨唐의 100만 군대를 물리친 것과 다를 바 없다.12)

　고 하였다. 이는 牧隱과 함께 받은 評이기는 하지만 稼亭文集의 序
인 것을 보면 稼亭의 공로를 칭찬하고 있음을 알 수 있겠다.
　　9. 陽村 權近은 "당시 文孝公(穀)은 문장으로써 宰相의 자리에 있
었다"13)고 하여 그를 최고 文豪의 자리에 앉혔다.
　　또한 朝鮮 英祖 때의 인물인 柳光翼은 고대로부터 근세에 이르기

10)　金台俊,『韓國漢文學史』, 朝鮮語文學會, 1931, p.77 재인용.
11)　金子粹,『桑村先生實記』卷1, 韓山題詠詩.
12)　稼亭集 卷38, 稼亭集重刊序.
13)　權近,『陽村集』卷39. "時文孝公(李穀) 以文章位宰相".

까지 詩品으로써 名人을 上中下의 三編으로 나누었는데, 稼亭을 禹
倬, 李齊賢, 李穡, 李崇仁, 鄭夢周 등과 함께 上編에 넣고 있어 稼亭
의 文人으로서의 위치를 알게 한다.14)

　이상에서 論及했듯이, 稼亭은 益齋를 이어 當代를 대표할 만한 文
章家. 性理學者로 주목할 만한 훌륭한 詩文들을 남겨 韓國漢文學史
의 脈을 이었으며, 性理學의 主流를 이어받아 그의 아들 牧隱의 학
문을 이루게 해서 鄭夢周, 李崇仁, 權近 등을 길러내고 후대에까지
思想과 學問과 詩作에 영향을 끼쳤으니, 稼亭의 漢文學史上의 위치
는 단연 우뚝하다고 하겠다.
　끝으로 韓國 性理學 學流系를 소개한다.

韓國 性理學 學流系15)

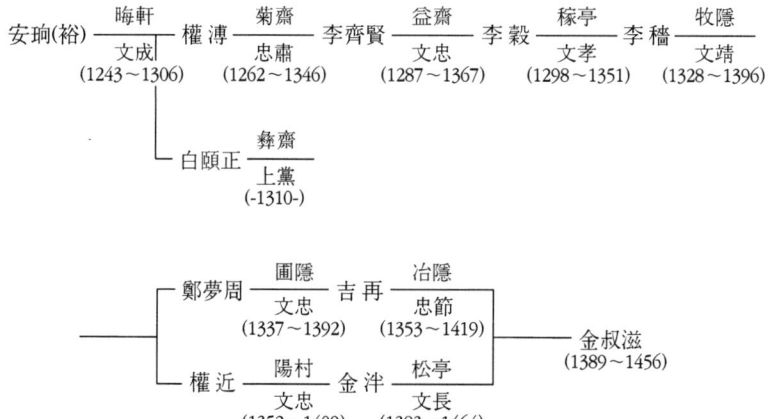

14) 李炳釴, 李穀의 文學思想, 高麗大 教育大學院 碩士論文, 1981, p.55에서 再引用.
15) 金炳九, 晦軒安珦 思想에 關한 研究 -教學思想을 中心으로-, 建國大學校大學
　　院 博士論文, p.부록Ⅲ, 1981.

위 圖表는 性理學의 學流系圖이지만 當時 文人들이 거의 性理學
者였고 性理學者들이 거의 文學작품을 남긴 점으로 생각할 때 文學
淵源의 圖表나 별 다름이 없다고 생각된다.

參考文獻

多田正知 (京城帝大 豫科), 李稼亭年譜 – 高麗漢文學の一考察, 『淸凉』 10 號, 서울, 1930년 12월.

多田正知, 稼亭集解說, 『靑丘學叢』 第1號.

高柄翊, 稼亭集 解題, 『高麗名賢集 3』, 成均館大 大東文化研究院.

高惠玲, 稼亭 李穀의 佛教觀과 性理學, 『韓國史學論叢』(水邨朴永錫華甲論叢 上), 1990.

金時鄴, 高麗後期 士大夫文學의 一性格 – 農民을 題材로 한 李穀과 尹汝衡의 시, 『大東文化研究』 제15집, 성균관대 대동문화연구원, 1982.

金明順, 竹夫人傳과 萬福寺樗蒲記의 內面的 聯關性, 『加羅文化』 제1집, 경남대 가라문화연구소, 1982.

李炳赫, 稼亭의 思想과 그 文學, 『부산공전 논문집』 제20집, 1979.

_____, 李穀의 竹夫人傳考, 『어문교육논총』 제8집, 부산대 국어교육과, 1984.

_____, 『高麗末 性理學 受容期의 研究』, 태학사, 1989.

王甦, 『退溪詩學』, 李章佑 譯, 退溪研究院刊, 1981.

李炯釪, 李穀의 文學思想, 고려대 교육대학원 석사학위 논문, 1981.

高惠玲, 14世紀 高麗 士大夫의 性理學 受容과 稼亭 李穀, 이화여대대학원 박사학위논문, 1992.

_____, 稼亭 李穀에 대하여, 『梨花史學研究』 17·18合輯, 1988.

_____, 稼亭 李穀과 元 士大夫와의 交游, 『民族史의 展開와 그 文化 (上)』 (碧史 李佑成 教授 定年退職 紀念論叢), 창작과 비평사, 1990.

車柱環, 中國詞文學論考, 서울大出版部, 1982.

金宗鎭, 李穀의 詩世界, 『漢文學論集』 제2집, 단국대학교 한문학회, 1984.

_____, 李穀의 詠史詩 研究 – '17수 영사시'를 중심으로, 『漢文教育研究』 제12집, 한국한문교육연구회, 1998.

_____, 李穀의 對元意識,『泰東古典硏究』創刊號, 한림대 태동고전연구소, 1984.

_____, 가정 이곡의 시대인식과 사상적 지향,『가정 이곡 선생 탄신 700주년 기념 학술대회발표논문집』, 목은연구회, 1998.

朴性奎, 고려전기의 귀족문화,『한국학연구입문』, 지식산업사, 1981.

_____, 이곡의 영사시 연구 - 신흥사대부 의식의 몇 국면,『한국한문학연구』제26집, 한국한문학회, 2000.

宋載邵, 稼亭 李穀의 東遊記에 對하여,『한국한문학연구』제24집, 한국한문학회, 1999.

安秉尙, 이곡 죽부인전의 제재,『중국학논총』, 국민대학교 중국문제연구소, 1990.

劉明鍾, 李穀의 心性論,『韓國思想史』, 이문출판사, 1995.

_____, 稼亭 李穀의 生涯와 思想,『東洋哲學』제8집, 韓國東洋哲學會, 1997.

유이경, 이곡의 說作品 연구, 이대석사논문, 2003.

柳仁熙, 李穀 李穡의 倫理哲學과 高麗 儒學의 性格,『동방학지』제101집, 연세대학교 국학연구원, 1998.

_____, 稼亭과 牧隱의 倫理思想의 理論思想의 理論背景과 그 現代哲學的 意義,『稼亭 李穀, 牧隱 李穡 先生 학술세미나』韓中哲學會, 경원대 아시아문화연구소, 1998.

유호진, 이곡 시에 있어서의 반성적 시선과 자유에의 지향,『한국한문학연구』제26집, 한국한문학회, 2000.

李成珪, 稼亭 李穀의 年譜考,『가정 이곡 선생 탄신 700주년 기념 학술대회 발표논문집』, 목은연구회, 1998.

전병련, 稼亭 李穀의 倫理思想,『稼亭 李穀, 牧隱 李穡 先生 학술세미나』, 韓中哲學會, 경원대 아시아문화연구소, 1998.

정원표, 이곡 시 연구,『한국한시작가연구』한국한시학회, 1995.

崔承洵, 金剛山觀遊記考,『江原文化硏究』제4집, 江原大 江原文化硏究所, 1984.

黃在國, 李穀의 生涯와 儒敎思想 硏究,『경희대학교 대학원 논문집』제6집, 1978.

_____, 竹夫人傳의 擬人化 對象 試考,『어문교육』제21집, 어문교육연구회, 1979.

_____, 가정 이곡의 문학연구 - 죽부인전에 중점을 두어, 경희대 석사논문, 1979.

_____, 李穀의 詠史詩 小考,『語文敎育』36·37合輯, 어문교육연구회, 1983.

_____, 李穀文學硏究, 경희대학교 박사학위논문, 1984.

_____, 李穀의 散文에 나타난 作家意識,『人文學硏究』제20집, 강원대학교, 1984.

_____, 韓·中 竹夫人傳 硏究,『轉移와 受容』, 학문사, 1986.

_____, 李穀 漢詩의 韻律 硏究,『우리문학연구』제5집, 우리문학연구회, 1985.

_____, 稼亭 李穀의 詞 考察,『語文論叢』제1집, 경희대 대학원 국어국문학회, 1985.

_____, 李穀의 紀行漢詩 硏究,『語文論叢』제6집, 경희대학교 대학원, 1990.

_____, 李穀 詩의 主題考,『韓國漢詩』제3권, 민음사, 1991.

_____, 稼亭 李穀의 望鄕思親과 歸去來의 意味,『溫知論叢』4號, 1998.

韓永愚, 稼亭 李穀의 生涯와 思想,『한국사론』, 서울대 국사학과, 1998.

부 록

稼亭先生年譜

年譜 一

- 大德二年 戊戌　七月壬寅公生。
- 延祐四年 丁巳　中擧子科　朴孝修監試
- 延祐七年 庚申　秋中征東省　生本省秀才科第三名監試朴孝修先生　貢擧　調福州司錄參軍事。
- 泰定三年 丙寅　鄉試第三名。
- 泰定四年 丁卯　會試京師不第。
- 天曆元年 戊辰
- 天曆二年 己巳
- 至順元年 庚午
- 至順二年 辛未　春拜藝文檢閱。

年譜 二

- 至順三年 壬申　秋中征東省　鄉試第一名。
- 元統元年 癸酉　會試中第。殿試第三甲　賜進士出身。授承事郎　翰林　國史院檢閱官。
- 元統二年 甲戌　奉勑勸學校　詔書使本省。
- 至元元年 乙亥　還京師
- 至元二年 丙子　勾儌承發架閣庫　春拜奉善大夫試典　儀副　全直寶文閣。
- 至元三年 丁丑　授儒林郎 敬政院管　書省左右司員外郎　藝文館提學知製　教
- 至元四年 戊寅　授儒林郎 征東行中　夏拜中顯大夫成均祭酒　教
- 至元五年 己卯
- 至元六年 庚辰
- 至正元年 辛巳　賞征東省 賀改元　表赴京師因留居　春拜正順大夫利興校寺　事藝文館提學知製　教

至正二年 壬午

至正三年 癸未 授奉訓大夫 中瑞司典簿

至正四年 甲申

至正五年 乙酉 扈駕上都

至正六年 丙戌 頒朔本省

年譜 三

至正七年 丁亥 還京師 冬。同知貢舉取金仁珪等三十三人。

至正八年 戊子 中書差監倉 秋游關東

至正九年 己丑 秋游關東

至正十年 庚寅 授奉議大夫征東行中書省左右司郎中

至正十一年 辛卯 正月一日卒。贈諡文孝公。

稼亭李中父與子俱出盂坐門下又同游翰苑
凡兩質疑山斗是仰奄然先逝嗚呼惜哉令其
子密直提學李穡於辛丑播遷蒼黃之際能不
失遺藁編為二十卷令婇夫錦州宰朴尚衷書
以壽諸梓子得而閱之慨然主復盍歎其所樹
立如此又嘉其有子如此於是手書至正甲辰
五月初吉粟亭老人尹澤謹識。

稼亭雜集

十九

吾東方文學之士登中朝科者多矣然父子相
繼擢高科暨史翰名聞中夏世稱其美惟
稼亭與牧隱兩先生而已歲在壬寅余嘗命為
江原都觀察使摠制李種善同知摠制李叔的
延以
稼亭文集授余曰我
祖文集刊板在錦山不幸罹于兵燹孱子重刊
以示不朽余於
稼亭先生視猶祖父也故樂為之命工鋟榟以
壽其傳余惟淵沉之學出於蔡西山軾轍之文
原於蘇老泉誰知
牧隱道德文章之美實由於
稼亭而化之乎往隶隶者遠矣吾生晚也未得侍
閒居而目接耳受以破曚聾懿夫
永樂壬寅十月　日嘉善大夫江原道都觀察
黜陟使文城柳思訥敬跋。

稼亭雜集

二十

稼亭集重刊序

蓋麗朝五百年以文章名家者不易數而牧隱為冠膏牧隱之學出於其父稼亭先生仍父子中元朝制科俱為翰林其戰藝於詞場也中國能文之士多退舍焉此五百年所未見嘗特五百年自有東韓以來未嘗聞也論著謂壁之武功乙支文德安市城主歐陽唐百萬兵著列也鳴呼偉矣然自麗訖今又三百年牧隱集尚獨孫而獨稼亭集鮮有藏者世以為歐先生之聞孫今嶺南方伯李公某祢適得舊本銳意董梓使兩世不朽又何慕存並傳也愈久愈新亦可以承家繼述之風數方伯之嚴君都憲公以不佞知慕梓之外叙卷端不佞窃意此集乃牧隱手編同時名公鉅筆顧不乏人而粟寂寥數語之外終無宏宴之託豈以文之傳後本不待叙而然也他日再及請之不已聊志梱後以副其勤君乃揚權品藻則固非不佞所敢借率兒見者都憲名顯英用文雅為時名臣宗姓蕃衍彬彬然皆以文著

清陰先生集卷之三十八　二十一

稼亭集跋

我先祖稼亭文孝公牧隱文靖公兩先生父子相繼蜚英麗元道德詞業昭載彙牒餘事文章冠絕今古東人之仰之若泰山斗其遺編剞劂擎一邦始家有之而為登壇操觚者之指南焉至于展兵燹並失扳亦英華之流及後人事蹟之儀式百代者獨頼此篇以想其彷彿而今將湮沒無傳不徒吾門之不幸亦斯文之所嘆惜也吾宗人李承旨德诛甫頃宰昇平求得牧隱文集先為鋟梓藏諸韓山文獻書院以寓其追慕之意也吾宗文孝判府德洞祖公袖稼亭集一編屬余曰吾儕得姓數百年來子孫繩繩継組不替文章節行之士代不絕書請白之操觚之士代不絕書艶于今縉紳之間豈我祖之操斡睽之風尚今不表捅斬也子竊恐此書淹延日月或賣遺亡為同宗之羞于今聦専閫之任當有為之地于其勉力之弍不佞擥競拜謝祇領敬意即鳩材聚匠重刊于達城客館閱兩月工告訖即編簡收集於散亡之餘詩文若干殘缺無存目錄之下始記其數拾遺補以俟他日焉不佞既感承宣公追逺肯搆之盛意又象判府相公敎誨之丁寧原念本始撫摩遺躅

稼亭集跋

二

悅若身承警戒畫區敬慕之心有不能自已也庶
吾宗之覽斯集者之若保青氈不墜素業益培積善
之地毋貽員長者之訓則豈獨爲一門之寶藏崇爲
輔世之一助也敢贅斷語于卷末以自警省云甬
時崇禎乙亥日壯至後孫通做大夫守慶尚道觀
寮使兼兵水軍節度使巡察使序基作謹識

稼亭集跋

一

右吾先祖稼亭先生文孝公遺稿捴二十
卷皆經牧隱先生之刪定者刊行既久且
屢經兵火幾乎泯沒幸頼宗人尚書李公
基作即嶺南搜得其殘爛入榟作大丘
而爲子孫者每以不得全帙爲恨矣頃在
戊戌冬泰淵杀按湖西偶得全本於逢旅
中丞謀鋟榟旋罷未果常惧其終不淂傳
布幸作今日之蒙　聖恩棄按湖南適當
時屈固有擧羸之嬈而失全不圖恐抱無
涯之恨爲敢捐俸開板扵完山而錦山郡
守安公獻徵高山縣監李公恒鎮二以外
衙共相斯役不閱月而工告訖噫吾先
祖文章德行昭載史籍則遺稿之傳不傳
雖若無所輕重而子孫羹墻之慕舍是而

于何寓焉。向日之幾乎永泯者。賴尚書公
而得其半。今又因不肖而能得其全。其或
缺或完者。似有顯晦之理。而目今內外裔
派之圭組嬋嫣者。無非吾先祖積德之餘
慶。則其可傳於永久者。豈特此咳唾之餘
而已哉。仍竊惟念吾同宗枝分派別。名顯
者固多。而亦或有衰微不振。僅同編氓。何

稼亭集跋 二

暇先懿之圖哉。惟幸吾麟齋公之裔不甚
陵替。吾叔父參議公德洙視篆昇平之日。
重刊牧隱集。其胤今關東伯弘淵曾按海
西。建石麟齋墓。大闡世德。不肖昔宰公山。
刊行麟齋稿。而今日此役。又成於不肖之
手。雖稼牧遺澤。慈覆於無窮。而亦由於麟
齋公所封植者其應如此。則豈宋夫子所

謂盛年苦節。且享其報者非耶。不勝感愴
之懷。謹識其顚末如右。云甲申後十九年
壬寅三月上浣。後孫通政大夫守全南道
觀察使兼兵馬水軍節度使巡察使全州
府尹泰淵。拜手稽首謹識。

稼亭集跋 三

* 이상은 민족문화추진회간 한국문집총간 ≪영인본≫에서 발췌

【번역】 稼亭集 序跋*

　　가정 이중보는 나와 함께 익재의 문하에서 나왔고, 또 함께 한림원에서 지냈는데, 의심나는 바가 있으면 그를 태산북두처럼 받들어 질정하곤 했다. 그런데 어느 덧 먼저 세상을 떠났으니 아아! 슬프도다.

　　오늘날 그 아들 밀직제학 이색이 신축년 파천(안동)에 창황한 때에도 이 유고를 잃지 않고 간직하고 편집하여 二十권으로 만들고, 그 (목은)의 매부인 금주 땅의 군수 박상충으로 하여금 간행하게 했다. 내가 이것을 얻어 보고, 개연히 몇 번씩 되풀이해 읽어보니 일이 이 같음에 더욱 감탄했다. 그리고 그 아들로서 이 같은 일을 한 것을 어여삐 여겨 이에 이 글을 쓰는 바이다.

　　　　　　至正 甲辰(1364) 5月 초하루에 栗亭老人 尹澤 삼가 쓰다.

우리나라 문학하는 선비로서 중국 조정에서 보는 과거에 급제한 자가 많다. 그러나 부자가 서로 연이어 급제하여 역사에 등재되어 그 이름이 중국에 알려지고 세상에서 그 아름다움을 칭송받는 분은 가정(稼亭)과 목은(牧隱) 두 선생님뿐이다.

임인년, 내가 명을 받아 강원도관찰사가 되었을 때, 총제(摠制) 이종선(李種善)·동지총제(同知摠制) 이숙묘(李叔畝)가 『가정문집』을 내게 주면서 말했다.

"우리 할아버지의 문집을 금산(錦山)에서 간행했던 것이 불행이도 병화에 없어졌습니다. 바라건대 그대가 중간(重刊)하여 길이 전하게 해 주십시오."

나는 가정선생 뵙기를 친할아버지처럼 하였다. 그러므로 기꺼이 장인에게 명해서 간행하여 오래도록 전하게 했다.

생각건대 채연(蔡淵)과 채침(蔡沈)의 학문은 아버지 채서산(蔡西山)에서 나왔고, 소식(蘇軾)과 소철(蘇轍)의 문장도 아버지 소노천(蘇老泉)에 근원하고 있다. 그러니 목은의 도덕과 문장의 아름다움이 아버지 가정에게 화를 받아 그 유래가 멀게 된 것임을 누가 알겠는가? 내가 세상에 난 것이 늦었는지라 한가롭게 계실 때 곁에서 모시면서 눈으로 보고 귀로 들어보지 못하여 눈멀고 귀먹은 것을 깨치지 못하였으니 슬프도다.

永樂 壬寅(1422) 10月 嘉善大夫 江原道都觀察黜陟士 文城 柳思訥은 삼가 발문을 쓰다.

대개 고려 500년에 문장으로 이름을 세운 자는 그 수가 많으나, 목은이 그 으뜸이다. 목은의 학문이 그의 선친 가정선생으로부터 나왔고, 父子가 중국 원나라 조정의 과거에 합격하고 아울러 한림원에 들었다. 사장(詞場)에서 많은 중국의 글 잘한다는 이들을 물리쳤다. 이는 오백년 동안에 보지 못한 바요. 어찌 오백년뿐이리오. 우리나라가 있은 이후부터 일찍이 들은 바 없는 일이다. 무공에 비유한다면 을지문덕과 양만춘이 수와 당나라 백만대군을 물리친 반열에 놓을 수 있다. 아! 위대하도다.

그러나 고려로부터 오늘에 이르기까지 또 삼백년이 지난 지금에 목은집은 오히려 널리 배포되어 있으나 유독 가정집만은 소장한 자가 드물어 세상 사람들이 이를 불만스럽게 여기고 있었다. 이에 선생의 드러난 후손인 지금 영남의 방백 이기조가 마침 옛 문집을 구하여 뜻을 세워서 다시 간행하여 가정 목은 부자 양대의 불후의 대업으로 삼으려 했다. 이에 책을 갖추어 전함에 오래 갈수록 더욱 새로워지게 하는 바이다. 또한 대를 이어 저술의 풍도를 볼만하니 어찌 아름다운 일이 아니겠는가

기조의 선친인 도헌공(都憲公)이 내가 가정·목은 선생을 사모하는 줄 알고, 책머리에 서문을 쓰라고 하니, 가만히 생각건대 이 문집은 목은이 손수 편찬한 것이고, 그 당시 이름난 명사와 큰 문장가가 적지 않았을 텐데 율정[윤택]의 짤막한 몇 마디의 서문 외에는 종내 아무런 서문이 없었다. 어찌 문장을 후대에 전함에 반드시 서문이 꼭 있어야 하겠는가 편지로 무릇 두세번 반복하여 청함이 그치지 않았노라

출판 일에 뜻을 둠에 부지런한 것이 따라야 할 것이다. 문장의 품

격을 높이고 낮추는 비평의 일은 진실로 나의 임무가 아니다. 이 책을 보는 자는 양해할 지어다. 도헌공(都憲公)은 이름이 현영(顯英)이니 문장이 우아하고 이름난 신하이다. 공의 가문이 번창하고 빛났으며 모두 문장으로 드러났다.

崇禎 8年 乙亥(1635) 6月 하순 安東人 金尙憲이 서문을 쓰다.

우리 선조 가정(稼亭) 문효공(文孝公)과 목은(牧隱) 문정공(文靖公) 두 분은 부자가 서로 이어 고려와 원에서 이름을 떨치셨으며, 도덕과 공업(功業)이 역사에 자세히 실려 있다. 여기(餘技)로 문장을 숭상하여 고금에 으뜸이 되셨으니 우리나라 사람들이 태산(泰山)과 북두(北斗)처럼 추앙하였다.

그 남은 글을 온 나라에서 집집마다 가지고 있어 장수가 된 자와 나라의 정사를 맡은 자의 지침이 되었다. 그러나 임진년에 이르러 병화로 인하여 판본까지 잃어버렸다. 영화가 후세 사람들에게 미치는 것과 아름다운 사적이 백대에 가도록 본을 받는 것이 이보다 더한 것이 없었지만, 이제 사라져 없어져 버렸다. 이는 한갓 우리 문중의 불행일 뿐만 아니라, 우리의 문장에도 탄식할 바이다.

우리 종인(宗人) 이승지(李承旨) 덕수공(德洙公)께서 지난 번 승평 땅의 원이 되었을 때, 목은문집을 구해 얻어 먼저 판각해서 한산(韓山)의 문헌서원(文獻書院)에 보관하여 오래도록 전하도록 하였다. 내가 경상도관찰사가 되자, 종장 이판부사(李判府事) 덕형상공(德洞相公)께서 가정집 한 편을 주면서 내게 부탁하였다.

"우리가 성을 얻어 수백 년 동안 자손이 번창하여 벼슬이 뒤를 잇고, 문장과 절행이 있는 인사가 대대로 끊어지지 않고, 청백리의 절조와 돈독하고 화목한 풍습이 아직도 남아 있다. 그리하여 벼슬아치 사이에서 칭송되고 있는 것은 실로 우리 선조들의 깊은 인애(仁愛)와 두터운 은택이 오래도록 남아 있어서 사라지지 않기 때문이다. 이대로 이어서 세월이 흐르다 보면 이 글이 혹 유실되어 우리 문중의 수치가 될까 두렵다. 이제 그대가 한 지방을 오롯이 맡아 다스리는 임무를 받았으니 힘쓸지어다."

나는 삼가 무릎을 꿇고 절하며 사례하고 가르침을 받았다.

곧 자료를 준비하고 장인을 모아 달성 땅 객관에서 중간(重刊)하여 두 달여 만에 작업을 마쳤다. 그런데 흩어져 없어진 나머지를 거둬 모아 편집했기에 시문 중 약간 편이 없어진 것이 있었다. 우선 목록 밑에 그 수를 기록해 두고, 없어진 것을 찾아서 보충하는 일은 훗날을 기다리기로 했다.

나는 먼저 승선공(承宣公)이 먼 조상을 추모해서 일을 성취시킨 정성에 감격했고, 또 판부상공의 진정어린 가르침을 들었다. 삼가 근본을 생각하며 유고(遺稿)를 보니, 마치 조상의 기침 소리를 듣는 듯 공경하고 사모하는 마음을 스스로 억제할 수 없었다.

우리 가문에서 이 문집을 보는 자가 마치 귀한 청색 모포를 보전하듯 하여 선인들의 업을 땅에 떨어뜨리지 않고, 더욱 적선의 소지를 마련하여 장자의 가르침을 저버리지 않는다면 어찌 한 가문의 보장(寶藏)이 되는 데에만 그치겠는가? 실로 세상을 위해 일조할 것이다. 감히 책 끝에 군더기 말을 써서 스스로 경계하고 살피고자 한다.

崇禎 乙亥(1635) 夏 至日에 후손 通政大夫 守慶尙道觀察使 兼 兵馬水軍節度使 巡察使 李基祚 삼가 쓰다.

　　우리 선조 가정선생 문효공(文孝公)의 유고는 모두 20권으로 모두 목은선생이 산정한 것이다. 그러나 간행된 지가 이미 오래되었고, 또 여러 번 병화를 거치면서 거의 없어졌다. 다행히 종인 상서 이공 기조가 영남관찰사로 나갔을 때, 남은 것을 추려 대구에서 출간 하였지만, 자손된 자로서 그 전질을 얻어 보지 못한 것을 한스럽게 여겼다.

　　그러던 것을 지난 무술년 겨울, 태연(泰淵)이 호서관찰사(湖西觀察使)로 나가되었는데 여행 중에 우연히 그 전본(全本)을 얻게 되었다. 이에 급히 출간할 계획을 세웠으나 이루지 못했기에 항상 세상에 전해 반포하지 못한 것을 염려해 왔었다. 그런데 다행히 오늘 또 성은(聖恩)을 입어 호남관찰사로 오게 되었다. 마침 군색한 때를 당해 진실로 일이 너무 호사스럽다는 걱정이 있지만 지금 도모하지 않으면 끝없는 한을 가지게 될 것이 두려워 이에 감히 봉록을 내어 완산(完山)에서 판각을 시작하였다. 이 때 금산군수(錦山郡守) 안공 헌징(獻徵)과 고산현감(高山縣監) 이공 항진(恒鎭)이 또한 외손으로서 함께 이 역사를 도왔다. 이에 한 달이 지나지 않아 일이 이루어졌다.

　　아아! 우리 선조의 문장과 덕행이 사적에 분명히 기록되어 있으니 유고(遺稿)가 전해지고 전해지지 않는 것이 비록 조금도 경중에 관계될 것은 없다. 하지만 자손들이 우러러 사모하는 정성으로 이 일을 버리고 또 무엇을 하겠는가? 저번에 거의 없어질 뻔한 것을 상서공이 그 반을 건졌고, 지금 또 내가 그 전체를 얻게 되었다. 혹 없어지고 혹 완전해 지는 것은 현회(顯晦)의 이치가 있는 듯하다. 지금 내 · 외손들이 높은 벼슬을 계속해 받는 것은 모두 우리 선조께서 덕을 쌓으신 나머지에 온 경사이다. 이것이 영구히 전해진다는 것은 어찌 이만 저만 귀중하다고 하겠는가?

그윽이 생각하건대, 우리 종족이 나뉘고 파가 갈라져서 이름이 나타난 자가 진실로 많으나 또한 혹 쇠미하여 떨치지 못하여 겨우 평민들 속에 끼어 있는 자도 있으니 어느 겨를에 선조의 일을 하겠는가? 다행히 우리 인재공의 자손이 쇠퇴하지 않아 우리 숙부 참의공(參議公) 덕수(德洙)께서 태평스런 때를 당하여 『목은집』을 중간하셨다. 그리고 그 아들인 현재 관동백(關東伯)인 홍연(弘淵)이 일찍이 황해도관찰사(黃海道觀察使)로 나갔을 때 인재공(麟齋公)의 묘소에 비석을 세워 크게 세덕을 드날렸으며, 내가 옛날 공산현감(公山縣監)으로 나갔을 때 인재공의 유고를 간행했었다. 또한 오늘 이 역사도 내 손으로 이루어지니 비록 가정 목은께서 남기신 은택이 무궁하게 내려지지만 이것은 또한 인재공의 봉식한 바가 이와 같다. 이 어찌 주부자(朱夫子)가 이른바 젊었을 때의 괴로운 절개가 그 보답이 있다고 한 말이 아니겠는가? 감창(感愴)한 회포를 이기지 못하여 그 전말을 이와 같이 쓰는 바이다.

甲申 後 19年 壬寅(1662) 3月 上旬에 後孫 通政大夫 守全南道觀察使 兼
兵馬水軍節度使 巡察使 全州府尹
泰淵은 절하고 삼가 머리를 조아리고 쓰다.

李穀字中父初名芸白韓山郡吏自成子也
穀幼齠齔舉止異常稍長知讀書晝晷倦早
喪父事母孝為都評議使司椽吏忠肅四年
中舉子科研窮經史一時學者多就正焉七
年登第調福州司錄叅軍忠惠元年還藝文
檢閱忠肅後元年中征東省鄉試第一名遂
擢制科前此本國人雖中制科舉居下列穀
兩對策大為讀卷官所賞置第二甲宰相奧
授翰林國史院檢閱官穀與中朝文士交遊
講劇所造益深為文章操筆立成辭嚴義奧
典雅高古不敢以外國人視也奉興學詔

國尋復如元本國授典儀副令元授徽政院
管勾轉征東省行中書省左右司貟外郎元
屢求童女于本國穀言於御史臺請罷之代
作疏曰古之聖王其治天下也一視而同仁
雖人力所至文軌必同而其風土所宜人情
所尚則不必彊之以為四方荒徼風俗各異
苟使同之中國則情不順而勢不行也勢不
行情不順而善治之雖堯舜不能矣昔我世
祖皇帝臨御天下務得人心尤於遠方殊俗

隨其習而順治之故普天率土歡欣鼓舞重
譯來王猶恐或後堯之治蓋以加也高麗
本在海外別作一國苟非中國有聖人邈然
不與相通以唐太宗之威德再舉伐之無功
而還國朝肇興首先臣服著勳王室世祖皇
帝簪降公主仍賜詔書獎諭曰衣冠典禮無
隳有民社惟三韓而已為高麗計者當欽承
祖風故其俗至于今不變方今天下有君
明詔率祖俗行修明政教朝聘以時與國咸

休可也而乃使其婦寺之流根據中國寔繁
有徒怗恩恃寵反挽本國至有冒干內旨爭
馳傳遽歲取童女絡繹肇來夫其取人之女
以媚于上為己之利此雖高麗自取之也既
稱有旨豈不為國朝之累乎古首帝王發一
德音今屢降特旨尊人室女甚為不可夫人
號施一令天下顒顒望其德澤故稱詔旨曰

之生于鞠之育之將以望其反哺也無尊卑
之別華夷之閒其為天性一也抑彼風俗寧

使男異居女則不出若爲秦之贅壻然凡致
養于父母者有女之尸焉故其生女也恩斯
勤斯日夜望其長能有以奉養而一朝擧之
懷抱之中送之四千里外足一出門終身不
返其爲情何如也今高麗婦女在后妃之列
者或其本國王族及閥閱豪富之家特蒙詔
旨或情願自來且有媒聘之禮焉固非常事
配王侯之貴而公卿大臣多出於高麗外甥
而好利者援以爲例凡今使其國者皆欲妻

高麗史卷百九 十六

妾非但取童女而已夫使于四方將以宣布
上恩詢咨民隱詩不云乎周爰咨諏周爰咨
諏今乃使于外國貨色是黷不可不禁也側
聞高麗之人生女者即秘之惟恐失色相顧
隣不得見每有使臣至中國便失色雖比
曰胡爲乎來哉非取妻妾者耶非取童女者
耶已而軍吏四出家搜尸捆若或匿之則繫
累其隣里縛束其親族鞭撻困苦見而後已
一遇使臣縛然國中騷然雖難犬不得寧焉及其

聚而選之妍醜不同或啜其使臣而飽其欲
雖美而舍之舍之而他求每一女閱數百
家唯使臣之爲聽莫或敢違何者稱有旨也
如此者或一歲再焉或一歲聞其數多者至
四五十既在其選則父母宗族相聚哭泣曰
夜聲不絶及送于國門牽衣頓什欄道呼號
悲痛憤懣有投井而死者有自縊者有憂愁
絶倒者有血泣喪明者如此之類不可殫記
其取爲妻妾者雖不若此逆其情取其怨則

高麗史卷百九 十七

無不同也善曰匹夫匹婦不獲自盡民主罔
與成厥功惟國朝德化丙及萬物咸遂高
麗之人獨有何罪而受此寃乎比年其國
水旱相仍民之飢莩者甚衆豈不足於後庭而必
婦三年大旱今高麗有幾寃寃乎
取之外國守雖承恩於朝夕猶懷父母鄉黨
和氣守令以堂堂天朝豈於後庭而必
人之至情也而乃置之宮掖綆絚虛老時或
出之而歸之寺人終無寧者十之五六其怨

氣傷和又何如也事有小弊而爲國之利者
容或有之然不若無弊之爲愈也况無益於
國家取怨於遠人其爲弊不小者哉伏望溪
發德音敢有冒干內旨上瀆聖聽下爲已利
而取童女者及使于其國而取妻妾者明示
條禁絕其後望以彰聖朝同仁之化以慰外
國慕義之心消怨致和萬物育焉不勝幸甚
帝納之本國除判典校寺事忠惠後二年奉
表如元因留居凡六年元授中瑞司典簿時

高麗史卷百九　十八

本國官爵猥濫奴隸亦得軒冕殿中崔江求
爲正尹穀聞之寄詩云不妨正尹生前得猶
勝中書死後加安就趙溟死後皆拜中書得
云忠穆襲位還國穀寓寧相書曰惟吾三韓
國之不國亦已久矣風俗敗壞刑政紊亂民
不聊生如在塗炭幸今國王受命之國民之
望之若大旱之望甘澍然國之富
謙恭冲默一國之政聽於諸公則其社稷安
危人民利病士君子之進退皆出於諸公夫

進君子則社稷安退君子則人民病此古今
之常理也然則用人又爲政之本也盖用人
則易知人則難不問邪正不論高下唯貨是
視則易進而難退是依附我者雖姦諂而進
之異已者雖廉謹而退之則其用人不既易
乎用人既易則其政日亂政亂故國家隨以
危亡此不待求諸古實目前之明鑑也古之
人知其然於一進退人之際而必察其所行所從來惟恐
顜于貨而奪于勢也然猶未嘗相奪王石相

高麗史卷百九　十九

混其知人不既難乎即今本國之俗以有財
爲有能有勢爲有智至以朝衣冠爲倡優
雜劇之戲直言正論爲閭里狂妄之談宜乎
國之不國也穀之所以離親戚去鄉國久
於肇穀之下者雖不正爲此耳比聞諸公所以輔
政更化者與前日甚不相遠名雖尚廉而貪
者實少而大者不悛其惡既改舊臣而新者
斤惡少而大者不悛其惡既改舊臣而新者
反附其舊知人不難用人甚易似非國王委

稼亭集二十卷行于世子穡自有傳
五十四謚文孝性端嚴剛直人皆敬之所著
夫征東行中書省左右郎中又明年卒年
請立恭愍不自安遊關東明年元授奉議大
拜都僉議贊成事尋還國忠定即位穀以審
出新及第依牒復還于元中書差監倉本國
穀伯徇私多取世家不學子弟憲司彈之不

三朝實錄與陽川君許伯掌試取金仁琯等
修閱潰所撰編年綱目又修忠烈忠宣忠肅
文學封韓山君以頒朔還國與李穡賢等增
尾從本國拜密直副使累陞知司事進政堂
狂瞽之說惟諸公之垂察焉用敢貢
天子豈以諸公之怒而便舍焉順帝辛上都貢
稷苟安人民苟利將具本末言之朝廷遠之
書諸公徒見其怒而無所益也穀應之曰社
任之意朝廷聞之得無不可守或曰不必寓

高麗史卷百九　二十

* 이상은 아세아문화사 영인본(1972)에서 발췌

이곡(李穀)의 자는 중보(中父)이며 처음 이름은 이운백(李芸白)이니 한산군(韓山郡) 관속 이자성(李自成)의 아들이다. 7~8세 때부터 행동이 범상하지 않았고 점차 자라 글 읽을 줄을 알게 되자 꾸준히 공부에 노력하였다. 그는 일찍이 아버지를 잃고 어머니를 섬기는 데 효성이 있었다.

처음에 도평 의사사(都評議使司)의 이서(椽史)를 지냈고 충숙왕 4년에 과거 예비시험(擧子科)에 합격하였다. 계속 경사(經史)를 깊이 연구하여 당시 배우는 사람들이 많이 그에게 와서 질의 응답하였다.

7년에 과거에 급제하여 복주 사록 참군(福州司錄參軍)이 되었다가 충혜왕 원년에 예문 검열(藝文檢閱)로 옮겼다. 충숙왕(후) 원년에 정동성(征東省) 향시(鄕試)에 1등으로 합격하였고 드디어 제과(制科-외국 사람이 보는 과거)에 발탁되었다. 이보다 앞서 우리나라 사람들로 제과에 합격한 자들이 있었으나 모두 낮은 성적으로 밖에 못되었다. 그런데 이곡의 답안은 시험관의 높은 평가를 받아 제2등으로 뽑혀 재상의 추천으로 한림 국사원 검열관(翰林國史院檢閱官)에 임명되었다.

이곡은 중국 조정의 문사들과 교제하여 강론과 질의응답을 하는 과정에서 조예가 더욱 깊어졌다. 붓을 들면 곧 훌륭한 문장이 되는데 그 필치가 엄하고 의미가 심오하며 비속하지 않고 옛 풍미가 있어서 누구나 감히 외국 사람으로 보지 못하였다.

학문 장려에 관한 조서(詔書)를 가지고 본국에 돌아왔다가 곧 다시 원나라로 갔다. 본국에서 전의부령(典儀副令)의 벼슬을 받고 원나라에서 휘정원 관구(徽政院管句)로 임명되었다가 정동성(征東省) 및 행중서성(行中書省) 좌우사(左右司)의 원외랑(員外郞)으로 전직되었다.

원나라에서 우리나라에 대하여 숫처녀[童女]를 자주 요구하였으므로 이곡이 어사대(御史臺)에 제의하여 이것을 폐지할 것을 요청하고 원나라에 제출할 상소(上疏)를 대신 작성하였다. 그 상소에 이르기를

"태고 적에 어진 임금은 나라를 다스림에 있어서 일체 백성을 차별 없이 사랑하였다. 이리하여 교화사업과 법률 및 제도는 가능한 한 통일적으로 실시하는 한편 풍속상 옳은 것으로 인정되는 것과 인륜 상 종중시되는 것은 구태어 변경하지 않았다. 사방 변강 지방은 풍속이 각이한데 만일 그것을 중국과 같이 만들어야 한다고 인정한다면 그것은 실정에 맞지 않고 형편으로도 될 수 없다. 실정에 맞지 않고 형편상 될 수 없는 일을 하면서 잘 다스릴 수는 요·순(堯·舜)도 할 수 없을 것이다.

옛적에 세조(世祖)는 천하의 황제로서 민심을 얻기에 노력하였다. 더욱이 멀리 떨어져 있고 풍속이 다른 곳에는 그 풍습에 따라 순리롭게 다스렸다. 그러므로 온 천하가 기쁨에 차고 고무로 되어 언어가 같지 않은 변방에서까지 앞을 다투어 귀순하였다. 요·순의 정치가 어찌 이보다 더 했으랴?

고려는 본래 해외에 떨어져 한 나라를 이루고 있어서 중국에 성현 천자가 있지 않는 한 서로 통하지 않았다. 당나라 태종(太宗)의 위력으로도 두 번이나 침공하였다가 소득이 없이 돌아갔다.

귀국의 건국(建國) 초기에 고려는 솔선 귀순하여 귀국 왕실에 큰 공훈을 세웠다. 세조는 공주를 우리나라에 출가시키는 동시에 조서(詔書)로서 명시하기를 '의복과 예의 제도는 조상의 풍습을 없애지 말

라!'고 하였다. 그러므로 우리의 풍속은 지금까지 변경되지 않았으며
현재 천하에서 임금과 신하가 있고 백성과 사직(社稷)이 있는 나라는
오직 우리 삼한뿐이다. 우리 고려로서는 조서(詔書)에 명시된 바에 근
거하여 선조가 하던 바를 준수하고 귀국의 정치와 명령을 실행하는
동시에 제때에 사절과 공물을 보내 귀국과 같이 해야 할 것이다.

그런데 부시(婦寺)의 무리들이 중국으로부터 빈번히 몰려다니며
은총을 믿고 우리나라를 소란케 하고 있다. 심지어 임금의 이름을 팔
아 사람과 글을 빗발치듯 보내 해마다 숫처녀[童女]를 강탈해 가는
자가 연도에 연락부절한다. 대개 남의 딸을 빼앗다다 윗사람에 아첨
하여 자기의 이익을 꾀하는 이러한 짓은 고려가 자초(自招)한 난이라
고 하겠지마는 천자의 명령이 있었다고 말하고 있으니 어찌 귀국의
조정의 위신에 관계되지 않겠는가?

태고 때에는 제왕이 호령 하나를 발포하고 법령 하나를 내리면 전
체 국민들은 기쁜 마음으로 그 덕택을 우러러 보았으며 그 명령을 가
리켜 덕음(德音)이라 하였다. 그런데 이제 빈번히 특명을 내려 남의
딸을 강탈하는 것은 심히 옳지 않은 일이다.

대체로 사람이 자식을 낳아서 양육하는 것은 후일에 그의 덕을 보
려는 것이다. 이것은 사람의 귀천과 나라에 관계없이 인간으로서의
본능은 일반인 것이다. 고려 풍속으로 말한다면 남자가 차라리 본가
로부터 따로 살지언정 여자는 집을 떠나지 않게 되어 있는데 그것은
마치 진(秦)나라의 데릴사위와 같아서 부모를 부양하는 것은 여자의
임무로 되어 있다. 그러므로 딸을 낳으면 애지중지하여 이를 키워서
밤낮으로 그가 장성하기를 바라니 그것은 딸이 부모를 부양해 주기
때문이다. 그런데 일조에 품 안에서 빼앗겨 4천 리 밖으로 보낼 때 그
리고 발이 한 번 문 밖을 나가면 종신토록 돌아오지 못하게 될 때 인

정상 그 부모의 마음이 어떠하겠는가?

현재 고려 부녀들이 후(后)나 비(妃)의 지위에 있거나 왕과 제후의 배우자로 되어 있으므로 고관 대작들이 고려의 외손에서 많이 나왔다. 이리하여 우리나라 왕족과 문벌 있고 부유한 자들 중에는 천자의 요구에 응하는 자도 있고 혹은 자원하는 자도 있으며 또 예식을 거쳐 행해진 결혼도 있으나 이것들은 정상적인 일이 아니다. 그런데 이욕에 끌린 자들이 이것을 상례(常例)로 삼고 이제는 우리나라에 사신으로 오는 자들은 누구나 자기의 처첩을 요구하게 되어 숫처녀를 요구하는 데만 그치지 않게 되었다.

대저 사자(使者)를 4방으로 보내는 것은 임금의 은혜를 널리 펴뜨리며 백성이 숨은 고통을 살펴 그것을 덜어 주기 위함인 것이다. 예로 시경(詩經)에 이르기를 "관원들을 각지에 파견하여 민정을 살피고 그들의 고통을 덜어준다."라고 하지 않았는가? 그런데 지금 외국으로 가는 자들은 뇌물과 여자이면 눈이 어두워지고 있으니 이것은 반드시 금지하지 않으면 안 될 일이다.

들은즉 고려 사람들은 딸을 낳으면 비밀에 부쳐 두고 남이 알세라 걱정하는 형편이어서 이웃 사람도 볼 수 없다고 한다. 그리고 중국 사신이 있을 때마다 겁을 먹고 수군거리기를 "어째왔을까. 숫처녀 잡으러 온 것이 아닐까? 계집 잡아 가려는 것이 아닐까?" 한다. 이윽고 군대와 관리들이 4방으로 나가 문을 두드리고 집집마다 뒤진다. 혹 숨겨둔 자가 있으면 이웃 동네까지 얼을 입게 되며 친족을 결박 지어 채찍질을 하는 등 곤욕을 주어서 숫처녀가 나타난 후에야 그친다. 그러므로 한 번 사신이 나오게 되면 나라 안이 소연하여 닭과 개까지도 편안할 수 없게 된다. 이리하여 많은 사람들을 모아 놓고 그 중에서 선택하는데 거기에서는 곱고 미운 것이 일정한 표준으로도 되지 않

는다. 혹은 사신에게 뇌물을 먹여 그 욕심을 채워 주면 고와도 면제
되고 다른 데서 구한다. 이리하여 여자 하나를 뽑는데 수백 집을 거
쳐야 한다. 이 모든 과정은 오로지 사신들의 마음대로 실행되어 누가
감히 반대하지 못한다. 이것은 무슨 까닭인가? 그것은 천자의 명령을
청탁하기 때문이다. 이런 일이 한 해에 두 번, 어떤 때는 한 번, 때로
는 한 해 건너 한 번씩 있다. 그리고 그 수효는 많은 때는 40~50명에
이른다.

　선발되면 그 부모와 친척들이 한 곳에 모여 통곡하는 소리가 밤낮
그치지 않으며 드디어 국경 밖으로 보내게 되면 옷자락을 끌어당기
며 엎어져 길을 가로 막으며 고래고래 소리 지르면서 통곡한다. 개중
에는 분함을 이기지 못하여 우물에 빠져 죽은 자가 있는가하면 목을
매어 죽는 자도 있으며 또 기가 막혀 기절하는 자가 있는가 하면 피
눈물을 쏟고 실명하는 자도 있다. 이와 같은 일은 이루다 기록할 수
없다. 사자의 처첩을 데려 가는 것은 이와 같지는 않다 하겠지마는
인정에 거슬리고 원망을 사는 데는 매 일반이다.

　『서경(書經)』에 이르기를 "백성들이 자진하여 협력하지 않으면
임금의 사업은 성공할 수 없다"라고 하였다. 생각하건대 귀국의 덕화
(德化)가 미치는 곳마다에 만물이 다 성취하는데 고려 사람들은 홀로
무슨 죄로 이 고통을 받아야 하는가? 옛적에 동해(東海)에 원한을 품
은 여자가 있으므로 3년 동안 한재가 있었다 한다. 지금 고려에는 원
한을 품은 여자가 그 얼마인가? 해마다 나라에 수재와 한재가 끊어지
지 않고 백성이 굶주려 죽는 자가 많은 것은 이러한 원한이 모여서
생기는 괴변이 아니겠는가?

　이제 귀국의 당당한 위세로서 어찌 궁녀가 부족하여 외국에서 구
하지 않으면 안 되는가? 그들이 비록 조석으로 총애를 받는다 하더라

도 오히려 부모와 고향을 생각하는 것이 사람의 절실한 감정이다. 그런데 궁중 한 구석에 밀어 두고 헛되이 늙게 하거나 혹 때로는 궁중에서 내보내어 내시에게 주는 것이 있으나 자식을 낳지 못한 여자가 10중 5~6이니 그 원망과 상심이 어떠하겠는가.

적은 폐단이 있어도 반면에 나라의 이익이 되는 일도 혹 있는 것이다. 그러나 이것도 폐단이 없는 것만은 같지 못하거늘 하물며 나라에 이익이 없이 원방 사람의 원한을 사며 폐단이 적지 않은 데 있어서랴? 은혜로운 명령을 발포하여 천자의 명령이라 청탁함으로써 위로 성덕을 모독하고 아래로 자기의 이욕을 위하여 숫처녀를 잡아가는 것과 우리나라에 사절로 가서 처첩을 구하는 것을 법으로써 엄금하고 앞으로 그런 일이 절대로 없게 하기를 바란다. 그리하여 귀국의 일시동인(一視同仁)의 덕화를 입게 하는 동시에 의리를 사모하는 외국 사람의 마음을 위로함으로써 원한을 풀어주고 화목을 가져오게 하여 만물이 다 같이 발전할 수 있게 하면 얼마나 다행한가?"라고 하였다. 황제가 그 제의를 접수하였다.

본국에서 그에게 판전교사사(判典校寺事)의 벼슬을 주었다.

충혜왕 2년에 표문(表文)을 가지고 원나라에 갔다. 이어 6년간 머물러 있었는데 원나라에서 중서사전부(中瑞司典簿) 벼슬을 주었다.

이때 본국에서 관리를 함부로 등용하는 폐단이 있어서 노예도 경대부(卿大夫) 벼슬을 할 수 있었다. 전중 최강구(殿中崔江求)가 정윤(正尹)이 되었을 때 이곡이 시를 지어 보냈다. 그 시에 이르기를 "생전 정윤쯤은 그래도 무방해, 사후에 더 받은 중서보다 나으니."라고 하였다. 이 시는 안취(安就)와 조명(趙溟)이 죽은 후에 중서(中書) 벼슬을 받은 것과 관련하여 풍자한 것이다.

충목왕이 왕위를 이어 본국으로 돌아올 때에 이곡이 재상(宰相—

본국의 재상)에게 편지를 보내 말하기를, "생각하건대 우리 삼한은
나라가 나라답지 못하게 된 지 이미 오래다. 풍속이 퇴폐되고 형벌이
문란하며 백성은 살길을 잃고 도탄에 빠졌다. 다행히 이제 국왕이 명
령을 받아 귀국하게 되니 국민의 기대는 대한(大旱)에 감우(甘雨)를
바라듯 한다. 그러나 왕은 나이 어리로 성격이 겸손하고 과묵하여서
나라의 정사는 일체 재상들에게 위임되니 만큼 국가의 안전과 백성
의 생활 및 인재의 선택 등 모든 것이 당신들에게 달렸다. 대체로 군
자를 등용하면 국가는 안전하고 군자를 배척하면 백성이 고통을 받
게 되는 것은 고금을 일관한 이치이다. 그러므로 사람을 쓰는 문제는
정치의 근본으로 된다. 대개 사람을 쓰기는 쉽고 사람을 알기는 어렵
다. 간사하고 정직한 것을 묻지 않고 인격이 있고 없는 것도 논함이
없이 오직 재산과 세력에만 의존하며 자기에게 아부하는 자는 간사
한 자와 아첨쟁이라도 등용하고 자기를 멀리하는 자는 청렴하고 솔
직한 사람이라도 물리친다면 사람 쓰기란 쉬운 일이 아닌가? 이러한
경우에 있어서 사람쓰기가 쉬웠으므로 정치는 날로 문란하고 정치가
문란하면 따라서 국가는 멸망할 위험에 처하게 된다. 이것은 먼 옛날
의 역사를 상고하지 않아도 목전에서 명백히 볼 수 있다. 옛날 사람
들은 그것을 알기 때문에 사람 하나를 쓰고 안 쓰는 데도 반드시 그
의 행실과 이력을 살펴보고도 또 재물에 눈이 어둡고 세력 앞에 꿋꿋
하지 못할까봐 두려워하였다. 그렇게 하고도 역시 관직의 높고 낮은
것이 서로 바뀌어지고 좋은 사람과 나쁜 사람이 뒤섞이게 되니 사람
알기란 과연 어렵지 않은가?

　방금 우리나라에서는 재산이 있으면 재능 있는 것으로 되고 세력
이 있으면 지혜 있는 것으로 되고 있다. 이리하여 관리의 의복을 입
고 선비의 관을 쓴 것을 광대놀음으로 보며 바르고 정당한 말을 항간

의 미친 수작으로 보는 데까지 이르렀으니 나라가 나라답지 못하다는 내 말이 마땅하지 않은가? 내가 친척을 이별하고 고국을 떠나 원나라에 가서 오래 객관살이를 하는 것도 실로 이 까닭이다.

이즈음 당신들이 정치를 혁신하였다는 것을 들었다. 그러나 전일에 비하여 별반 다른 것이 없다. 말로는 노련한 사람을 존중히 한다 하나 기실은 젊은 자가 실권을 쥐고 있으며 청렴한 사람을 존중히 여긴다 하나 기실은 욕심쟁이가 권력을 잡고 있으며 이미 불량한 소년배를 물리쳤다 하나 노성한 자가 허물을 고치지 않고 있으며 이미 낡은 신하를 교체하였다 하나 새로 들어온 자가 도리어 낡은 자에게 아부하고 있다. 이렇게 사람 알기를 어렵게 여기지 않고 사람 쓰기를 너무나도 쉽사리 하고 있다. 이것은 왕이 당신들에게 위임한 본의에 맞지 않는 것으로 보인다. 이렇고 서야 원나라 조정에 알려지면 시비를 듣지 않을 수 있겠는가?

혹자는 말하기를 "구태어 편지할 필요가 없지 않은가? 재상들이 보면 부질없이 분노를 살 뿐이요 소득이 없을 것이다."라고 하는 자도 있다. 나는 이에 응답하기를 "적어도 국가가 안전해지고 백성에게 이롭게 되는 것이라면 사정을 원나라 조정에 말하여 황제에게 알릴 수도 있는데 어찌 재상들이 분노한다 하여 침묵을 지키고 있겠는가?"라고 하였다. "이제 감히 망녕된 말을 드리니 제공은 통찰하기를 바란다."라고 하였다.

원나라 순제(順帝)가 상도(上都) 즉 개평부(開平府)에 갈 때에 호종하였다. 본국에서 밀직부사(密直副使)로 임명되고 이어 지밀직사사(知密直司事)를 지낸 후에 정당문학(政堂文學)으로 진급하여 한산군(韓山君)의 봉호를 받았다.

반삭(頒朔)의 임무를 가지고 본국으로 돌아왔다. 이제현(李齊賢)

등과 더불어 민지(閔漬)가 편집한 편년강목(編年綱目)을 증수(增修)
하고 또 충렬왕, 충선왕, 충숙왕 세 왕조의 실록(實錄)을 수정하였다.

양천군 허백(陽川君許伯)과 함께 장시(掌試)로 되어 김인관(金仁
琯) 등을 선발하였는데 이곡과 허백이 사정에 끌려 학력이 없는 세가
(世家) 자제들을 많이 선발하였다 하여 헌사(憲司)에서 이것을 탄핵
하고 새 급제를 내지 않았으며 원나라의 공문에 의하여 원나라에 갔
다. 중서성에서 그에게 감창(監倉)의 직무를 맡겼고 본국에서 도첨의
찬성사로 임명하였다. 얼마 안가서 본국으로 돌아왔다.

충정왕이 즉위하자 이곡은 일찍이 공민왕을 왕위에 올려 세울 것
을 청원하였던 일이 있었기 때문에 스스로 마음이 불안하여 관동(關
東)에 가서 지냈다. 이듬해 원나라에서 봉의 대부(奉議大夫), 정동성
(征東省), 행중서성(行中書省) 좌우사 낭중(左右司郞中)의 벼슬을
주었다. 다음 다음해에 죽으니 나이 54세였으며 시호를 문효(文孝)라
고 주었다.

이곡은 성질이 단정하고 강직하였으며 사람들이 모두 그를 존경하
였다. 그의 저서 『가정집(稼亭集)』 20권이 있어서 세상에 전한다.

아들은 이색(李穡)인데 따로 전기가 있다.

* 이상은 북한사회과학원의 번역

▌황재국(黃在國)

안동 경안고등학교 졸업
경희대학교 중국문학과 졸업
경희대학교 대학원 국어국문학(한문학전공) 석·박사
경희대학교 국어국문학과 강사
강원대학교 한문교육과 교수(한시비평, 금석서예)
동방문학비교연구회 회원으로 한·중비교문학
온지학회 회장, 근역서가회 회장 등을 역임하면서 서예활동 중

論著
「韓·中竹夫人傳研究」
「觀魚臺小賦와 赤壁賦小考」
「漢文聖經의 初期國譯樣相」
『韓國古典批評論 I (新羅·高麗篇)』譯註
『中觀翰墨集』
『譯註 稼亭先生詩集』 등.

─────────────────────────

稼亭 李穀의 漢詩 研究

─────────────────────────

2006년 2월 28일 초판 발행

지은이   황재국
펴낸이   목은연구회
펴낸곳   도서출판 보고사

등록   1990년 12월(제6-0429)
주소   서울시 성북구 보문동 7가 11번지
편집부 922-5120~1, 영업부 922-2246, 팩스 922-6990
홈페이지 www.bogosabooks.co.kr
메일 kanapub3@chol.com

ISBN 89-8433-392-1(93810)
정가 15,000원